Literatur im historischen Prozeß
Neue Folge 19

Jüdische Intelligenz in Deutschland

Herausgegeben von
Jost Hermand und Gert Mattenklott

ARGUMENT-SONDERBAND AS 157

Die Reihe LITERATUR IM HISTORISCHEN PROZESS wurde begründet von Gert Mattenklott und Klaus R. Scherpe. Ihre NEUE FOLGE wird herausgegeben von Karl-Heinz Götze, Jost Hermand, Gert Mattenklott, Klaus R. Scherpe, Jürgen Schutte, Inge Stephan, Sigrid Weigel und Lutz Winckler.

LHP 1: Die »Ästhetik des Widerstands« lesen (Argument Sonderband AS 75)
LHP 2 Faschismuskritik und Deutschlandbild im Exilroman (AS 76)
LHP 3 Nachkriegsliteratur in Westdeutschland 1945-49 (AS 83)
LHP 4 Georg Forster in seiner Epoche (AS 87)
LHP 5 Entwürfe von Frauen in der Literatur des 20. Jahrhunderts (AS 92)
LHP 6 Die verborgene Frau.
Sechs Beiträge zu einer feministischen Literaturwissenschaft (AS 96)
LHP 7 Erfahrung und Ideologie in der Massenliteratur (AS 101)
LHP 8 Literatur der Siebziger Jahre (AS 108)
LHP 9 Rußlandreisen 1917-33 (AS 112)
LHP 10 Nachkriegsliteratur in Westdeutschland 2 (AS 116)
LHP 11 Feministische Literaturwissenschaft (AS 120)
LHP 12 Heinrich Heine (AS 124)
LHP 13 Die Suche nach dem rechten Mann.
Männerfreundschaft im literarischen Werk Hans Henny Jahnns (AS 128)
LHP 14 Frauen — Weiblichkeit — Schrift (AS 134)
LHP 15 Lutz Winckler: Autor — Markt — Publikum (AS 138)
LHP 16 Frauen und Avantgarde (AS 144)
LHP 17 Frühe DDR-Literatur (AS 149)
LHP 18 Weiblichkeit — Utopie — Science Fiction (AS 153) [erscheint 1989]
LHP 19 Jüdische Intelligenz in Deutschland (AS 157)
LHP 20 Georg Büchner (AS 163)
LHP 21/22 Frauen —Literatur —Politik (AS 172/173)
LHP 23 Die Fremdheit der Sprache. Studien zur Literatur der Moderne (AS 177)

Argument-Verlagsbüro: Rentzelstraße 1, 2000 Hamburg 13, 040/45 60 18
Argument-Redaktion: Onkel-Tom-Straße 64a, 1000 Berlin 37
Umschlaggestaltung: Johannes Nawrath
PC-Texterfassung durch den Verlag
Konvertierung: Fotosatz Barbara Steinhardt, West-Berlin
Druck: alfa-Druck, Göttingen

CIP-Titelaufnahme der Deutschen Bibliothek
Jüdische Intelligenz in Deutschland / hrsg. von Jost Hermand u. Gert Mattenklott. — Hamburg ; Argument-Verl., 1988
(Literatur im historischen Prozeß ; N.F., 19)
(Das Argument : Argument-Sonderband ; AS 157)
ISBN 3-88619-157-5)
NE: Hermand, Jost [Hrsg.]; 1. GT; Das Argument / Argument-Sonderband

Inhalt

Vorwort

»Jüdische Intelligenz in Deutschland«: Mit diesen vier Worten wird auf einen Tatbestand hingewiesen, der in all seinen Dimensionen weder in einem einzelnen Aufsatz, noch in einem ganzen Buch, noch in einer vielbändigen Enzyklopädie adäquat darzustellen wäre. Vor allem zwischen »jüdisch« und »deutsch« hat sich eine so tiefe Kluft geöffnet, daß kein historisch sensibilisierter Mensch darüber sprechen kann, ohne daß Befangenheit ihm die Sprache verschlägt.

Doch diese Befangenheit ist ebenso unproduktiv wie die Fiktion, es handele sich bei diesem Thema um *irgendeinen* der vielen problematischen Aspekte der deutschen Geschichte. Selbst wenn man sich dazu überreden läßt, daß es das einzigartige Verbrechen nicht gibt, ja daß nicht einmal das von Auschwitz ohnegleichen sei, so wirft die Geschichte der Judenvernichtung in Deutschland doch noch immer einen langen Schatten über unser heutiges Leben, je länger, desto mehr wir darüber erfahren. Im Hinblick darauf ist es fast gleichgültig, aus welchem Lager man kommt: dem der Verbrecher, der Mitläufer, der Unbeteiligten, der Widerstandskämpfer oder der Nachgeborenen. Es ist ein Schatten, der nicht so schnell wieder verschwinden wird. Vor allem eine Frage hat sich nach fünfzig Jahren überhaupt erst in vollem Umfang gestellt: welche Konsequenzen ergeben sich daraus, daß mitten in der zivilisierten Welt und unter mehr oder weniger aktiver Beihilfe der sogenannten kulturtragenden Schichten ein methodisch angelegter, bürokratisch organisierter Massenmord möglich ist, ohne daß es dagegen einen nennenswerten Widerstand gibt.

Ein Band wie dieser, der nicht mehr, aber auch nicht weniger als das themengebundene Heft einer Zeitschrift ist, kann dazu nur wenig beitragen. Stärker als bisher versuchen seine Beiträger die politischen Entscheidungsmöglichkeiten jener jüdischen Intellektuellen in Deutschland herauszuarbeiten, die sich zuerst bürgerlich-aufgeklärten und linksliberalen, später sozialistischen oder linkszionistischen Gruppen angeschlossen haben. Meist ging es ihnen darum, sich vom »Makel« ihrer Herkunft zu befreien und sich zugleich in den Dienst einer über ihr Judentum hinausgehenden Ideologie zu stellen.

Unter »Deutschland« wird im folgenden nicht nur das frühere deutsche Reich nebst seinen verschiedenen Nachfolgestaaten, sondern jener deutschsprachige Bereich verstanden, den die hier auftretenden Juden — bis zu ihrer Vertreibung oder Vernichtung — als ihre geistige Heimat empfanden. Jiddisch schreibende Autoren, bei denen — trotz aller Nähe zur deutschen Sprache — dieser Bezug zum deutschen Geistesleben fehlt, werden deshalb nicht berücksichtigt. Ebenso weit wird der Begriff »Intelligenz« verstanden: so daß er Philosophen und Politiker, Publizisten und Literaten einschließt.

Obwohl der geringe Umfang von vornherein Grenzen markiert, die nicht überschritten werden können, sollen in diesem Bändchen — von Moses Mendelssohn bis Jurek Becker — wenigstens einige der zentralen Gestalten und Probleme vorgestellt werden, die im Verhältnis von Deutschen und Juden eine wichtige, wenn nicht gar entscheidende Rolle gespielt haben. Welche dramatische Zuspitzung sich in diesem Verhältnis im Lauf der letzten zwei Jahrhunderte vollzogen hat, ergibt sich daraus fast von selbst. Obendrein hat die Beschränkung auf wenige prototypische Beispiele, bei aller unerlaubten Reduzierung der Probleme, auch ein Argument für sich. Schließlich hatten die im Bereich des früheren deutschen Reiches sowie einiger östlich angrenzender Länder lebenden deutschsprachigen Juden keine unbegrenzte Fülle an Entscheidungsmöglichkeiten, um sich von ihrer Herkunft zu emanzipieren.

Im 18. Jahrhundert gab es für sie an sich nur eine Entscheidung: im Ghetto zu bleiben oder sich — mehr oder minder stark — zu assimilieren. »Mehr« hieß in diesem Falle mit Taufe, »minder« bei Beibehaltung des mosaischen Glaubens. Dazu kamen im Verlauf des späten 19. Jahrhunderts noch zwei weitere Möglichkeiten, der inneren und äußeren Unterdrückung im Ghetto zu entkommen: Einerseits sich mit höchstem Emanzipationseifer sozialistischen Bewegungen wie der Ersten und Zweiten Internationale anzuschließen, andererseits sich im Hinblick auf die osteuropäischen Pogrome sowie den verstärkten Antisemitismus in Deutschland der zionistischen Bewegung anzuschließen und von einem zukünftigen Judenstaat — ob nun in Uganda oder Palästina — zu träumen.

Diese drei Möglichkeiten blieben auch im frühen 20. Jahrhundert, also bis zu den Jahren 1933/38, die drei wichtigsten jüdischen Verhaltensmuster: 1. die Haltung der Assimilation, wie sie vor allem der »Central-Verein deutscher Staatsbürger jüdischen Glaubens«, die größte Organisation deutscher Juden, vertrat, neben dem in der Öffentlichkeit die weiterhin orthodox lebenden Juden sowie die frisch aus den polnischen Gebieten zugewanderten Ostjuden nur eine recht marginale Rolle spielten; 2. die Haltung des sozialistischen Engagements, die im Hinblick auf das Judentum entweder bis zu einer völligen Negierung des Jüdischen wie bei Georg Lukács, Otto Heller und Alfred Kantorowicz ging oder im Sinne Arnold Zweigs eine Beibehaltung der jüdischen »Gruppeneigenart« propagieren ließ, die man erst dann aufgeben könne, wenn die völlige Gleichstellung *aller* Menschen im Rahmen einer nachkapitalistischen Gesellschaft erreicht worden sei; und 3. die Haltung des Zionismus, die bis 1933 in Deutschland lange Zeit nur von einer verschwindend kleinen Minderheit geteilt wurde, die aber im Jahr 1933 als die einzige angepriesen wurde, die im Hinblick auf die Unmöglichkeit einer deutsch-jüdischen Symbiose schon immer Recht gehabt habe. — Hat es daneben eine vierte Gruppe gegeben? Juden, die ihr historisches Schicksal: als solche ausgegrenzt zu sein, annahmen und gleichwohl für das Leben als Deutsche optierten? (Franz Rosenzweig, Walter Benjamin, Alfred Döblin, Moritz Heimann, Elias Canetti). Wir möchten es zu bedenken geben, ohne es hier genauer ausführen zu können.

Alles weitere gehört letztlich in den Bereich der Nachgeschichte der bis dahin zwar wechselreichen, aber nie völlig hoffnungslosen Geschichte der jüdischen Intelligenz in Deutschland. Der Judenboykott, die »Kristallnacht« und schließlich Auschwitz setzten all dem ein Ende. Und doch war selbst dies nicht das absolute Ende. Es gab Überlebende — und es gibt bis heute Kinder dieser Überlebenden, die in der Bundesrepublik leben und sich weiterhin mit Entscheidungsfragen wie Assimilation, Sozialismus und/oder Zionismus konfrontiert sehen. Auch ihre Schicksale haben daher in einem Band, der sich »Jüdische Intelligenz in Deutschland« nennt, ihren Platz.

Madison und Marburg, im Mai 1988

Klaus L. Berghahn

Der Jude als der Andere

Das Zeitalter der Toleranz und die Judenfrage

In memoriam Felix Pollak

»Menschen! Menschen!
Wohin habt ihr es endlich kommen lassen?«
(M. Mendelssohn)[1]

Als Mendelssohn diese Klage 1780 niederschrieb, konnte man sie in Deutschland schon jahrhundertelang hören. Was an ihr überraschen mag, ist der Zeitpunkt ihrer Wiederholung. Ist man doch gewöhnt, das 18. Jahrhundert als das Zeitalter der Aufklärung und Toleranz zu bezeichnen, ja mit ihm die Anfänge der Judenemanzipation zu verbinden — nicht jedoch Antisemitismus. Das kollektive Bewußtsein in seinem Verlangen nach Harmonie und Versöhnung hat sich daran gewöhnt, sich Genreszenen vorzustellen, in denen jüdische und deutsche Intellektuelle diskutieren oder Schach spielen, wie auf jenem Gemälde von Moritz Daniel Oppenheim, auf dem Lavater Mendelssohn und Lessing beim Schachspielen stört, um mit Mendelssohn zu diskutieren. Dies eine von vielen idyllischen Ikonen deutsch-jüdischer Symbiose, die auf philosophisch höchster Ebene begann und um die sich Legenden ranken. Mit der Erwähnung von Lessings Toleranzdrama *Nathan der Weise* und Dohms staatstheoretischer Abhandlung *Über die bürgerliche Verbesserung der Juden* läßt sich die Geschichte des deutsch-jüdischen Dialogs leicht ergänzen. Abrunden ließe sich dieser positive Vorstellungskomplex mit den ersten jüdischen Salons in Berlin bei Henriette Herzel und Rahel Levin, wo sich Juden und Christen, bürgerliche und adelige Intellektuelle, Frauen und Männer in kosmopolitischer Atmosphäre trafen, diskutierten und Freundschaften schlossen. Von hier ist es dann nicht mehr weit bis zu Hardenbergs kernigem Diktum: »Ich stimme für kein Gesetz der Juden, das mehr als vier Worte enthält: Gleiche Pflichten — gleiche Rechte.« Bestätigt wurde es durch das preußische Emanzipationsedikt vom 11. März 1812. Was sich wie eine Erfolgsgeschichte jüdischer Emanzipation in Deutschland liest, ist ebenso harmonisierend wie es einseitig ist, da es die Widersprüche zudeckt. Davon jedoch soll im folgenden die Rede sein.

Denn die Geschichte der jüdischen Emanzipation in Deutschland läßt sich nicht mehr als eine Geschichte nach aufsteigender Linie darstellen. Aus der fernen Vergangenheit wird sie durch die uralten christlichen Vorurteile überschattet, wie sie ein Heidelberger Orientalist namens Eisenmenger in seinem Pamphlet *Entdecktes Judentum* (1711) nochmals zusammenfaßte; und die Erfahrungen unserer jüngsten Vergangenheit verbieten Harmonisierungstendenzen, so verständlich sie auch sein mögen. Nach dem Holocaust liest sich die Geschichte des deutsch-jüdischen Zusammenlebens anders, und es geht nicht an, sich in eine schönere Vergangenheit zu flüchten, als zwischen Mendelssohn und Lessing ein freundschaftlicher Dialog entstand. Erst recht läßt sich keine einseitige Versöhnungsfeier mit Hilfe der Vergangenheit zelebrieren, indem man den weisen Nathan nochmals sein Toleranzmärchen erzählen läßt, wie es nach 1945 von Wohlmeinenden in Ost- und Westdeutschland versucht wurde. Zwischen uns Nachgeborenen und der Aufklärung liegt Auschwitz, das uns daran erinnern sollte, wie die Versprechen der Aufklärung von Toleranz, Gleichheit und Brüderlichkeit für die Juden nicht nur nicht gehalten, sondern am Ende mörderisch negiert wurden. Betrachtet man die Epoche der Aufklärung aus kritischer Distanz, so lassen sich schon in ihr die Widersprüche erkennen, die das Scheitern der jüdischen Emanzipation antizipieren — und was folgt, ist eine »Spur der Leiden« (Adorno) für die Juden in Deutschland. Die jüdische Frage verweist wie kein anderes Thema der Aufklärung auf ihre Dialektik, ja auf ihre Grenzen. Auch davon spricht das Motto Mendelssohns.

1

Vernunft, Kritik und Mündigkeit sind die Leitfäden der Aufklärung, die in allen Lebensbereichen Anwendung finden sollten. Rationales Weltverständnis, Selbstdenken und Volksaufklärung sind ihre Entfaltungsstufen. Auf die schulmäßige Klärung der Begriffe und ihre Systematisierung folgte die kritische Philosophie, die sich um eine Begründung der Erkenntnistheorie, der Ethik und Ästhetik bemühte, und beide sollten schließlich zu einer Aufklärung des »gesunden Menschenverstandes« beitragen, die ihn korrigiert, erweitert und veredelt. Aufklärung des Verstandes, kritische Bildung und Erziehung zur Mündigkeit gehören daher zum umfassenden Programm der Aufklärung, oder um einem jüdischen Aufklärer das Wort zu geben: »Nach der Wahrheit forschen, Schönheit lieben, Gutes wollen, das Beste tun.« (Mendelssohn) Später erst kamen die Ideale der Französischen Revolution — Freiheit, Gleichheit, Brüderlichkeit — hinzu, obwohl sie auf deutsche Weise schon mitgedacht waren. Aufgabe und Ziel der Aufklärung war, um nochmals

Mendelssohn zu zitieren, »Übung, Entwicklung und Ausbildung aller menschlichen Kräfte und Fähigkeiten, in einem ihrem Standorte angemessenen Verhältnisse«.[2]

Doch diese großen Ideale und Menschheitsaufgaben überforderten in der Praxis und unter deutschen Verhältnissen sowohl die zivilisierten Klassen wie das Volk. Der große historische Augenblick findet, um mit Schiller zu sprechen, ein »unempfängliches Geschlecht«. Die vordenkende Elite findet kein homogenes Publikum, das ihr zu folgen bereit oder in der Lage wäre. Das Bürgertum, das sich als Klasse erst langsam formierte, war noch weitgehend unaufgeklärt, und erst recht das Volk, das auf dem Land und in den Kleinstädten lebte. Die kleine Oberschicht des Bildungsbürgertums und gebildeten Adels, die sich in den literarischen Diskussionen der Elite ihrer selbst vergewissert, war kulturell vom Rest der Bevölkerung durch einen tiefen Graben getrennt. Die Grenzen der Aufklärung lassen sich im 18. Jahrhundert schon demographisch bestimmen, und der Widerspruch zwischen idealistischem Anspruch und praktischer Wirkung der Aufklärung ist nirgendwo greifbarer als in der Auseinandersetzung mit dem Judentum. Der »gesunde Menschenverstand« war noch befangen in der Unmündigkeit. Aberglauben, Intoleranz und Vorurteil herrschten, wenn man zu wissen glaubte, was die Juden denken und treiben. Archaische Bewußtseinsreste und irrationale Verhaltensmuster ragen hinein in die Aufklärung, und selbst ihre besten Köpfe konnten sich nur schwer davon befreien. Antisemitismus war die Satansmesse des christlichen Pöbels und für die Juden eine alltägliche Erfahrung.

Keine Form des Antisemitismus ist tiefer verwurzelt und weiter verbreitet als die religiöse, und die Aufklärung hatte wenig Erfolg, sie zu überwinden. Der christliche Antisemitismus muß hier erwähnt werden, da man seinen Einfluß und seine Folgen kaum überschätzen kann und da die Aufklärung immer wieder an ihm scheiterte. Man kann diesen mörderischen Antisemitismus nicht einfach der Dummheit des unaufklärbaren Pöbels zuschreiben, denn er ging quer durch alle Stände und berief sich auf die Lehren und die Liturgie der katholischen Kirche. Perpetuiert wurde er durch Legenden und Passionsspiele. Der Protestantismus stand dem Katholizismus darin keineswegs nach, und es war Luther selbst, der gegen Ende seines Lebens eines der schlimmsten antisemitischen Pamphlete, »Von den Juden und ihren Lügen« (1543), veröffentlichte. Erst durch die Deklaration des II. Vatikanischen Konzils wurde die Kollektivschuld der Juden am Leiden Christi aufgehoben: »Die Juden unserer Zeit«, heißt es dort, »sollen nicht belastet werden mit dem, was beim Leiden Christi geschah.« Ein verspäteter und euphemistischer Gnadenakt der Kirche, der mit keinem Wort das jahrhundertelange Leiden der Juden unter dem religiösen Fanatismus der Christen erwähnt.

Die Botschaft der Karfreitagsliturgie und die Lehren der Kirchenväter »De perfidis Judaeis« dienten über Jahrhunderte als Vorwand für Ausweisungen, Pogrome und Prozesse. Die Geschichte der Pogrome des Mittelalters beginnt mit den Kreuzzügen, als Gottfried von Bouillon auf dem Zug ins Heilige Land schon in den Reichsstädten Regensburg, Aschaffenburg und Würzburg Juden erschlagen ließ, um Christi Blut zu rächen. Das dunkelste Jahr der jüdischen Geschichte in Deutschland vor dem Holocaust war das Pestjahr 1349, als man den Juden vorwarf, sie hätten in ihrem teuflischen Haß auf die Christen die Brunnen vergiftet. 350 jüdische Gemeinden wurden vernichtet. Der Humanist auf dem Kaiserthron, Karl IV., hob den kaiserlichen Schutz für die Juden auf und füllte obendrein die kaiserliche Schatulle mit den Abgaben für erschlagene Juden. Schon damals war die Buchführung sehr genau: So rechnete die Stadt Nürnberg mit dem Kaiser für 570 ermordete Juden ab. Die erschreckende Ironie der Geschichte ist, daß Nürnberg von der Pest verschont blieb und die Stadt dennoch judenfrei gemacht wurde, was nur beweist, daß den Bürgern von Nürnberg jeder Vorwand recht war, um sich die lästige jüdische Konkurrenz vom Halse zu schaffen und sich auch noch zu bereichern. Wenn die Juden nicht erschlagen wurden, so wies man sie aus oder machte ihnen Prozesse wegen Hostienschändung oder Ritualmord an Kindern oder Jungfrauen. Selbst privilegierte Hofjuden waren vor diesem mörderischen Antisemitismus nicht sicher, wie die Prozesse gegen die Juden Lippold in Berlin (1571) und Oppenheimer in Stuttgart (1739) beweisen. All diese Beispiele des religiösen Antisemitismus belegen die These Hannah Arendts, daß der Antisemitismus immer dann virulent wird, wenn die Juden als Gruppe mit den politischen oder ökonomischen Interessen ihrer Gastländer in Konflikt geraten; dann dienen die religiösen Vorurteile zur Legitimation aller Verbrechen.[3]

Die meisten Juden lebten noch während des 18. Jahrhunderts in Deutschland unter menschenunwürdigen Verhältnissen. Als Nation im Exil wurden sie von den christlichen Gastländern nur widerstrebend geduldet; ihrer Religion wegen wurden sie von den Christen angefeindet, und ihre Kultur war den Deutschen unverständlich und galt als barbarisch. So lebten die Juden in unfreundlicher Fremde, von Vorurteilen belästigt und unverstanden unter dauernder Anfeindung und Bedrohung. Ihre Geschichte in Deutschland ist eine Geschichte von Außenseitern, die sich vorsichtig anpassen mußten, um ungestört leben zu können. Ob ihnen das auch gelang, hing nicht von ihnen ab, sondern vom Gutdünken der Gastnation. Wieviel Andersartigkeit ließ sie zu und wieviel Konformität erzwang sie?

Die Lebensbedingungen der jüdischen Minorität waren in jeder Weise eingeschränkt. Sinnenfälliger Ausdruck der Lebensenge war schon ihr Ghetto, das oft nicht einmal einen Stadtbezirk umfaßte, sondern nur eine Gasse. War die Lage für die ansässigen Juden schon prekär, so wurde sie für den Zuwanderer noch schwieriger. Seine Schwierigkeiten begannen an der Grenze und verschärften sich am Stadttor, denn die Behörden beschränkten in jeder Weise die jüdische Zuwanderung. Noch im 17. und 18. Jahrhundert ist die Geschichte jüdischer Ansiedlungen ein dauernder Wechsel von Ausweisen und Zurückholen. Der entscheidende Faktor war immer wieder die Finanzlage des jeweiligen Staates. So wurden 50 jüdische Familien, die 1671 aus Wien vertrieben wurden, von Friedrich Wilhelm in Preußen aufgenommen; die Bedingung war, daß jede Familie ein Vermögen von mindestens 10000 Talern mitbrachte. Die Juden waren für den absolutistischen Staat nur nützlich, wenn sie reich waren. Wer einen Schutzbrief wollte, mußte dafür bezahlen können — und nicht nur dafür. Die Massen der eingewanderten Juden blieben vor dem Tor und zogen als wandernde Betteljuden von Gemeinde zu Gemeinde.

Doch selbst die ansässigen Juden lebten als Fremde und bloß Geduldete in jeder Weise außerhalb der ständischen Sozialordnung, und was sie mit der benachbarten christlichen Gemeinde in Kontakt brachte, nämlich der Handel, führte immer wieder zu Spannungen und Zerwürfnissen. Die Krux dieses Verhältnisses war, daß die Juden gesetzlich weitgehend auf den Geld- und Handelsverkehr festgelegt waren. Sie konnten weder Land besitzen noch Ackerbau treiben. Von allen »ehrbaren« Zünften waren sie ausgeschlossen. Außerhalb des Ghettos durften sie kein Handwerk ausüben, der Staatsdienst war ihnen selbstverständlich verschlossen und sie konnten nicht einmal Soldat werden. Mendelssohn bemerkte dazu einmal sarkastisch: Ein Jude kann Hofjude werden oder Kaufmann — oder Bettler. So wurden die privilegierten Juden Hoffaktoren, Bankiers oder Großkaufleute und machten sich dem absoluten Fürsten nützlich. Daneben gab es eine Gruppe von selbständigen Kaufleuten, Handwerkern, Krämern, Altwarenhändlern und Pfandleihern, die mit der christlichen Gemeinde Handel trieben. Der Rest lebte in Armut und war auf die Almosen der jüdischen Gemeinde angewiesen.

Da die Juden sich fast ausschließlich in der Geldzirkulation betätigten, entwickelte sich das allgemeine Vorurteil, daß sie einen natürlichen

Instinkt für Geld und Profit hätten. Über dem Klischee vom jüdischen Wucher vergaß man geflissentlich, daß die Christen es waren, welche die Juden in den Geldhandel trieben. Sieht man das Verhältnis zwischen Christen und Juden einmal ausschließlich unter dem Gesichtspunkt des Geldes, so ist die Kehrseite der Münze, daß die Christen ihre Geld- und Habgier auf die Juden projizierten. Denn es sind vor allem die Christen, welche die Not der »tolerierten« Juden finanziell ausnutzen. Es ist hier nicht die Rede von Pogromen, sondern von ordentlichen staatlichen Maßnahmen, die in Judenedikten festgelegt wurden: Der Schutzbrief mußte gekauft und bei jedem Herrscherwechsel erneuert werden. Die Juden wurden doppelt so hoch besteuert wie die Christen. Sie hatten zudem noch Sonderabgaben zu tätigen, wie Rekrutengeld, Trauschein- und Kindergeld, Silber- und Kalendergeld, und wie die willkürlichen indirekten Steuern sonst noch hießen, mit denen die Staats- und Stadtkassen gefüllt wurden. Eine Kuriosität ist in diesem Zusammenhang das »jüdische Porzellan« Moses Mendelssohns, der sich im Laufe seines Hausvaterlebens zwanzig Porzellanaffen der Preußischen Manufaktur zulegte, da Juden — laut Erlaß Friedrich II. — anläßlich jeder besonderen Familienfeier preußisches Porzellan kaufen mußten. Als diese Porzellansteuer 1787 von Friedrichs Nachfolger aufgehoben wurde, mußten sich die Berliner Juden diese königliche Gunst mit 40000 Talern erkaufen.

Damit dürfte auch schon angedeutet sein, daß Preußen keineswegs so tolerant war, wie immer wieder behauptet wird. Gewiß holte der Große Kurfürst 1685 die Hugenotten nach Preußen und 1731 folgten ihnen die Salzburger Protestanten; gewiß sprach Friedrich II. gelassen jene Worte, wonach jeder nach seiner eigenen Fasson selig werden solle. Doch erstreckte sich die königliche Huld nicht bis zu den Juden und schon gar nicht auf die polnischen Juden. Getreu dem Ratschlag seines Vaters, die Juden zu »drücken«, da sie »Erzbetrüger« und »Schelme« seien, erließ Friedrich II. 1750 ein »Generalreglement« für die Juden in Preußen, das Mirabeau »eines Kannibalen würdig« nannte. Die erklärte Intention des Ediktes war es, die natürliche Bevölkerungszunahme der Juden zu begrenzen, ihre Freizügigkeit einzuengen und ihre professionellen Aktivitäten zu beschränken. So konnte eine ansässige jüdische Familie nur ein Kind »ansetzen«; Juden, die sich in Preußen legal niederlassen wollten, brauchten einen Schutzjuden, der für sie bürgte; wer reisen wollte, hatte am Tor einen Leibzoll zu entrichten, der ungefähr dem Warenzoll eines Ochsen entsprach. Um es kurz zu machen: Es war nicht sehr verlockend für Juden, sich in Preußen als »toleriert « niederzulassen, es sei denn man war reich genug, um sich der Regierung nützlich zu machen. Moses Mendelssohn, der selbst nur »Schutzjude« des Seidenfabrikanten Bernhard war, litt sehr unter diesen unwürdigen Verhältnissen. Einem Freund gegenüber klagte er einmal: »Zwar blüht unter der Regierung eines Friedrich die Freiheit zu denken (...), allein sie wissen, wie wenig Anteil meine Glaubensbrüder an allen Landesfreiheiten zu haben pflegen. Die bürgerliche Unterdrückung, zu welcher uns ein sehr eingerissenes Vorurteil verdammt, liegt wie eine tote Last auf den Schwingen des Geistes und macht sie unfähig, den hohen Flug des Freigeborenen jemals zu versuchen.«[4] Zweimal suchte er ohne Erfolg um einen eigenen Schutzbrief nach, gar nicht zu reden von der Ablehnung seiner Mitgliedschaft in der Akademie durch den König. Wenn selbst der berühmte Moses Mendelssohn sich in Berlin äußerst unauffällig bewegen mußte, wie viel schwieriger muß die Situation der rund 100 000 preußischen Juden gewesen sein. Bürgerliche Unterdrückung, Verachtung und Unsicherheit waren für die Juden Preußens im 18. Jahrhundert eine alltägliche Erfahrung.

2

Vor diesem Hintergrund religiöser Vorurteile und instabiler Lebensverhältnisse war es ein Zeichen der Hoffnung, daß einige Aufklärer eine öffentliche Diskussion über die Judenfrage begannen. Toleranz, nicht Emanzipation, ist das Schlüsselwort der Aufklärung, wenn es um die Judenfrage geht. Während dieser ausufernden öffentlichen Debatte floß viel Tinte, aber kein Blut. Die öffentliche Diskussion bereitete ein intellektuelles Klima vor, in dem langsam auch Reformen gedeihen konnten, ja aus der Toleranzdebatte erwuchs die Notwendigkeit für eine »bürgerliche Verbesserung der Juden«. Drei Phasen fortschreitender Toleranz lassen sich erkennen, in denen noch heutige Einstellungen gegenüber dem Judentum sichtbar werden: Toleranz gegenüber dem »edlen« Juden, sei es als Ausnahme oder als Typ. Toleranz als Verständnis und Achtung der fremden Nation und Religion. Toleranz als gesetzlich garantierter Schutz der Minorität.

Die ganze weltanschauliche Diskussion über Toleranz gehört im 18. Jahrhundert in den Umkreis der literarischen Öffentlichkeit. So ist es auch nicht erstaunlich, daß die ersten zaghaften Versuche, die Juden zu tolerieren, sich in der schönen Literatur finden und sich des Exemplums eines »edlen Juden« bedienen. Typisch für diese gutmeinende, aber auch zweideutige Haltung ist der »edelmütige« Jude in Gellerts *Das Leben der schwedischen Gräfin von G....* (1746), von dem es heißt: »Der rechtschaffene Mann! Vielleicht würden viele von diesem Volke bessere Herzen haben, wenn wir sie nicht durch Verachtung und listige

Gewalttätigkeit noch mehr niederträchtig und betrügerisch in ihren Handlungen machten und sie nicht oft durch unsere Auffassung nötigten, unsere Religion zu hassen.«[5] Der rechtschaffene Mann ist ein reicher polnischer Jude, der sich uneigennützig für den Gemahl der Gräfin einsetzt. Das Beispiel reiner Menschlichkeit, wo man sie nicht erwartet, setzt die Selbstreflexion in Gang, welche die Verantwortung für die Erniedrigung der Juden bei den Christen entdeckt. Freilich steht die ganze Reflexion im Zeichen des Konjunktivs, und das Ergebnis ist, daß die Juden die Christen hassen. Die ganze Episode ist ein Exerzitium der Toleranz unter naivsten Voraussetzungen, das mit der Gunst der Ausnahme operiert, ohne sie verallgemeinern zu können. Der Rechtgläubige und Vollbürger duldet den »edlen« Außenseiter, ohne daraus Konsequenzen für die unterdrückte Minorität zu ziehen. Mit christlicher Nächstenliebe deckt man tiefsitzende Vorurteile zu, gewährt Toleranz als einen Akt der Gnade und erklärt selbstgerecht: Einer meiner besten Freunde ist Jude. Toleriert wird hier noch mit schlechtem Gewissen, was den Tolerierten im Grunde bei aller Gutherzigkeit beleidigen muß. Diese Art von christlichem Philosemitismus hält weder kritischer Nachprüfung noch gesellschaftlichen Krisen stand.

Auch Lessing bedient sich in seiner Komödie *Die Juden* des edlen Juden als Casus, doch tut er es weniger episodisch und dafür um so grundsätzlicher. Es lohnt sich daher, auf diesen Einakter näher einzugehen, da sich an ihm die Widersprüche der Frühaufklärung besser verdeutlichen lassen. Lessings Komödie entstand 1749 (veröffentlicht wurde sie erst 1754), zu einer Zeit also, als die religiösen Vorurteile gegen das Judentum fast noch das Ansehen von Glaubenssätzen hatten. Daher kann man den Mut, die Toleranz und das Talent des erst Zwanzigjährigen nicht genug loben. Denn er stellte erstmals in der deutschen Literatur einen Juden als positiven Charakter auf die Bühne. Er trug damit zur beginnenden Toleranzdiskussion in Deutschland bei, indem er das abstrakte Vorurteil gegen die Juden durch das Exemplum eines edlen Juden widerlegte. Seine Komödie war, wie er später berichtete, »das Resultat einer sehr ernsthaften Betrachtung über die schimpfliche Unterdrückung, in welcher ein Volk seufzen muß, das ein Christ, sollte ich meinen, nicht ohne eine Art von Ehrerbietung betrachten kann«.[6]

Das Stück heißt *Die Juden*, was zunächst irreführend ist, denn es gibt nur einen Juden, der zudem noch bis zur letzten Szene anonym bleibt. Doch hinter dem Titel verbirgt sich Lessings Absicht, die Vorurteile gegen die Juden durch das Beispiel eines »ehrlichen Mannes« zu widerlegen. Es ist eine ernste Komödie über und gegen Vorurteile. Diese verteilen sich auf den christlichen Pöbel wie auf den Baron, die in ihrer

Borniertheit lächerlich gemacht und verlacht werden. Worüber gelacht wird, ist die Komik falscher Verallgemeinerung und der Mangel an Realität. Zur Dialektik der Dummheit, die sich im Vorurteil artikuliert, gehört, daß sie nicht nur komisch ist, sondern auch gefährlich, ja als Antisemitismus sogar mörderisch. Die Bedrohtheit der Juden und der Ernst ihrer Situation schlagen bei aller Komik immer wieder durch. So würde einer der Schurken am liebsten alle Juden vergiften, oder, wenn er König wäre, keinen einzigen am Leben lassen. Zu den Unvernünftigen, die unbelehrbar sind, gehört auch der Baron, der den Juden »das Tückische, das Ungewissenhafte, das Eigennützige, Betrug und Meineid« vom Gesicht ablesen kann. Er ist daher am Ende nur erstaunt: »O wie achtungswürdig wären die Juden, wenn sie alle Ihnen glichen.« Worauf Lessing den jüdischen Reisenden antworten läßt: »Und wie liebenswürdig die Christen, wenn sie alle Ihre Eigenschaften besäßen.« Tölpelhaft und dumm reagiert dagegen der »christliche Pöbel« auf die Entdeckung des Juden. »Nein, der Henker! es gibt doch wohl auch Juden, die keine Juden sind.«[7] Daß der massive Antisemitismus sich nur verbal äußert und nicht tätlich wird, hat einfach damit zu tun, daß der namenlose Jude bis zum Ende unerkannt bleibt. Es ist ziemlich dünnes Eis, auf dem die Figuren tanzen, und die Latenz zur Tragik gibt der Komödie den Ernst, den ihre Lehre braucht.

Lessings Denkmodell hat sicherlich die Toleranzidee überzeugend auf der Bühne konkretisiert, doch wird man abschließend fragen müssen, wie er damit der Judenfrage im 18. Jahrhundert gerecht wird. Die massiven Vorurteile des Stücks, daß alle Juden Betrüger, Diebe und Straßenräuber seien, lassen sich natürlich durch den konkreten Einzelfall glänzend widerlegen. Aber Lessing argumentiert mit der Einseitigkeit der Gegenposition, mit der Ausnahme: Der edle und reiche Jude ist gesellschaftlich akzeptabel, wie historisch das Beispiel der Hofjuden zeigt. Auch der Reisende muß erfahren, daß die Toleranz ihm gegenüber die »Abneigung gegen meine Nation« noch einschließt. Dieser Widerspruch wird dadurch noch deutlicher, daß Lessing sich für seinen Casus einer Abstraktion bedienen muß: Dem namenlosen Reisenden müssen wegen der Schlußpointe — »Ich bin ein Jude« — alle nationalen und religiösen Merkmale fehlen. Was ihn auszeichnet, sind allgemeine Menschenliebe, Bildung und Reichtum, bürgerliche Attribute also. Nur unter diesen Voraussetzungen läßt sich der edle Jude gesellschaftlich assimilieren. »Der bürgerliche Shylock wird postuliert«, so stellt Hans Mayer lakonisch fest, »als Aufgabe einer Individualemanzipation.«[8] Toleranz als allgemeinmenschliche Tugend wird gefordert und die Individualemanzipation gefördert, ohne an generelle Lösungen der Judenfrage auch nur zu denken. — Daß Lessing »dem Volke die Tugend da zeigte, wo es sie ganz und gar nicht vermutete«, nämlich bei den Juden, weckte genau jenen Antisemitismus, gegen den sich das Stück richtet. Zum Sprecher der Gegenaufklärung machte sich der Göttinger Orientalist und Theologe Johann David Michaelis. In einer Rezension der Komödie in den *Göttingischen Anzeigen von Gelehrten Sachen* (1754) fand er den jüdischen Reisenden »so vollkommen gut, so edelmütig«, daß er »zwar nicht unmöglich, aber doch allzu unwahrscheinlich« sei. Denn das jüdische Volk neige durch »seine Grundsätze, Lebensart und Erziehung zur Feindschaft gegen Christen«. Diese Unwahrscheinlichkeit störe das Vergnügen der Komödie.

Dem Zweifel Michaelis, ob sich ein rechtschaffener Jude überhaupt finden lasse, entgegnete Lessing auf doppelte Weise: mit einem lebenspraktischen Argument und mit dem Protest eines Juden. Die Unwahrscheinlichkeit werde hinfällig, so Lessing, wenn die unwürdigen Lebensumstände, die sie verursachten, wegfielen. »Was aber wird hier mehr erfordert, als Reichtum?«[9] Und, so fügt er hinzu, Lebenserfahrung, aufgeklärter Verstand und Bildung. All diese Qualitäten habe sein reisender Jude. Warum sollten sie bei einem Juden weniger bewirken als bei einem Christen und nicht zu seiner Achtung beitragen? Lessing verleiht seiner Entgegnung noch die Aura der Authentizität, indem er den Brief eines Juden beifügt, der sich durch Michaelis Rezension gekränkt fühlte:

»Welche Erniedrigung für unsere bedrängte Nation! Welche übertriebene Verachtung! Das gemeine Volk der Christen hat uns von jeher als den Auswurf der Natur, als Geschwüre der menschlichen Gesellschaft angesehen. Allein von gelehrten Leuten erwartete ich jederzeit eine billigere Beurteilung. Wie sehr habe ich mich geirrt. (...) Ist sein grausamer Richterspruch begründet? Welche Schande für das menschliche Geschlecht! Unbegründet? Welche Schande für ihn! Ist es nicht genug, daß wir den bittersten Haß der Christen auf so manche grausame Art empfinden müssen; sollen auch diese Ungerechtigkeiten wider uns durch Verleumdungen gerechtfertigt werden? Man fahre fort, uns zu unterdrücken, man lasse uns beständig mitten unter freien und glücklichen Bürgern eingeschränkt leben, ja man setze uns ferner dem Spotte und der Verachtung aller Welt aus; nur die Tugend, den einzigen Trost bedrängter Seelen, die einzige Zuflucht der Verlassenen, suche man uns nicht gänzlich abzusprechen.«[10]

Der auf diese Weise, ohne es zu wollen, die literarische Szene betrat, war Moses Mendelssohn, in dem Lessing einen »zweiten Spinoza« sah. Mit ihm beginnt die zweite Phase der Toleranzdebatte, zu der er selbst wesentlich beitrug und die in Lessings *Nathan* gipfelt. Die treuherzige Entdeckung, »daß Juden auch Menschen sind« (Mendelssohn), und daß ein rechtschaffener Jude für die ganze Nation bürge, genügte kaum, um die Toleranzdebatte vorwärtszubringen. Es bedurfte schon einer größeren

Denkanstrengung, um die jüdische Nation und Religion zu verstehen und zu achten. Dies geschah in doppelter Weise: durch die Diskussion um eine natürliche Religion und durch die Anfänge des historischen Denkens.

Die Toleranzidee ausgerechnet mit der Debatte um die natürliche Religion in Verbindung zu bringen, scheint zunächst widersprüchlich. Sind es doch gerade die englischen und französischen Deisten, die mit ihrer Kritik der Bibel und der Offenbarungsreligionen einer neuen Variante des Antisemitismus den Weg bereiten. Ihre Kritik des Neuen Testamentes, des Wunderglaubens und Priesterbetrugs macht auch vor dem Alten Testament nicht halt. Das Judentum sei eine barbarische Religion, in Kultur und Moral zurückgeblieben, starr und intolerant. Aber dieser säkularisierte Antisemitismus, der später von Voltaire zu einer modernen Ideologie gebündelt wurde, war eigentlich nur ein Nebenprodukt der Diskussion um die natürliche Religion, wie die Freidenker Locke und Toland[11] bewiesen, welche die Naturreligion gerade zur Grundlage ihrer Toleranzforderungen machten. Wenn sich alle Religionen auf eine natürliche Vernunftreligion reduzieren lassen, deren Kernstück eine universelle Morallehre ist, so ergibt sich daraus mit Notwendigkeit, daß sich alle Religionen gegenseitig tolerieren und daß auch die Juden von Staats wegen geduldet werden müssen. Daher fordern sowohl Locke wie Toland die Einbürgerung der Juden — ohne demütigende Restriktionen und ohne Taufe.

Obwohl sich antisemitische Tendenzen auch bei deutschen Deisten finden, so nahm ihre Diskussion in Deutschland doch eine glücklichere Wendung und mündete in eine Religion der Moral, später in die Humanitätsreligion des Idealismus. Dazu trug neben Lessing vor allem Mendelssohn bei, dessen Schrift *Jerusalem oder über religiöse Macht und Judentum* (1783) neben einer Naturrechtslehre seine Confessio Judaica enthält. Es geht ihm darin um die allen Religionen zugrunde liegenden Prinzipien und um die Besonderheit der jüdischen Religion. Mendelssohn begründet die Toleranzidee auf zweifache Weise, naturrechtlich und naturreligiös. Naturrechtlich, indem er Staat und Kirche trennt. Der Staat, der durch einen Gesellschaftsvertrag freier Individuen entstanden ist, kümmert sich bloß um die diesseitige Glückseligkeit der Bürger, nicht aber um deren Gesinnungen. Desgleichen enthält sich die Kirche jeder Einmischung in Staatsgeschäfte und konzentriert sich allein auf die Seelsorge; sie belehrt und tröstet, und ihre Macht ist »Liebe und Wohltun«. Der Staat respektiert die Gewissensfreiheit der Bürger und die Kirche enthält sich der Proselytenmacherei. Jedweder Bekehrungseifer ist zudem überflüssig, so das naturreligiöse Argument, da alle konkurrierenden Religionen im Grunde auf gleichen Grundsätzen beruhen, die vernünftig, allgemein und jedermann einsichtig sind. Damit wendet er sich, wie die Deisten, gegen die dogmatische Verhärtung der Offenbarungsreligionen, vor allem gegen das Christentum, und er fordert eine natürliche Religion, die ihre Gemeinnützigkeit durch moralische Prinzipien, wie Güte, Gerechtigkeit und Nächstenliebe, unter Beweis stellt. Wenn sich alle Religionen auf eine ewige Wahrheit zurückführen lassen, deren Quintessenz die Moral ist, so läßt sich auch nicht mehr einsehen, warum es religiöse Vorurteile und Intoleranz geben muß. Wenn alle Religionen der moralischen Erziehung des Menschen im Staat dienen, so müssen auch alle gleich behandelt werden und sich gegenseitig achten. Toleranz und Gleichheit sind die Grundlagen des Religionsfriedens, wie Mendelssohn sie am Ende seiner Abhandlung als Mahnung formuliert: »Wenn wir dem Kaiser geben, was des Kaisers ist, so gebt ihr selbst Gotte, was Gottes ist! Liebet die Wahrheit! Liebet den Frieden!«[12]

Mit diesem Bekenntnis zur Naturreligion und Toleranz schien Mendelssohn in einen Gegensatz zur eigenen Religion zu geraten, galt es doch unter den Verächtern des Judentums als ausgemacht, daß das auserwählte Volk intolerant sei und einen Staat im Staate bildet. Wie ließen sich Naturreligion und jüdische Offenbarung, ewige Religionswahrheit und Singularität des Judentums miteinander vereinbaren? Daß auch das Judentum an der ewigen Wahrheit Anteil habe, daran bestand für Mendelssohn kein Zweifel; darüberhinaus jedoch insistiert er auf der Einmaligkeit der mosaischen Offenbarung. Im Unterschied zur christlichen Offenbarungsreligion kennt das Judentum keine Heilswahrheiten, keine Mysterien und keine Wunder. Was den Israeliten durch Moses geoffenbart wurde, sind Gesetze Gottes für eine Nation, durch welche das jüdische Volk zur zeitlichen und ewigen Glückseligkeit gelangt. Mendelssohn muß selbst einräumen, daß diese etwas spitzfindige Unterscheidung zwischen christlicher und jüdischer Offenbarung »manchem Leser abermals neu und hart erscheinen dürfte«, aber diese Differenz »zwischen übernatürlicher Gesetzgebung und übernatürlicher Religion« sei gerade das Spezifische des Judentums, was es zum auserwählten Volke mache. Die jüdische Religion setzt sich also aus zwei Bestandteilen zusammen: Sie ist natürliche Religion und geoffenbartes Gesetz. Die mosaischen Gesetze gehen über die Vernunftreligion hinaus, fordern als unmittelbare Gesetzgebung Gottes von den Juden noch mehr als von Mitgliedern anderer Religionen.

Mit dieser Confessio Judaica hatte Mendelssohn dem Judentum einen Platz in der europäischen Aufklärung gesichert, ohne auf die jüdische

Tradition zu verzichten. Von nun an bewegen sich die Juden, wie Mendelssohn selbst es praktizierte, in zwei getrennten geistigen Sphären: der modernen Welt der Aufklärung und der des traditionellen Judentums. »Und noch itzt kann dem Hause Jakobs kein weiserer Rat erteilt werden«, so Mendelssohn, »als eben dieser. Schicket euch in die Sitten und in die Verfassung des Landes, in welches ihr versetzt seid, aber haltet auch standhaft bei der Religion euerer Väter. Traget beider Lasten, so gut ihr könnet!«[13] Welche Schwierigkeiten diese Theorie des Doppellebens in der gesellschaftlichen Praxis mit sich brachte, zeigt die widerspruchsreiche Geschichte der jüdischen Emanzipation und Assimilation im 19. Jahrhundert.

Es gebührt dem Aufklärer Mendelssohn das große Verdienst, als Außenseiter für Gewissensfreiheit und Toleranz gestritten zu haben und damit die Emanzipation des Judentums vorbereitet zu haben. »Regenten der Erde!«, so endet seine Schrift *Jerusalem*, »Um eurer und unser aller Glückseligkeit willen, Glaubensvereinigung ist nicht Toleranz; ist der wahren Duldung gerade entgegen! (...) Wer die öffentliche Glückseligkeit nicht störet, wer gegen die bürgerlichen Gesetze, gegen euch und seine Mitbürger rechtschaffen handelt, den lasset sprechen, wie er denkt, Gott anrufen nach seiner und seiner Väter Weise, und sein ewiges Heil suchen, wo er es zu finden glaubet.«[14] Das ist die Quintessenz von Mendelssohns Toleranzlehre, die sich aus der bürgerlichen Gewissensfreiheit ergibt. Der Staat soll kein Gesinnungsschnüffler sein und die Kirche kein Gedankenrichter, denn beide Übergriffe schaden der Glückseligkeit des Bürgers. Diesem Geiste entsprechen auf christlicher Seite Lessing und Dohm, dieser poetisch mit seinem *Nathan*, jener staatsphilosophisch mit seinem Memorandum *Über die bürgerliche Verbesserung der Juden*.

Der Deismus als Religionsphilosophie der Aufklärung stellte nicht nur den Primatsanspruch des Christentums in Frage, er relativierte durch seine historisch-philologische Bibelkritik zugleich den metaphysischen Anspruch der biblischen Offenbarung. Wenn die Vernunftreligion allen Religionen als natürliche Morallehre zugrunde liegt, so sind die positiven Religionen nichts anderes als historische Entfaltungstufen einer ewigen Wahrheit. Die Entmythologisierung der Bibel führte zu religionsgeschichtlichen Studien und schließlich zur Ausbildung geschichtsphilosophischer Theorien. Die Anfänge der Geschichtsphilosophie können daher auch als ein Beitrag zur Toleranzdiskussion gedeutet werden. Als Paradigma einer solchen Historisierung der Religionsphilosophie kann Lessings *Erziehung des Menschengeschlechts* (1777) dienen, die man neben dem *Nathan* zurecht als sein »Glaubens- und

Toleranzedikt« bezeichnet hat. »Warum sollen wir in allen positiven Religionen«, so fragt Lessing, »nicht lieber weiter nichts als den Gang erblicken, nach welchem sich der menschliche Verstand jedes Ortes einzig und allein entwickeln können und noch ferner entwickeln soll; als über eine derselben entweder lächeln oder zürnen?«[15] Lessing orientiert sich in seinem einfachen Dreistufenmodell noch an der Bibel, in der er die beiden ersten Phasen der Erziehung des Menschengeschlechts zu erkennen glaubt; die dritte Stufe eines »neuen ewigen Evangeliums« steht noch aus. Im ersten Stadium, das durch das Judentum und das Alte Testament repräsentiert wird, führen zeitlicher Lohn und Strafe zum Guten; in der zweiten Phase, für die das Christentum und das Neue Testament stehen, werden Lohn und Strafe ins Jenseits verlegt; das »dritte Zeitalter«, in dem der Mensch »das Gute tun wird, weil es das Gute ist«, wird noch kommen. Ohne auf die Einzelheiten dieses Denkmodells einzugehen, das auf eine reine Moralreligion hinausläuft, wird man für unseren Zusammenhang doch so viel feststellen können: Lessing hat die Bedeutung des »israelischen Volkes« und seiner Religion sehr hoch angesetzt; das Judentum wird zum ersten Erzieher der Menschheit.

Darin folgten ihm nun die meisten deutschen Aufklärer, die aus universalgeschichtlicher Perspektive auf die Verdienste des Judentums hinwiesen. Schiller geht während einer Vorlesung über »Die Sendung Moses« in seinem Lob so weit, zu behaupten, »daß wir der mosaischen Religion einen großen Teil der Aufklärung danken, deren wir uns heutigentags erfreuen«.[16] Die Einführung des Monotheismus, die mosaischen Gesetze und die hebräische Verfassung werden als große religiöse und kulturelle Fortschritte für die Humanisierung der Menschheit gepriesen: »Aus diesem Standpunkt betrachtet, muß uns die Nation der Hebräer als ein wichtiges universalgeschichtliches Volk erscheinen, und alles Böse, welches man diesem Volke nachzusagen gewöhnt ist, alle Bemühungen witziger Köpfe, es zu verkleinern, werden uns nicht hindern, gerecht gegen dasselbe zu sein.«[17] So Schiller, der neben Lessing und Herder dazu beitrug, das Judentum historisch zu rechtfertigen, um auf diese Weise die Fremdheit und Besonderheit dieses Volkes besser zu verstehen und es zu tolerieren. Es war offensichtlich für viele Aufklärer leichter, die jüdische Frage in der Vergangenheit zu lösen, als sich mit ihr in der Gegenwart auseinanderzusetzen.

Denn bei aller guten Absicht darf man nicht übersehen, daß die Aufklärer mit ihrer Geschichtstheologie auch in einen Gegensatz zum Judentum gerieten, das sie sich für ihre Zwecke zurechtgelegt hatten. Sie beurteilten das Judentum vom Standpunkt des reiferen Christentums, indem sie es bloß als »Kindheit« in der Menschheitsentwicklung verstehen. Schlimmer noch, indem sie von der »Unvollkommenheit« der mosaischen Religion reden, der noch der »Glaube an die Unsterblichkeit der Seele« fehle,[18] geraten sie bei aller Toleranz doch wieder in die Nähe christlicher Religionspolemik, die den Juden vorwarf, keine echte Religion zu haben, da ihnen der Jenseitsglaube fehle. Die historische Rechtfertigung des Judentums erfolgt im Grunde von der überlegenen Position des Christentums, welches das Judentum überwunden und aufgehoben habe. Mendelssohn, der solch abstrakten Geschichtsspekulationen kritisch gegenüberstand, bemerkte selbst gegenüber Lessings Denkmodell recht ironisch: »Man stellet sich das kollektive Ding, das menschliche Geschlecht, wie eine einzige Person vor, und glaubt, die Vorsehung habe sie hierher gleichsam in die Schule geschickt, um aus dem Kinde zum Manne erzogen zu werden.«[19] Lakonisch fügt er noch den Rat hinzu: »Schmiedet keine Hypothesen«, und schon gar nicht so abenteuerliche wie einen Erziehungsplan Gottes, von dem der Mensch nichts wissen kann.

Lessings *Nathan der Weise* (1779) ist und bleibt das klassische Manifest religiöser Toleranz. Der Rat des weisen Richters in der Ringparabel, »Es eifre jeder seiner unbestochnen / Von Vorurteilen freien Liebe nach!«,[20] ist die Lehre verstehender Mitmenschlichkeit, die den Andersgläubigen trotz seines Andersseins anerkennt und achtet. Das »dramatische Gedicht«, der Gattung nach eigentlich eine Komödie, ist gesättigt von Toleranzsentenzen und Freundschaften, die über gedankenlose Borniertheit, berechnende Staatsraison und mörderischen Antisemitismus triumphieren. Nicht nur die Ringparabel, als das ideelle Zentrum des Dramas, predigt das Reinmenschliche der neuen Toleranzreligion, sie taucht als Leitmotiv in fast allen Dialogen auf: Von Nathans »Ich weiß, wie gute Menschen denken, weiß / Daß alle Länder gute Menschen tragen«, über Saladins tolerantes »Gleich viel! — Ich habe nie verlangt, / Daß allen Bäumen eine Rinde wachse«, bis hin zu jener ironischen Duplik Nathans gegen den einfältigen Klosterbruder, der in ihm einen Christen entdeckt zu haben glaubt: »Wohl uns! Denn was / Mich euch zum Christen macht, das macht euch mir / Zum Juden!« Zum heiteren Komödienende umarmen sich alle als Freunde, mehr noch: als Mitglieder einer Familie — außer Nathan, der im Schlußtableau eigentlich abseits stehen müßte, denn er gehört nicht zu jener glücklichen Familie.

Damit deuten sich selbst in diesem großen Toleranzdrama Widersprüche an, die erwähnt werden müssen, denn es sind die Widersprüche des Zeitalter, das Toleranz predigt, ohne Gleichberechtigung geben zu können. *Nathan der Weise* könnte auch *Der Kaufmann von Jerusalem* heißen, wundert sich doch nicht nur Daja, daß man »ihn den weisen Nathan nennt / Und nicht vielmehr den reichen«. Nathan ist respektiert wegen seines Vermögens, angesehen wegen seiner Weisheit — und drittens ist er auch noch Jude. Im Umgang mit Saladin, der ihn rufen läßt, weil seine Finanzen zerrüttet sind, bewährt er sich als kluger Hofjude, der seinen Reichtum gebraucht, ehe sein Rat noch verlangt wird. Besitz und Bildung sind die Voraussetzungen, die es ihm als Juden ermöglichen, sich in unsicheren Zeiten durchzuschlagen. Nathans Judentum wird kaum thematisiert und nur minimal konkretisiert. Seine Pogromerzählung (IV,7) verbindet ihn mit der Leidensgeschichte seines Volkes, aber sein Judentum schränkt er auf die Religion ein. Im Idiom der Toleranz liest sich das folgendermaßen: »Wir haben beide / Unser Volk nicht auserlesen. Sind / Wir unser Volk? Was heißt denn Volk? / Sind Christ und Jude eher Christ und Jude / Als Mensch?«[22] Hans Mayer bemerkt dazu treffend: »Am Anfang der jüdischen aufgeklärten Emanzipation wird von Lessing in der Kunstfigur des Nathan das wünschbare Ergebnis bereits vorweggenommen. Nathan ist nur noch der Religion nach Jude.«[23] Ansonsten ist sein Judentum durch keinerlei Eigentümlichkeiten, Sitten und Gebräuche zu erkennen. Keiner Gemeinde fühlt er sich zugeordnet, und seine Pflegetochter Recha erzieht er nach freidenkerischen Prinzipien. Der Zufall der Geburt wird durch reine Toleranz ausgeglichen. Die Kunstfigur Nathan, die alle spezifischen Charakteristika jüdischer Existenz abgestreift hat, wird zur Idealgestalt der Aufklärung, mit der sich Christen und Juden identifizieren können. Nur so konnte Lessing seine Botschaft der Toleranz einem christlich bürgerlichen Publikum schmackhaft und nachahmenswert machen — und zugleich die Integration der Juden vorbereiten. Daß es damit — aller Toleranzdiskussion zum Trotz — noch seine Schwierigkeiten hatte, beweist nicht nur die verzögerte Rezeption des Stückes, sondern auch die staatstheoretische Auseinandersetzung um die jüdische Emanzipation.

Es ist nicht besonders erstaunlich, daß die philosophisch-literarische Diskussion in eine politische umschlagen mußte, denn schließlich ging es nicht um irgendwelche abstrakten Ideen, sondern um die Anerkennung einer unterdrückten Minorität und einer verketzerten Religion, um Menschen und ihre Rechte. Die Toleranzdiskussion konnte nur zu Ende gebracht werden, wenn sich aus der Achtung des Andersdenkenden auch ein Recht auf dieses Anderssein ergab. Ohne das Ziel rechtlicher Gleichstellung wäre die Toleranzlehre bloße Ideologie und als solche repressiv. Doch der Schritt von der menschenfreundlichen Theorie zur menschenwürdigen Praxis wird auch hier, und hier ganz besonders, durch Widerstände verzögert, welche die gesellschaftliche Wirklichkeit ihr entgegensetzt. Was sich über Jahrhunderte als diskriminierende Gewohnheit durchgesetzt, sich zu unwürdigen Lebensverhältnissen materialisiert und zu Vorurteilen verfestigt hatte, ließ sich durch die Toleranzdebatte allein nicht aufbrechen und verändern. Außerdem waren die Juden im Unterschied zum Bürgertum eine machtlose Minderheit, die ihre politischen Interessen allein nicht durchsetzen konnte. Zwar hatten die Hofjuden und die jüdische Oberschicht auch einen bescheidenen politischen Einfluß, den sie zugunsten der bedrängten Gemeinde auch einsetzten, aber das führte höchstens zu Erleichterungen der jüdischen Lebensbedingungen. Die jüdische Emanzipation konnte politisch nur von Oben verordnet oder durchgesetzt werden, und das hing davon ab, wie aufgeklärt und einsichtig der Herrscher war. So spielte sich die politische Diskussion über die »bürgerliche Verbesserung der Juden« weiterhin in der literarischen Öffentlichkeit ab und blieb politisch weitgehend folgenlos. Ein typisches Beispiel ist die Aufnahme von Dohms Toleranzschrift durch Friedrich II.: Er lobte sie und legte sie zu den Akten. Was sich jedoch in dieser dritten Phase der Toleranzdebatte veränderte, waren die Argumente. Sie appellierten pragmatisch an das Nützlichkeitsdenken und den Merkantilismus des Absolutismus, und sie gewinnen dadurch größere Überzeugungskraft.

Lessing hatte schon 1754 Michaelis Einwand gegen seinen edlen Juden, der »doch allzu unwahrscheinlich« sei, dadurch entkräftet, daß er auf die Lebensumstände der Juden hinwies. Verbessere man sie, so sei damit auch die Möglichkeit der Individualemanzipation gegeben. Nun ging es um generellere Lösungen, um die Veränderung der Judengesetzgebung. Das Stichwort dafür lieferte der preußische Beamte Christian Wilhelm von Dohm mit seiner Denkschrift *Über die bürgerliche Verbesserung der Juden* (1781). Aber »bürgerliche Verbesserung« ist nicht Emanzipation. Dohm denkt noch in den Bahnen des herrschenden Staats- und Kirchenrechts, wonach Toleranz bloße Duldung der Juden von seiten der staatlichen Obrigkeit bedeutet. Solange die Einheit von Staat und Kirche grundsätzlich noch bestand (Cuius regio, eius religio), gab es nur eine wahre Religion im Staate, die keine andere neben sich duldete. Doch konnte der Staat, um den inneren Religionsfrieden zu schützen, andere Religionsgemeinschaften dulden, ohne ihnen gleiche Rechte einzuräumen. Für die Staatsreligion bedeutete dies noch bis ins späte 19. Jahrhundert die Duldung eines Übels in der Gesellschaft.[24] Die wahre Kirche war daher auch gegen die naturrechtliche Trennung von Kirche und Staat, die den Staat in religiösen Fragen für indifferent erklärt und die die Religion zu einer privaten Angelegenheit macht. Die

Staatskirche mußte also von Staats wegen zur Toleranz genötigt werden. Diese erzwungene Toleranz galt in besonderem Maße für die Juden, die ihre Duldung mit »Toleranzgeld« teuer vom Staate erkaufen mußten. Mit dieser kirchenrechtlichen (In)Toleranz mußten die Aufklärer noch rechnen und von seiten eines aufgeklärten Staates dagegen argumentieren. Daher machen sie dem Staat durch Nützlichkeitserwägungen die Aufhebung der Beschränkungen gegen die Juden interessant, und sie treten für die bürgerliche Verbesserung der Juden ein, ohne an den Vorrechten der Staatsreligion zu rütteln. Beides tat Dohm mit großem Geschick.

Dohms Abhandlung liest sich wie ein Anti-Eisenmenger, will sagen, daß sie fast ein Handbuch gegen den Antisemitismus ist. In seiner Vorurteilskritik verfährt er historisch und sozialpsychologisch. Seine historischen Exkurse dienen ausschließlich der Erklärung jüdischer Verhaltensweisen und der Widerlegung stereotyper Urteile über die Juden. Der Abstraktheit des Vorurteils begegnet er mit der Konkretheit historischen Wissens und folgert an einer Stelle: »Die Geschichte bestätigt also hier das Urteil der unvoreingenommenen Vernunft, daß die Juden ebenso gut, wie alle andre Menschen, nützliche Glieder der bürgerlichen Gesellschaft sein können.«[25] Die Vorurteile des religiösen Aberglaubens, wie Brunnenvergiftung, Hostienschändung und Ritualmord, schreibt er den finsteren Zeiten des Mittelalters zu, ohne sich groß damit aufzuhalten. Die modernen Vorwürfe gegen den jüdischen Handelsgeist und Wucher führt er auf die einseitige Betätigung der Juden zurück, die durch staatliche Beschränkungen erzwungen wurden. Die Folgen dieser Konzentration auf Handelsgeschäfte, so argumentiert er sozialpsychologisch, seien nicht verschieden von anderen Berufsgruppen, wie Bauern, Handwerker und Kaufleute, die auch ihre berufsspezifischen Verhaltensmuster ausgeprägt hätten. Die besondere Situation der Juden und der Druck der Verhältnisse habe folglich auch ihre Mentalität geprägt, nur daß man im Falle der Juden eine ganze Nation zur Einseitigkeit verurteilt habe. Dohms Kritik macht auch vor den zeitgenössischen Mißständen nicht halt, die der verfehlten Judenpolitik des Staates angelastet werden: »Alles, was man den Juden vorwirft, ist durch die politische Verfassung, in der sie itzt leben, bewirkt.«[26] Das alles ist Geist vom Geiste der kritischen Aufklärung, vor dem keine Vorurteile standhalten.

Auf dem Hintergrund dieses Negativbildes jüdischer Verhältnisse ist Dohms utopisches Reformprogramm zu sehen. Es ist um 1780 schon ein Gemeinplatz philosemitischer Argumentation, daß man nur die Lebensumstände, unter denen die Juden leiden, verbessern müsse, um sie zu nützlichen Gliedern der bürgerlichen Gesellschaft zu machen. Zwei

Bedingungen müssen dazu erfüllt werden: religiöse Toleranz und Aufhebung staatlicher Beschränkungen. Gegenüber dem Absolutheitsanspruch der Staatskirche fordert er mit Mendelssohn Religions- und Gewissensfreiheit, und er beruft sich auf die naturrechtliche Trennung von Staat und Kirche. Keine Religion habe das Recht, für sich Freiheiten zu fordern, die sie anderen verwehre. Gegenüber den staatlichen Restriktionen bedient er sich demographischer und merkantilistischer Argumente, wie sie schon Toland 1714 in England verwendet hatte. Die Vermehrung der Bevölkerung käme dem staatlichen Wohlstand zugute, die wirtschaftliche Gleichstellung der Juden mit den Christen würde Handwerk und Handel beleben und die Freiheit der Berufswahl würde sie zu nützlichen Mitgliedern der ganzen Gesellschaft machen. Dohms Argumentation versprach bürgerliches Glück für die Juden bei größtem Nutzen für den Staat. Aufklärerisches Humanitätsdenken und absolutistisches Nützlichkeitsdenken sind in seiner Schrift auf ideale Weise vereint.

Damit seine Schrift nicht als philosemitisches Hirngespinst abgetan werden konnte, faßte er ihre Ergebnisse in neun Empfehlungen zusammen.[27] Diese sind so konkret und weitsichtig, daß seine Reformvorschläge die Emanzipation der Juden antizipieren. Zur bürgerlichen Verbesserung der Juden stellt er folgende Forderungen auf: Religionsfreiheit, Freizügigkeit, Handels- und Gewerbefreiheit, freien Erwerb von Grund und Boden, Zugang zu den Hochschulen, freie Betätigung in Wissenschaften und Künsten und sogar die Aufnahme in den Staats- und Gemeindedienst. Dreißig Jahre später werden die meisten dieser Forderungen zur Grundlage des »Ediktes betreffend die bürgerlichen Verhältnisse der Juden in Preußen«.

Doch bei allem Lob für die Reformutopie aus der Feder eines preußischen Beamten dürfen auch hier Widersprüche nicht übersehen werden. Damit sind weniger Mendelssohns Einwände gegen Dohms Bevölkerungspolitik und eine autonome jüdische Gerichtsordnung gemeint, sondern Dohms Gedanken zur sittlichen Bildung und Aufklärung des Judentums. Obwohl Dohm den Juden Religionsfreiheit und freie Ausübung ihrer Gesetze zubilligte, dachte er doch von Staats wegen auch an eine Verbesserung der Juden. Das sah so aus, als brauchten die Juden, um der Gleichstellung mit den deutschen Untertanen würdig zu werden, erst noch eine besondere Erziehung. Waren die Juden also doch noch eine kulturlose Nation mit einer zu wenig aufgeklärten Religion, so daß sie über drei bis vier Generationen sich erst einmal auf die Emanzipation vorbereiten mußten? Deutet sich in Dohms Forderung nach Aufklärung des Judentums schon die Erwartung einer jüdischen Assimilation an? Daß Dohms Schrift solche Fragen provoziert, macht deutlich, wie schwierig und widersprüchlich die Judenfrage selbst für einen philosemitischen Aufklärer sich stellte. Diese Dialektik von Emanzipation und Assimilation bestimmte die weitere deutsch-jüdische Geschichte.

Ein interessantes Seitenstück zu Dohms Denkschrift ist Mendelssohns Vorwort zur Übersetzung von Manasseh Ben Israels *Rettung der Juden* (Der Amsterdamer Rabbiner hatte 1656 mit dieser Schrift an das englische Parlament und an Cromwell appelliert, die Juden nach England zurückzurufen, aus dem sie seit 1290 vertrieben waren.) Daß Mendelssohn gerade diese Bittschrift ein Jahr nach Dohms Abhandlung veröffentlichte, ist als politische Meinungsäußerung zu verstehen; nicht umsonst erklärt er seine Edition auf dem Titelblatt »Als einen Anhang zu des Hrn. Kriegsraths Dohm Abhandlung 'Über die bürgerliche Verbesserung der Juden'«. Mendelssohn, als angesehener Sprecher des Judentums, stellt sich an die Seite Dohms, um die öffentliche Diskussion der Judenfrage voranzutreiben und auf die öffentliche Meinung zu wirken. Im Unterschied zu Manasseh Ben Israels Apologie und Bittschrift tritt Mendelssohn als streitbarer Aufklärer auf, der das bestimmte Gefühl hat, am Beginn einer neuen Epoche zu stehen: »Dank sei es der allgütigen Vorsehung«, so beginnt seine Vorrede, »daß sie mich am Ende meiner Tage noch diesen glücklichen Zeitpunkt hat erleben lassen, in welchem die Rechte der Menschheit in ihrem wahren Umfange beherzigt zu werden anfangen.«[28] Duldung und Verträglichkeit scheinen allgemein zu werden. Sie werden nicht mehr von der herrschenden Religionspartei der Minorität herablassend gewährt, sondern Toleranz sei zum Grundsatz des menschlichen Zusammenlebens geworden. Ein »philosophischer Dichter« (Lessing), ein »philosophischer Staatskundiger« (Dohm) und ein »bewunderungswürdiger Monarch« (Joseph II.) hätten dazu beigetragen, »in dem Menschen nur den Menschen zu betrachten und die Rechte der Menschheit« auf die Tagesordnung zu setzen. Indem Mendelssohn die jüdische Frage zu einer Frage des Menschenrechts macht, geht er über Dohms »Verbesserungen« hinaus, bringt sie auf den Begriff, den sie fordern; Bürgerrechte für die Juden.

»Merkwürdig ist es, zu sehen, wie das Vorurteil die Gestalten aller Jahrhunderte annimmt, uns zu unterdrücken und unserer bürgerlichen Aufnahme Schwierigkeiten entgegen zu setzen.«[29] Zwar hat die Aufklärung die alten Legenden und Verleumdungen »abergläubischer Zeiten« längst widerlegt, doch treibt dieser Spuk weiterhin sein Unwesen im Volke. Schlimmer noch, die deistische Aufklärung hat ihren eigenen Antisemitismus geschaffen, der nun den Juden Aberglauben, Ignoranz, Mangel an moralischem Gefühl, Kulturlosigkeit, Neigung zu Betrug,

Wucher und Gesetzlosigkeit vorwirft, kurz: Die Juden sind dem Staate zu nichts nutze, ja sie sind ein Übel für die Gesellschaft. Die tragische Paradoxie dieser Entwicklung sieht Mendelssohn darin, daß man das jüdische Volk jahrhundertelang daran hinderte, nützliche Mitbürger zu werden, und nun seine Besonderheiten und Einseitigkeiten zur Begründung weiterer Unterdrückung macht. »Man bindet uns die Hände, und macht uns zum Vorwurfe, daß wir sie nicht gebrauchen.«[30]

Zum Sprecher dieses modernen Antisemitismus machte sich nochmals der Göttinger Professor Michaelis, der stolz darauf war, aus der dreißigjährigen Toleranzdiskussion nichts gelernt zu haben. In einer Rezension des Dohmschen Buches wirft er den Juden vor, sie seien korrupt, lasterhaft und ehrlos, und daher dürfe man ihnen das Bürgerrecht nicht gewähren.[31] Zu den Kuriositäten dieser Kritik gehört es, daß Michaelis nachweist, die Juden seien fünfundzwanzigmal korrupter als die Christen; ferner seien sie zum Kriegsdienst ungeeignet, da sie am Sabbath nicht kämpften, ihrem Fahneneid nicht zu trauen sei und für die Armee zu klein seien. (Dieses vieldiskutierte Argument wurde durch die Teilnahme der Juden an den Befreiungskriegen endgültig widerlegt.) Ob so viel spitzfindiger Ignoranz und bösartiger Intoleranz selbst im gelehrten Deutschland seufzte Mendelssohn: »Vernunft und Menschlichkeit erheben ihre Stimme umsonst, denn graugewordenes Vorurteil hat kein Gehör.«[32]

Wie Manasseh Ben Israel, Toland und Dohm argumentiert auch Mendelssohn von einem pragmatischen Gesichtspunkt für die Aufnahme der Juden. Der Bevölkerungszuwachs und die Tüchtigkeit der Juden könnten für den Staat von größtem Nutzen sein. Wichtiger als dieses Standardargument dürfte ein anderer Gesichtspunkt sein, da er Mendelssohn in einen Gegensatz zu Dohm bringt. Dieser hatte in seinen Empfehlungen vorgeschlagen, der jüdischen Gemeinde juristische Autonomie und das Bannrecht zuzugestehen. Beides sind gutgemeinte Konzessionen, die noch auf die mittelalterliche Rechtsstellung der Juden zurückgehen. Mendelssohn dachte darüber anders und vertrat eine moderne Auffassung. Eine separate jüdische Jurisdiktion widerspreche der Integration der Juden in dem modernen Staat, und von einem religiösen Bannrecht wollte er nichts wissen, da es gegen seine Auffassung von Religion verstieße. »Die wahre göttliche Religion maßt sich keine Gewalt über Meinungen an.« Das Strafrecht stehe dem Staat zu, das Wesen der Religion jedoch sei Erbauung, Tröstung und Liebe. Folgerichtig beschließt er sein Vorwort mit einem Bekenntnis zur wahren Religion der Liebe: »Liebet, so werdet ihr wieder geliebt werden.«[33]

Kein Wunder, daß manche Aufklärer darin ein Bekenntnis zur natürlichen Religion sahen und schon annahmen, Mendelssohn werde seinen jüdischen Glauben aufgeben. Dieser Vermutung widersprach er, wie wir schon sahen, in seiner Schrift *Jerusalem*, in der er sich zur Religion seiner Väter bekannte, ohne der Vernunftreligion abzuschwören. Wollte man die schriftstellerischen Bemühungen Mendelssohns für die Aufnahme der Juden in einem Satz zusammenfassen, so müßte er lauten: Religiöse Toleranz ist die Grundlage des friedlichen Zusammenlebens der Religionen im Staate, doch nützliche und glückliche Bürger können die Juden nur durch rechtliche Gleichstellung werden.

Einen Fortschritt in diese Richtung signalisierte das Toleranzedikt Josephs II. für die Juden Wiens und Niederösterreichs vom 2. Januar 1782, das von vielen Aufklärern begeistert begrüßt wurde. Mendelssohn nannte Joseph II. einen »bewunderungswürdigen Monarchen«, Klopstock schrieb eine panegyrische Ode »An den Kaiser Joseph II.« (1782) und die Mitwirkung des Aufklärers Sonnenfels, eines getauften Juden, am Edikt verlieh der Toleranzpolitik Josephs II. den Glanz, den Legenden brauchen. Spekulieren ließe sich über den Einfluß Dohms auf das Toleranzedikt und auch darüber, ob Joseph preußischen Reformen zuvorkommen wollte.[34] Zweifellos verdient das Edikt sein Epitheton ornans, ersetzte es doch die antijüdischen Verordnungen Maria Theresias durch eine offizielle Toleranzpolitik; doch ob es im Vergleich mit der Toleranzpolitik anderer Staaten fortschrittlicher war, bleibe dahingestellt. Außerdem muß man dieses Edikt im Zusammenhang mit der Politik des katholischen Österreich gegenüber den zahlreichen religiösen Minoritäten des Vielvölkerstaates sehen. Und schließlich entsprach es durchaus der Staatsraison, die Juden (besonders in Wien) zu dulden.

Das Judenpatent hob zahlreiche demütigende Beschränkungen auf, wie Ghettozwang, Leibzoll, Judenstern, Ausgehverbot an Feiertagen. Den Juden wurde es erlaubt, sich in der Landwirtschaft und in Handwerken zu betätigen, Handelsbeschränkungen wurden aufgehoben, sie konnten eigene Schulen errichten oder die Kinder in christliche Schulen schicken, ja sie konnten sogar christliche Diener anstellen und als »Honoratioren« einen Säbel tragen. Diese Vergünstigungen, so heißt es in der Schlußformel des Patents, stelle die jüdische Nation mit ihren christlichen Mitbürgern fast gleich. Einer kritischen Betrachtung hält die Behauptung jedoch nicht stand, und Widersprüche sind offensichtlich. Die Juden dürfen weiterhin keine Gemeinden gründen und keine Synagogen bauen, Zuwanderungsbeschränkungen (besonders für Ostjuden) bleiben bestehen, die Meisterzünfte schließen sie aus und im Handel und Wandel mit christlichen Bürgern müssen sie sich der Landessprache bedienen (also Deutsch statt Jiddisch.) Die Begünstigungen kamen zumeist den reichen Juden zugute, die Beschränkungen betrafen weitgehend die armen Vettern im Osten. So trieb das Toleranzedikt einen Keil in die jüdische Nation, die jüdische Armut des Ostens sollte die Assimilation der reichen Westjuden nicht stören. Daß es die Absicht dieser Toleranzpolitik war, die Juden der deutschen Kultur zu integrieren, geht aus einer Erklärung Josephs II. aus dem Jahre 1781 hervor: Es sei das Ziel dieser Politik, die Juden »aufzuklären, dadurch sie entweder zu Christen zu bilden, oder ihren moralischen Charakter zu bessern und sie zu nützlichen Staatsbürgern auszubilden. Bei der folgenden Nachkommenschaft wird dies ganz gewiß erhalten werden.«[25] Assimilation kommt also vor Emanzipation.

Die Emanzipation der Juden war ein Geschenk der Französischen Revolution, und sie stand für die Juden Deutschlands auf den Fahnen der Napoleonischen Armee zu lesen. Mit der Erklärung der Menschenrechte durch die Nationalversammlung (26. August 1789) war die Grundlage für die rechtliche Gleichstellung der Juden schon gelegt, denn in Artikel 10 heißt es, daß keine Person ihrer Religion wegen benachteiligt werden dürfe. Zwei Jahre später, am 28. September 1791, wurden auch die Juden ausdrücklich zu freien Staatsbürgern erklärt. Unter Napoleons Herrschaft verbreiteten sich die Ideen der Französischen Revolution auch in Deutschland, und sie stießen in Preußen Reformen an, die zu Hardenbergs Emanzipationsedikt vom 11. März 1812 führten. Damit geht das Zeitalter der Toleranz zu Ende und das nicht weniger widersprüchliche der Emanzipation beginnt. Schon das Edikt von 1812 galt nur für die preußischen Schutzjuden, und es wurde nach 1815 teilweise wieder rückgängig gemacht. Noch immer war man der Meinung, daß die Juden erst moralisch gebessert werden müßten, bevor sie Vollbürger werden könnten. Da die Judenemanzipation als eine französische Idee galt und zudem noch von oben verfügt wurde, hatte sie wenig Wirkung auf die öffentliche Meinung, drang nicht ins allgemeine Bewußtsein, das weiterhin antisemitisch blieb. Zu diesem latenten Antisemitismus trugen die Schriften einiger deutschtümelnder Romantiker bei (Brentano, von Arnim, Arndt),[36] die von ihren deutschen Tischgesellschaften Franzosen und Juden ausschlossen; die antisemitischen Pamphlete von Grattenauer, Rühs, und Fries[37] sorgten auch politisch für ein antijüdisches Klima, so daß sich die Lage der Juden nach 1812 kaum verbesserte. Erst 1869 erfolgte die endgültige Gleichstellung der Juden in Preußen durch ein Dekret Wilhelms I.

3

Würde man abschließend noch untersuchen, wie tolerant denn eigentlich die deutschen Dichter und Denker den Juden gegenüber waren, so fiele das Gesamtbild keineswegs so positiv aus, wie man es sich wünschen möchte.[38] Daß der christliche Pöbel auf dem Lande wie in den Städten an seinem religiösen Antisemitismus festhielt, steht außer Frage; daß auch das allgemeine politische Klima im 18. Jahrhundert antijüdisch war, ist nach allem, was bisher erwähnt wurde, nicht überraschend; daß selbst die bedeutendsten Köpfe des Zeitalters — von wenigen Ausnahmen abgesehen — weniger tolerant waren, als man es erwartet, mag enttäuschen. Doch es ist so! Antijüdische Tendenzen finden sich bei Herder nicht weniger als bei Goethe, Fichte übertraf darin seinen Lehrmeister Kant, um von einigen Romantikern ganz zu schweigen. Es fiel den meisten Aufklärern leichter, die Verdienste des Judentums in der Vergangenheit zu loben, als eine rationale Lösung der aktuellen Judenfrage zu finden.

Hinlänglich bekannt ist Goethes ambivalente Beschreibung der Frankfurter Judengasse, deren »Enge, Schmutz, Gewimmel und der Akzent einer unerfreulichen Sprache den unangenehmsten Eindruck auf ihn machte« und alte Vorurteile wachrief. Weniger bekannt ist seine Meinung, daß die »Duldsamkeit gegen die Juden die bürgerliche Verfassung« bedrohe.[39] Herder, der vielleicht beste Kenner der hebräischen Kultur, ist ein Verehrer des Judentums — in der Vergangenheit; in der eigenen Gegenwart kann er in ihm nur eine parasitäre Nation sehen, welche auf Kosten der europäischen Nationen lebt. Schuld daran sei die jahrhundertelange, grausame Unterdrückung der Juden, aber lösen ließe sich dieses politische Problem nur durch totale Assimilation: »Abgelegt die alten stolzen Nationalvorteile; weggeworfen die Sitten, die für unsre Zeit und Verfassung nicht gehören.«[40] Nur ein »humanisierter« Jude könne Staatsbürger werden. Selbst Kant, der zeit seines Lebens kritisches Denken und vorurteilsfreie Mündigkeit lehrte, konnte sich von Vorurteilen gegen die Juden nicht befreien. In den »Palästinern«, wie er sie nennt, kann er nur »eine Nation von Kaufleuten« sehen, die durch Wucher und Betrug ihr Leben fristen.[41] Von einer Religion könne man beim Judentum nicht sprechen, da ihm eine echt moralische Gesinnung, der Jenseitsglaube und eine allgemeine Kirche fehle.[42] Die »Euthanasie des Judentums« sei schon so weit fortgeschritten, daß nur noch die Selbstaufgabe die Juden zu nützlichen Staatsbürgern machen könne. Daher ist sein »einziger Vorschlag«, den er sogar für glücklich hält, »der öffentliche Übertritt zum Christentum«.[43] Darin folgte ihm Fichte, nur daß bei ihm die Metaphorik noch blutrünstiger wird: »Aber ihnen Bürgerrechte zu geben, dazu sehe ich wenigstens kein Mittel, als das, in einer Nacht ihnen allen die Köpfe abzuschneiden, und andere aufzusetzen, in denen auch nicht eine jüdische Idee sei.«[44] Was aus solchen Vorstellungen wurde, wissen wir! Hamann, der ein hellsichtiger Kritiker seiner Zeit war, legte den Finger auf diese Idiosynkrasie, als er von Kant hörte, daß dieser Lessings *Nathan* nicht schätze, da er keine Helden aus diesem Volk leiden könne, bemerkte er spöttisch: »So göttlich streng ist unsere Philosophie in ihren Vorurteilen bei all ihrer Toleranz und Unparteilichkeit.«[45]

Diese höchst fragmentarische Skizze soll nicht den Eindruck erwecken, als wären die Aufklärer überzeugte Antisemiten gewesen, wie der antisemitische Historiker Heinrich von Treitschke[46] oder später die Nazis behaupteten. Aber ihre ambivalente Haltung macht deutlich, wie schwer es ihnen fiel, die tiefsitzenden Vorurteile gegen die Juden in ihrer Zeit zu überwinden. Die Widersprüche zwischen einer geschichtsphilosophischen Rechtfertigung des Judentums und judenfeindlichen Tendenzen in der Gegenwart, zwischen erklärter Toleranz und halbherziger Lebenspraxis, zwischen Individualemanzipation und genereller Gleichstellung der Juden, zwischen Gleichheitspostulat und materieller Ungleichheit verweisen auf die Dialektik der Aufklärung. Worauf ihre praktischen Vorschläge versteckt oder offen hinausliefen, war nichts anderes als Assimilation, kulturelle Integration und Übertritt zum Christentum. Ihre Vorstellung von der deutsch-jüdischen Symbiose war höchst selbstbezogen und einseitig; sie verlangte von den Juden Osmose und Selbstaufgabe, ohne auch nur danach zu fragen, was diese totale Anpassung für die jüdische Existenz bedeutete. Das ungleiche Verhältnis zwischen Deutschen und Juden, das auf Toleranz beruhte und Assimilation voraussetzte, zeigt wie kein anderes die Grenzen der Aufklärung. Heine hat diese Erfahrung poetisch ins Bild gesetzt:[47]

> Ein Jahrtausend schon und länger
> Dulden wir uns brüderlich.
> Du, du duldest, daß ich atme,
> Daß du rasest, dulde ich.

Anmerkungen

1 Moses Mendelssohn an Peter Adolph Winkopp, 28. Juli 1780. In: Moses Mendelssohn, Gesammelte Schriften (Jubiläumsausgabe), hg. v. F. Bamberger u.a., fortgesetzt von A. Altmann. Berlin 1929 ff., Bd. 12/2, 200.

2 Mendelssohn, Moses: Anmerkungen zu Abbts freundschaftlicher Korrespondenz. In: ders., Gesammelte Schriften, Bd. 6/1, 42.

3 Arendt, Hannah, 1951: The Origins of Totalitarianism. Part One: Antisemitism. New York.

4 Moses Mendelssohn an Isaak Iselin, 30. Mai 1762. In: ders., Gesammelte Schriften, Bd. 11, 338.

5 Gellert, Christian Fürchtegott, 1968: Das Leben der schwedischen Gräfin von G.. In: ders., Sämtliche Schriften, Bd. 4. Hildesheim, 396.

6 Lessing, Gotthold Ephraim, 1968^2: Gesammelte Werke, hg. v. Karl Rilla, Bd. 3. Berlin, 676.

7 Lessing, Gesammelte Werke, Bd. 1, 570.

8 Mayer, Hans, 1975: Außenseiter. Frankfurt/M., 339.

9 Lessing, G.E.: Über das Lustspiel »Die Juden«. In: ders., Gesammelte Werke, Bd. 3, 654.

10 Dieser Brief Mendelssohns an Gumperth wird ebenfalls in Lessings Verteidigung der »Juden« zitiert. In: Lessing, Gesammelte Werke, Bd. 3, 655 ff.

11 Locke, John, 1689-1692: Letters Concerning Toleration. London; Toland, John, 1714: Reasons for Naturalizing the Jews in Great Britain and Ireland. London.

12 Mendelssohn, Gesammelte Schriften, Bd. 8, 204.

13 Ebd., 198.

14 Ebd., 203.

15 Lessing, Gesammelte Werke, Bd. 8, 590.

16 Schiller, Friedrich, 1960^2: Sämtliche Werke, hg. v. G. Fricke und H. G. Göpfert, Bd. 4. München, 783.

17 Ebd., 784.

18 So Lessing, Gesammelte Werke, Bd. 8, 603.

19 Mendelssohn, Gesammelte Schriften, Bd. 8, 162 f.

20 Lessing, Gesammelte Werke, Bd. 2, 407.

21 Ebd., 433,377,447.

22 Ebd., 378 f.

23 Mayer, Außenseiter, 341.

24 Vgl. zum kirchenrechtlichen Toleranzbegriff den Artikel »Toleranz« in: Lexikon für Theologie und Kirche. Freiburg 1965, Bd. 10, 239 ff.

25 Dohm, Christian Wilhelm, 1781: Über die bürgerliche Verbesserung der Juden. Berlin, 45.

26 Ebd., 35.

27 Ebd., 110-127.

28 Mendelssohn, Gesammelte Schriften, Bd. 8, 3.

29 Ebd., 6.

30 Ebd.

31 Orientalische und exegetische Bibliothek, 19. Teil. 1782.

32 Mendelssohn, Gesammelte Schriften, Bd. 8, 10.

33 Ebd., 25.

34 Vgl. dazu Karniel, Josef, 1980: Die Toleranzpolitik Kaiser Josephs II. In: Grab, Walter (Hrsg.): Deutsche Aufklärung und Judenemanzipation. Jahrbuch des Instituts für deutsche Geschichte, Beiheft 3. Tel-Aviv, 169.

35 Zit. nach Karniel, Die Toleranzpolitik und Kaiser Joseph II., 170.

36 Brentano, Clemens, 1811: Die Philister vor, in und nach der Geschichte; Arnim, Achim von, 1812: Halle und Jerusalem und Arndt, Ernst Moritz, 1814: Noch etwas über die Juden.

37 Grattenauer, W.F. 1803: Wider die Juden; Rühs, F., 1815: Über die Ansprüche

der Juden an das deutsche Bürgerrecht und Fries, F., 1815: Über die Gefährdung des Wohlstandes und des Charakters der Deutschen durch die Juden.

38 Ich kann mich hier kurz fassen, da die bekanntesten Texte seit Generationen kommentiert und kritisiert werden. Jüngst dazu: Poliakov Léon, 1983: Geschichte des Antisemitismus. Bd. 5: Die Aufklärung und ihre judenfeindlichen Tendenzen. Worms; Low, Alfred D., 1979: Jews in the Eyes of the Germans. From Enlightenment to Imperial Germany. Philadelphia.

39 Goethe, Wolfgang Johann: Dichtung und Wahrheit. In: Goethes Werke (Weimarer Ausgabe), Bd. 28, 325 f und 190.

40 Herder, Johann Gottfried, 1881: Sämtliche Werke, hg. v. Bernhard Suphan, Bd. 24. Berlin, 74.

41 Kants Werke (Akademie Textausgabe), hg. v. der Preußischen Akademie der Wissenschaften 1902. Berlin 1968, Bd. 7, 205 f.

42 Ebd., Bd. 6, 125 f.

43 Ebd., Bd. 7, 52 f.

44 Fichte, Johann Gottlieb, 1845: Beitrag zur Berichtigung der Urteile des Publikums über die Französische Revolution (1793). In: ders. (Hrsg.): Sämtliche Werke, Bd. 6. Berlin, 150.

45 Hamann, Johann Georg, 1955 ff.: Briefwechsel, hg. v. Arthur Henkel, Bd. 6. Wiesbaden, 228.

46 Treitschke, Heinrich von, Dez. 1879: Ein Wort über unser Judentum. In: Preußische Jahrbücher. Der literarische und historische Kontext der zitierten Stellen ist komplexer, als meine verkürzte und einseitige Auswahl nahelegt. Mir ging es nur um die aktuelle Antwort zur Lösung der Judenfrage. Vgl. dazu Low, Jews in the Eyes of the Germans, 35-100.

47 Heine, Heinrich, 1976: Sämtliche Schriften, hg. v. Klaus Briegleb, Bd. 1. München, 271.

Nancy Kaiser

»Die Stellung der Juden ist allezeit der Barometerstand der Humanität.«

Berthold Auerbachs Traum einer deutsch-jüdischen Symbiose

Anläßlich des 100. Todestages des zu Lebzeiten hochberühmten, jedoch heute weitgehend vergessenen Schriftstellers Berthold Auerbach erschien eine Reihe von Aufsätzen, zumal das Jahr 1982 zugleich das 170. Geburtsjahr des in Schwaben geborenen jüdischen Autors war. Im Deutschen Literaturarchiv zu Marbach liegen in der betreffenden Mappe neben zahlreichen Feuilletons aus dem Jahr 1982 auch zwei Berichte von 1979 aus der *Badischen Zeitung*. In ihnen wird berichtet, daß ein geplanter Beitrag des SWF-Literaturmagazins über den Dichter kurzfristig aus dem Programm genommen worden sei. Bei Interviews in Auerbachs Heimatort Nordstetten sei die Journalistin auf antisemitische Äußerungen gestoßen. Es bleibt in diesem Zusammenhang unklar, ob die Befragten nicht vielleicht im Laufe eines mehrstündigen Gesprächs von der Südwestfunk-Mitarbeiterin zu solchen Äußerungen verleitet worden seien. Trotzdem ist die Zusammenstellung von Jubiläumswürdigungen und »nicht sendefähigen« Gesprächen beunruhigend. Es überwiegen natürlich die Würdigungen, und seit 1987 befindet sich im Nordstettener Schloß ein Berthold-Auerbach-Museum. Auerbach und seine Werke waren im vergangenen Jahrhundert bekannt und beliebt, und neuere literaturgeschichtliche Untersuchungen räumen ihm den gebührenden Platz ein. Im Hintergrund zu den positiven Stimmen ertönt jedoch immer wieder Auerbachs Ausruf am Ende seines Lebens, als er den virulenten Berliner Antisemitismus und schließlich im Jahr 1880 die zweitägige Judendebatte im Abgeordnetenhaus erleben mußte: »Vergebens gelebt und gearbeitet!«

Der Brief an seinen Vetter Jakob vom 23. November 1880, dem dieser Ausdruck der Verzweiflung entnommen ist, mündet in die bedeutungsschweren Worte: »Ich tröste mich freilich auch damit, daß nach Monaten das wieder zugeheilt sein wird, aber das Bewußtsein, was noch in deutschen Menschen gehegt wird und was unversehens explodieren kann, das ist untilgbar.«[1] In dem gleichen Brief schreibt er aber auch von der Notwendigkeit, als deutscher Bürger »die Schande des Vaterlandes« mittragen zu müssen. Was da für den erfolgreichen Autor am Ende seines Lebens auseinanderklafft, sind die Bestandteile seiner persönlichen und kulturellen Identität, an deren nahtlose Symbiose er so fest geglaubt hatte. In einem früheren Brief an Max Ring hatte er dieses Identitätsgefühl in folgende Worte gefaßt: »Ich bin ein Deutscher und was Anderes könnte ich nicht sein, ich bin ein Schwab' und was Anderes möchte ich nicht sein, ich bin ein Jude und das hat die richtige Mischung gegeben.«[2] Am Ende seines Lebens ging jedoch die Lösung nicht mehr glatt auf, und er zweifelte an seinem Lebensauftrag. Angesichts des zunehmenden Antisemitismus konnte er nicht mehr so zuversichtlich an die Integration der Juden ins Deutsche Reich glauben, eine Integration und ein Deutsches Reich, die er als Lebensaufgaben empfunden hatte.

In Aufsätzen der letzten Jahrzehnte wird Berthold Auerbach als der wichtigste deutsch-jüdische Schriftsteller zwischen Heine und der Generation Schnitzlers, Wassermanns, Kafkas, Feuchtwangers usw. bezeichnet,[3] auch als »liberaler Kulturbetriebsfunktionär des 19. Jahrhunderts in Deutschland *par exellence*«.[4] Wenn je ein deutscher Jude hätte glauben können, wird von ihm behauptet, er sei voll akzeptiert und in die deutsche Kultur integriert, so sei das Auerbach gewesen.[5] Es ist daher geradezu ein Topos der Auerbach-Forschung geworden, auf den ideologischen Stellenwert dieses Schriftstellers für die »Judenfrage« im 19. Jahrhundert hinzuweisen. Seine ständigen Bemühungen um die Integration der Juden in die deutsche Kultur und Nationalität scheinen Hand in Hand mit seinem früheren Einsatz für Reformbestrebungen innerhalb des Judentums zu gehen. Auerbachs Leben umspannt sowohl die Jahre vom Deutschen Bund zum Deutschen Reich als auch die Zeitspanne der beginnenden Industrialisierung und dann der vollen Entwicklung des Kapitalismus in Mitteleuropa. Die komplexen deutsch-jüdischen Wechselbeziehungen innerhalb dieser Entwicklungen umfaßten Fortschritte auf den Gebieten der sozialen Integration und rechtlichen Gleichstellung, aber auch erneute Diskriminierungsversuche infolge der Wirtschaftskrisen nach der Reichsgründung. Hans Otto Horch hat die Bedeutung Auerbachs für ein Verständnis der geschichtlichen und kulturellen Entwicklung des 19. Jahrhunderts zutreffend beschrieben:

> »Auerbachs vielschichtiges Gesamtwerk kann als je zeitbezogene Antwort auf die Probleme des deutschen Liberalismus seit den dreißiger Jahren gelesen werden; es ist ein autobiographisch motivierter und unterströmter Versuch, explizit oder implizit auch die sogenannte 'Judenfrage' als Teil einer gesamtbürgerlichen und menschheitlichen Emanzipationsbewegung auszuweisen.«[6]

Das Biographische ist oft genug herausgestellt worden. Moses Baruch Auerbacher wurde als Enkel eines Rabbiners in Nordstetten geboren. Der jüdisches Bevölkerungsanteil seines Heimatortes betrug ungefähr

40 %, und das deutsch-jüdische Zusammenleben verlief friedlich.[7] Auerbach wurde in die Talmudschule nach Hechingen, aufs Lyzeum nach Karlsruhe und dann aufs Gymnasium nach Stuttgart geschickt. In der Karlsruher Zeit änderte er seinen Namen. 1832 kam er auf die Landesuniversität in Tübingen, dachte daran, wenn auch mit einigem Zögern, sich auf eine Rabbinerstelle vorzubereiten, trat auch der Burschenschaft »Germania« bei. Wegen des Eintritts in eine verbotene Studentenverbindung kam er in Untersuchungshaft und verbrachte schließlich 1837 zwei Monate auf dem Hohenasperg als Strafe. Damit war ihm der Beruf eines Rabbiners endgültig verschlossen. Schon in den dreißiger Jahren begann er zu schreiben: erst publizierte er unter dem Namen Theobald Chauber eine Lebensgeschichte Friedrichs des Großen, dann unter seinem eigenen Namen die Broschüre *Das Judenthum und die neueste Literatur* (1836) sowie die Romane *Spinoza* (1837) und *Dichter und Kaufmann* (1840). Die Romane waren jüdischen Protagonisten gewidmet, dem bekannten Philosophen Spinoza und Ephraim Kuh, einem Satiriker und Epigrammatiker des 18. Jahrhunderts. 1841 brachte er eine fünfbändige Übersetzung von Spinozas Werken heraus. Beruflich blieb Auerbach anschließend Schriftsteller und Kritiker. Sein Ruhm begann mit den ab 1843 veröffentlichten *Schwarzwälder Dorfgeschichten*. Diese Dorfgeschichten sowie die programmatische Abhandlung *Schrift und Volk* (1846) beruhen weitgehend auf dem gemäßigten Liberalismus des Vormärz.

In Gesamtdarstellungen von Auerbachs literarischer Tätigkeit wird oft betont, er habe sich zu Anfang mit spezifisch jüdischen Themen beschäftigt, dann diese Themen verlassen und sei erst am Ende seines Lebens, angesichts des wachsenden Antisemitismus seit etwa 1873, wieder zu jüdischen Stoffen zurückgekehrt. Tatsächlich kommen in den Dorfgeschichten sowie den Romanen *Neues Leben* (1852), *Auf der Höhe* (1865), *Das Landhaus am Rhein* (1869) und *Waldfried* (1874) nur vereinzelt jüdische Figuren vor. Auf keinen Fall kann jedoch behauptet werden, Auerbach habe zu irgendeinem Zeitpunkt seines Lebens sein Judentum verleugnet. Wie die Äußerung Max Ring gegenüber bezeugt, waren alle drei Bestandteile seiner Identität gleichermaßen stark. Wenn auch ausdrücklich jüdische Stoffe in seinem erzählerischen Werk nach *Dichter und Kaufmann* fehlen, so tauchen doch Themen dieser Art in seinen Essays auf. Wird die »Judenfrage« im 19. Jahrhundert als »die Frage nach der Stellung und Funktion der Juden in der zu realisierenden bürgerlichen Gesellschaft«[8] gesehen, dann sind Auerbachs literarische Beiträge zur liberalen Ideologie dieser Gesellschaft und seine Einbeziehung der kulturgeschichtlichen Stellung und Funktion der deutschen

Juden in seine nichtliterarischen Beiträge allerdings aufs engste verknüpft.[9]

Schon in der ersten Schrift, die er unter seinem Namen veröffentlichte, ist diese Fragestellung richtungsweisend. *Das Judenthum und die neueste Literatur. Kritischer Versuch* (1836) schildert den gegenwärtigen Stand der deutschen Kultur, antwortet auf Wolfgang Menzels ungerechtfertigten Angriff auf die sogenannten jungdeutschen Schriftsteller als Vertreter »des jungen Palästina« und untersucht die kulturgeschichtliche Stellung der Juden und des Judentums. Diese Abhandlung ist assimilatorisch ausgerichtet: Auerbach bemüht sich um den Ausweis der Zugehörigkeit der Juden zur deutschen Kultur und um die Verteidigung der »Kulturfähigkeit« des Judentums. Gleichzeitig besteht er aber auf Beibehaltung und weiterer Pflege des jüdischen Glaubens. Trotz begrifflicher Unklarheit ist diese Schrift, besonders in Verbindung mit Auerbachs ersten zwei Romanen, kennzeichnend für seine Auffassung der deutsch-jüdischen Frage. Sie läßt sich nur im Zusammenhang mit den Bestrebungen um soziale und kulturelle Integration verstehen, die in der ersten Jahrhunderthälfte vorherrschten.

Bereits die Gliederung der Abhandlung weist auf Auerbachs Anliegen. Nach der Eingangsbeteuerung, als Perspektive dieser Arbeit sei »der rein menschliche Standpunkt« angestrebt, beschreibt Auerbach ganz im aufklärerischen Sinne des 18. Jahrhunderts die geschichtliche Entwicklung der Beziehung zwischen Religion und Staat. Endziel sei ihre Trennung, allerdings ohne die Aufhebung religiösen Glaubens. In einer Gegenüberstellung von Locke und den französischen Enzyklopädisten einerseits mit Rousseau und den deutschen »Humanisten« des 18. Jahrhunderts andererseits hebt Auerbach die Überlegenheit der letzteren hervor, die keinen »Vernichtungskrieg gegen alles Bestehende in Religion, Staat, Sitte und Gewohnheit« geführt hätten.[10] In der Charakteristik dieser Humanisten stützt sich Auerbach auf bestimmte Leitbegriffe: » Nationale Poesie und geläuterte Religionsbegriffe waren die Endzwecke dieser ewig verehrungswürdigen Menschenfreunde, und der Gedanke ihres Lebens, vernünftige Volkserziehung«(8). Es werden in diesem Zusammenhang Lessing, Herder, Goethe und Schiller genannt.

Der Eingangsteil beschäftigt sich also mit der Entwicklung der deutschen Kultur. Erst innerhalb dieses Rahmens geht Auerbach dann auf eine gründliche Darstellung und Verteidigung der »geschichtlichen Fortbildung und Entwicklung des Judenthums« ein(16). Der Aufbau des Arguments zeugt von Auerbachs Bemühung um die Integration der Juden in die deutsche Kultur bei gleichzeitiger Anerkennung des Eigenwertes des Judentums. In den letzten zwei Teilen der Abhandlung bietet er einen Überblick über die kulturellen Hauptströmungen der Gegenwart, und zwar nach ihrer Einstellung zur »Judenfrage«, und eine Auseinandersetzung mit Menzels Vorwurf des jüdischen Ursprungs der jungdeutschen Schriften. Durchgehend werden die Wandlungsfähigkeit des Judentums und die Zugehörigkeit der Juden zur deutschen Kultur und Gesellschaft betont. Die hierbei angewandte Beweisführung belegt Auerbachs Auffassung der Emanzipationsfrage und seinen Glauben an die notwendige Vereinbarkeit der deutsch-nationalen Frage mit einer Lösung der deutsch-jüdischen Frage.

Die ständige Berufung auf das Ideengut der Aufklärung und die zentrale Bedeutung des Erziehungsbegriffs zeigen, wie eng Auerbach mit den Emanzipationsgedanken in Zusammenhang steht, die für das ausgehende 18. Jahrhundert und den Anfang des 19. Jahrhunderts kennzeichnend sind. In der Frühgeschichte dieser Emanzipationswelle standen Gedanken im Mittelpunkt, wie sie im Titel der bekannten Abhandlung von Christian Wilhelm von Dohm anklingen: *Über die bürgerliche Verbesserung der Juden* (1781). Nach dieser Auffassung sollte nicht die sofortige Gleichstellung der Juden erfolgen, sondern ein allmählicher Erziehungsvorgang der Erlangung der vollen Rechte vorausgehen. Der Gedanke, daß »die Juden erst einmal eine 'Vorschule' zur Freiheit zu durchlaufen hatten«,[11] überwog als Grundstein der von Reinhard Rürup zutreffend als »aufgeklärt-etatistisch« bezeichneten Auffassung.[12] Die soziale Integration, der Eintritt in die bürgerliche Gesellschaft, wurde als letzte Phase eines Erziehungsprozesses anvisiert, der die Lage und daher auch den Charakter der Juden verbessern sollte, und zwar nach dem Grundprinzip »Der Jude ist noch mehr Mensch als Jude«.[13] Die Hauptverantwortlichkeit in diesem Verbesserungsvorgang wurde dem Staat vorbehalten, ganz im Sinne des aufgeklärten, absolutistischen Staatsbegriffs.

Vieles aus dieser frühen Etappe der Judenemanzipation klingt in Auerbachs Schrift aus dem Jahre 1836 noch mit. Und vieles davon bleibt ein Leben lang seine Überzeugung. In dieser Erstlingsschrift behauptet er, die Juden seien kein »Volk«, sondern »schon längst nur Confession« (22). Eine noch stärker assimilatorisch ausgerichtete Behauptung hat ihm nach dem 1874 veröffentlichten Roman *Waldfried* eine öffentliche Kritik in der *Allgemeinen Zeitung des Judenthums* eingetragen.[14] In diesem frühemanzipatorisch assimilatorischen Sinne ließe sich auch seine heftige Zurückweisung der Unterstellungen Wolfgang Menzels in bezug auf die Vertreter des sogenannten »Jungen Deutschlands« erläutern. Nach der Deutung von Jeffrey L. Sammons beabsichtigte Auerbach 1836 nicht so sehr eine Verteidigung des Jungen Deutschlands gegen die falsche Zuordnung dieser Bewegung zum Judentum als vielmehr eine Verteidigung des Judentums gegen die Assoziierung mit jungdeutschen Juden.[15] Wiederholt unterstreicht hier Auerbach die »sittliche Vervollkommnung« der jüdischen Religion, die mit dem Christentum gemeinsame Sache »gegen sensualistische Extravaganzen« macht (50). Gemeint sind die »saint-simonistischen Einflüsse«, das heißt die Proklamation der »Wiedereinsetzung des Fleisches«. Auerbach stellt fest, in den »Erzeugnissen des sogenannten jungen Deutschlands zeigte sich ein sensualistischer Radikalismus, der alle die gesunden Theile des deutschen Nationallebens zu vergiften bedrohte« (47). Die Hervorhebung der Sittlichkeit entspricht den Erziehungsforderungen der frühbürgerlichen Emanzipationsbewegung, und Auerbachs Kritik richtet sich besonders gegen Heine, der »ein fremdartiges Element« vertrete, »das die deutsche Jugend von den näher liegenden Fragen des Tages abzog, und so der frischen Wiedergeburt der vaterländischen Verhältnisse hinderlich war« (11). Auerbach ist sehr darum bemüht, die Juden und das Judentum von jedem moralischen Makel fernzuhalten und sie zugleich gegen den möglichen Vorwurf des Fremdseins zu verteidigen. Die »bürgerliche Verbesserung« der Juden als Stufe zur Emanzipation verlangte nach seiner Meinung Sittlichkeitsbeweise, auch Vaterlandstreue.[16]

Eine zu eindeutige Festlegung der Schrift *Das Judenthum und die neueste Literatur* auf die frühemanzipatorische Etappe der deutsch-jüdischen Beziehungen wäre jedoch etwas undifferenziert. Im Zusammenhang mit den liberalen Forderungen nach Bürgerrechten wurden im Vormärz auch Stimmen laut, welche die Auffassung revidieren wollten, die bürgerrechtliche Gleichstellung der Juden käme erst als Vollendung eines Verbesserungsvorgangs in Frage. In diesen Kreisen hieß es: »Nur aus der Bürger-Freiheit kann die Bürgertugend hervorgehen. Mache man die Juden frei, so werden sie bald alle die Eigenschaften erwerben, die nur in der Freiheit errungen und nur in dieser Freiheit erhalten werden können.«[17] Diese Einstellung kommt auch in Auerbachs Abhandlung zum Ausdruck, sowohl in seiner Verteidigung des Eigenwertes der jüdischen Kulturgeschichte und ihrer Weiterentwicklung als auch in seiner Erwähnung der reformgesinnten *Wissenschaftlichen Zeitschrift für jüdische Theologie* und des Kämpfers für »das politische Recht der Juden« Gabriel Rießer, der später Vizepräsident der Frankfurter Nationalversammlung wurde. In einer Interpretation von Auerbachs Beiträgen aus den dreißiger Jahren zur *Galerie der ausgezeichneten Israeliten aller Jahrhunderte* findet David Sorkin eine Bevorzugung der zweiten Generation der deutsch-jüdischen Intellektuellen, welche Emanzipation in eben diesem Sinne als eine politische Frage des Rechts und nicht als eine der Bildung betrachtete.[18] Diese zweite Generation ist Auerbachs eigene, und der Beitrag über Gabriel Rießer in der *Galerie* ist für Sorkin stellvertretend. Das Lob Rießers in dieser Abhandlung gilt daher auch für Auerbachs Auffassung des hier gemeinten Emanzipationsprozesses:

»Während hier die jüdische Theologie ihr geistiges Recht als Wissenschaft und Religion geltend macht, kämpft der glaubenstreue Rießer, und mit ihm eine begeisterte Schaar der Nichttheologen für das politische Recht der Juden. Alle aber vereinigen sich darin, daß sie den Glauben und die Sitte des Vaterlandes ehren und lieben, alle vereinigt das Streben, mit Erhaltung des selbständigen Glaubens, dem Vaterlande ihre Kräfte weihen zu dürfen« (52 f).

Hier wird ausdrücklich auf die Modernisierung des Judentums Bezug genommen, das heißt die politische Emanzipation mit den Reformbestrebungen innerhalb der jüdischen Theologie verbunden. Die betonte Wissenschaftlichkeit des modernen jüdischen Glaubens sollte den Beweis für die Entwicklungsfähigkeit des Judentums liefern.[19] Auerbach antwortet hiermit auf eine Kritik, die den Juden und dem Judentum die Möglichkeit einer geschichtlichen Weiterentwicklung absprach. Seine Charakteristik der Pharisäer als Reformträger in der jüdischen Geschichte (16) findet sich auch bei anderen Autoren des 19. Jahrhunderts,[20] und seine Zurückweisung der Beschränkung der geschichtlichen Bedeutung des Judentums als einer Stufe »zwischen Heidentum und Christentum« wendet sich gegen Hegels Auffassung des Judentums als der Entwicklungsstufe des bloßen Verstandes.[21] Der jüdischen Religion wird eine eigenständige Entwicklung nachgewiesen, und das Aufgehen des jüdischen Glaubens ins Christentum wird verneint:

»Das Judenthum wird und kann alle höheren Bedürfnisse der Menschen aller Zeiten befriedigen, und wird auch der jetzigen Form der Wissenschaft weder widerstehen wollen noch können. Die Einung des Glaubens und Wissens ist dem Judenthume nicht bloßes ephemeres Zeitbedürfnis, sondern ewiges Gesetz« (51 f).

Mit der Ablehnung der Taufe als der entscheidenden Eintrittsmöglichkeit in die deutsche Kultur verteidigt Auerbach den sich erneuernden jüdischen Glauben und vertraut auf die Vereinbarkeit des modernen Judentums mit der Weiterentwicklung der »humanistischen« deutschen Kultur und der Errichtung einer deutschen Nation. Im Nachtrag zu *Das Judenthum und die deutsche Literatur* heißt es: »Ja! wir achten und lieben deutsche Sitte und deutsches Herz, denn es ist auch unsre Sitte, unser Herz, (...) gebt uns das Vaterland, dem wir durch Geburt, Sitte und Liebe angehören« (67).

Die Schrift *Das Judenthum und die neueste Literatur*, obwohl von Auerbach nie in seine Werkausgaben aufgenommen, verbindet viele

Aspekte der Emanzipationsdiskussion seit der Aufklärung. In den zwei Romanen desselben Jahrzehnts untersucht Auerbach dagegen die existentiellen Möglichkeiten in den Übergangszeiten der Modernisierung des Judentums und der kulturellen Integration der Juden.[22] Später fehlen spezifisch jüdische Themen in seiner Erzählprosa, aber die Verbindung von deutschem »Humanismus«, deutschem Nationalgefühl und einer integrierten Stellung der Juden bleibt in Auerbachs nichtliterarischen Beiträgen ein wichtiges Motiv. In den späteren Schriften wird überhaupt die integrative Tendenz im Sinne eines Aufgehens des Judentums in eine umfassendere humanistische Kultur immer stärker.

In den *Studien und Anmerkungen zu Lessings »Nathan der Weise«* (1858) wird zum Beispiel behauptet: »Das deutschnationale Ideal ist auch zugleich das Ideal der Humanität.«[23] Der Jude wird in diesen *Studien* als »ein Barometer der Humanität« bezeichnet. »In der Art, wie sich das Denken und Verhalten der unmittelbar weltbestimmenden Völker und Genossenschaften zu ihm stellt, ergibt sich ihre Stufe der humanen Entwicklung« (256). Dieser Gedanke ist eine leichte Abwandlung einer Stelle aus *Dichter und Kaufmann*. Dort hieß es: »'Und die Stellung der Juden', nahm Ephraim das Wort, 'ist allezeit der Barometerstand der Humanität'«.[24] Dieser Humanitätsbegriff bleibt Auerbachs Kernidee, und seine ausdrückliche Verbindung dieses Ideals mit der Stellung der Juden allgemein beherrscht immer wieder seine Auffassung der kulturgeschichtlichen Entwicklung. 1881 findet er es »fast tröstlich, daß die Juden erstes greifbares und angriffreizendes Objekt sind im Sturm gegen den aus der Humanität stammenden Liberalismus. Das ist wieder ein Stück Mission der Geschichte.«[25] Kurz zuvor hatte ihn der Antisemitismus zu der Aussage veranlaßt, die »Judenhetze ist ein Abfall und eine Verunreinigung des deutschen Geistes. Ist das noch das Volk der Humanität?«[26]

Der Stellenwert des Auerbachschen Humanitätsbegriffs wird in den *Nathan-Studien* klar umrissen. Es sollte nicht überraschen, daß Lessings *Nathan* als Leitstern bei Auerbach fungiert. Dieses Drama vertrat wie kaum ein anderes das Emanzipationsdenken der Aufklärung, und es wurde allgemein angenommen, daß Moses Mendelssohn und seine Freundschaft mit dem Autor für dieses Stück vorbildlich gewesen sei. Schon in *Das Judenthum und die neueste Literatur* wird Mendelssohn, neben Spinoza, als Bahnbrecher einer »neuen Epoche für Judenthum und Juden« eingeschätzt (20). In den *Studien* von 1858 ist es allerdings nicht die Titelfigur des Lessingschen Stückes, welche am sorgfältigsten interpretiert wird. Nicht nur Nathan, alle Mitglieder der drei erwähnten Religionen können höchstens Vertreter der zu überwindenden Kulturstufe der reinen Toleranz darstellen, »die wesentlich eine Negation des Vorurteils und der Beschränktheit ist« (266). Der Derwisch Al-Hafi verkörpert für ihn das Ziel der geschichtlichen Entwicklung am besten, den »positiven Inhalt der Humanität« (266). Als Folgestück zum *Nathan* erwartete Auerbach daher ein Al-Hafi Drama: »Im 'Nathan' gibt es noch Juden, Christen und Muselmänner, im 'Derwisch' waren diese vielleicht als Culturstufen bereits rückwärts gedacht und die Humanität erschien positiv an sich« (267). Auerbach faßt hier bereits einen Zielzustand des menschlichen Zusammenlebens ins Auge, der jenseits der positiven Religionen liegt.

In diesem Sinne deutet er auch die Ringparabel. Der Richterspruch, daß alle drei Ringe nicht echt sind, weist für ihn darauf hin, »daß das Ueberkommen der Religion nie das Wesenhafte in dem religiösen Individuum ist. Die überlieferten Religionen haben das Humane historisch gegründet« (229). Ähnlich sieht Auerbach in der interpretatorisch oft vernachlässigten Figur der Recha die Verkörperung des Humanen jenseits aller drei Religionen: »Der Vater (ist) ein Muselmann, die Mutter ist Christin, der Pflegevater ein Jude, so ist das Menschenkind rein und voll in sich, und alle Unterschiede sind in ihm gelöst« (245). Im eigenen Leben möchte Auerbach vielleicht das reine Menschenkind vorgeschwebt haben, als er kurz nach der Geburt seines zweiten Sohnes Freunde zu einer »Menschenerklärung« für den kleinen Weltbürger einlud. Diese Erklärung sollte jedwede religiöse Zeremonie ersetzen.[27]

Die *Nathan-Studien* von 1858 verknüpfen den Humanitätsbegriff als Überwindung der positiven Religionen mit dem »deutschnationalen Ideal«. Wirkt das erste Ziel zum Teil idealistisch verschwommen, bezeichnet das zweite eine sehr konkrete historische Entwicklung während der zweiten Jahrhunderthälfte. Auerbach hat das Deutsche Reich herbeigesehnt und sah darin keinen Widerspruch zu den Idealen des deutschen Humanismus oder zu der von ihm erwünschten kulturgeschichtlichen Entwicklung. Er war selbst Mitglied des 1859 gegründeten Nationalvereins und begrüßte die Reichsgründung als die Verwirklichung seines Humanitätsbegriffs: »Was die Philosophie erdacht, was die Dichter in freier Phantasie gestaltet, es soll Leben werden, wirkliches, unzerstörbares.«[28] Anscheinend zweifelte er nicht an der Vereinbarkeit seiner Überzeugungen mit der Reichswirklichkeit. Um so schwerer trafen ihn dann die antisemitischen Ausbrüche, die bald danach einsetzten.

Im letzten Jahrzehnt seines Lebens hat sich Auerbach wiederholt zu den erneuten Haßausbrüchen geäußert. In Privatbriefen, in öffentlichen Stellungnahmen und in Schreibentwürfen versuchte er, auf die Diskriminierungsversuche zu antworten. Seine Teilnahme an den Zusammenkünften der Donnerstagsgesellschaft stellte er ein, um so den Umgang mit Heinrich von Treitschke, einem scharfen Antisemiten, zu vermeiden. Eins der Themen, die ihn damals beschäftigten, war die Lage der Juden in Rumänien. Wie aus seinem Nachlaß hervorgeht, entwarf er auch Entgegnungen auf Richard Wagners Schrift *Das Judenthum in der Musik* und auf den virulenten Antisemitismus des Hofpredigers und Mitbegründers der Christlich-Sozialen Arbeiterpartei Adolf Stöcker. Eduard Lasker riet ihm jedoch von der Veröffentlichung der Anti-Stöcker-Schrift ab, die in fünf handschriftlichen Fassungen vorliegt. 1876 hatte Auerbach bereits in einem offenen Brief in der Berliner literarischen Wochenschrift *Die Gegenwart* den Wiener Professor Theodor Billroth scharf angegriffen, der jüdischen Studenten die Eignung zum Medizinstudium abgesprochen hatte. In Auerbachs nachgelassenen Papieren findet sich auch der Entwurf eines persönlichen Briefes an Bismarck, in dem er die damals kursierende Petition gegen die rechtliche und soziale Gleichstellung der Juden als einen Verstoß gegen das ungeschriebene Gesetz der Humanität bezeichnet.[29]

Dennoch verlor Auerbach seine Ideale nie ganz aus den Augen. 1881 warnte er in der *Genesis des Nathan. Gedenkworte zu Lessings 100jährigem Todestag* vor »Verbitterung, (...) Lässigkeit im Vaterländischen und Verdrossenheit in humanen Bethätigungen«.[30] Die Schrift schließt mit den Worten: »Und doch ist Gott! Und doch wird der Geist der Humanität siegen!«[31] Ein zwei Jahre früher geschriebener Aufsatz aus der *Deutschen Rundschau* bietet vielleicht das beste Bild seiner Verfassung in diesen Jahren. Er nannte ihn *Ein Tag in der Heimat. Sommer-Erinnerung 1879.* Auerbach beschreibt hier einen Besuch in seiner schwäbischen Heimat. Dieser Essay enthält ein erneutes Bekenntnis zum literarischen Realismus, ruft bekannte Figuren aus den *Schwarzwälder Dorfgeschichten* wieder ins Gedächtnis, stimmt den Änderungen zu, die mit Modernisierung und Eisenbahn gekommen sind, und beschäftigt sich eingehend mit der Entwicklung der Judenemanzipation und den »neuen Verletzungen gegen die Juden«. Unter Berufung auf die Schrift *Das Judenthum und die neueste Literatur* bezeichnet Auerbach den Antisemitismus »im neu errichteten deutschen Reich« als »ein frevles Spiel mit den höchsten Gefühlen für Vaterland und Sittlichkeit«.[32] Seine Leitbegriffe bleiben selbst angesichts des neuausbrechenden Antisemitismus unverändert:

»Man schmäht den ganzen Charakter des modernen Weltlebens, dessen innerster Kern als Liberalismus bezeichnet werden muß, und um den Liberalismus zu verunehren, muß man dessen reine Quelle, die Humanität trüben. Es ist ein trauriges, aber bedeutsames Wahrzeichen, daß, um das Wesen der Humanität in Frage zu stellen, wieder eine Judenfrage aufgeworfen wird. Darf ein solches Unterfangen sich christlich, und darf es sich deutsch nennen?«[33]

Von seinem Konzept, daß die Stellung der Juden »allezeit der Barometerstand der Humanität« sei, davon wich Berthold Auerbach nie ab. Es ist fraglich, ob er den veränderten Charakter des Antisemitismus gegen Ende des Jahrhunderts klar erkannte. In dem Essay *Ein Tag in der Heimat* behauptet er, daß die Vorwürfe gegen die Juden nie Bestand hätten. Der im Jahre darauf geschriebene, oft zitierte verzweifelte Brief an seinen Vetter bekennt sich nach wie vor zum »Vaterland«. Solche gemischten Gefühle finden sich um 1880 auch bei anderen Juden. Auerbachs Schriften und seine Einstellung zu den vorwärtstreibenden Kräften und den Rückschlägen in der Emanzipationsfrage sowie zu den deutsch-jüdischen Beziehungen im 19. Jahrhundert sind so aufschlußreich wie nur wenige Schriften deutscher Juden aus diesem Jahrzehnt. Ja, sie leiten zugleich zu wesentlich komplizierteren Fragen bezüglich des Zusammenhangs von liberaler Ideologie und bürgerlicher Gesellschaft über.

Anmerkungen

1 Auerbach, Berthold, 1884: Briefe an seinen Freund Jakob Auerbach, hg. v. Friedrich Spielhagen, Bd. 2. Frankfurt/M., 442.

2 Zitiert nach Stein, Ludwig, 1882: Berthold Auerbach und das Judentum. Berlin, 34.

3 Sammons, Jeffrey L., Spring 1986: Observations on Berthold Auerbach's Jewish Novels. In: Orim. A Jewish Journal at Yale I-2, 61.

4 Kinder, Hermann, 1973: Poesie als Synthese. Ausbreitung eines deutschen Realismusverständnisses in der Mitte des 19. Jahrhunderts. Frankfurt/M., 133.

5 Katz, Jacob, 1982: Berthold Auerbach's Anticipation of the German-Jewish Tragedy. In: Hebrew Union College Annual 53, 216.

6 Horch, Hans Otto, 1985: Gustav Freytag und Berthold Auerbach. Eine repräsentative deutsch-jüdische Schriftstellerfreundschaft im 19. Jahrhundert. Mit unveröffentlichten Briefen beider Autoren. In: Jahrbuch der Raabe-Gesellschaft, 154-155.

7 Biographische Einzelheiten sind zu finden in: Bettelheim, Anton, 1907: Berthold Auerbach. Der Mann — Sein Werk — Sein Nachlaß. Stuttgart/Berlin. Von Interesse ist die Schilderung eines vereinzelten Zwischenfalls des Judenhasses in Auerbachs Jugend, 29-31. Zur Lage der Juden in Nordstetten vgl. Sauer, Paul, 1966: Die jüdischen Gemeinden in Württemberg und Hohenzollern. Denkmale, Geschichte, Schicksale. Stuttgart, 136-139 und Pazi, Margarita, 1973: Berthold Auerbach and Moritz Hartmann. Two Jewish Writers of the Nineteenth Century. In: Leo Baeck Institute Year Book 18, 208-209.

8 Rürup, Reinhard, 1975: Emanzipation und Antisemitismus. Studien zur »Judenfrage« der bürgerlichen Gesellschaft. Göttingen, 7.

9 Eine Auswertung von Auerbachs jüdischer Identität in seinen literarischen Werken findet sich in Sorkin, David, 1985: The Invisible Community. Emancipation, Secular Culture, and Jewish Identity in the Writings of Berthold Auerbach. In: Reinharz, Jehuda/Schatzberg, Walter (Hrsg.): The Jewish Response to German Culture from the Enlightenment to the Second World War. Hanover (USA), 100-119. Für eine Analyse aufgrund der nichtliterarischen Schriften vgl. Katz, Berthold Auerbach's Anticipation of the German-Jewish Tragedy. Immer noch informativ ist auch das Kapitel über Auerbach in Geiger, Ludwig, 1910: Die deutsche Literatur und die Juden. Berlin, 231-249.

10 Auerbach, Berthold, 1836: Das Judenthum und die neueste Literatur. Kritischer Versuch. Stuttgart, 5. Nach dieser Schrift wird im folgenden im Text zitiert.

11 Rürup, Emanzipation und Antisemitismus, 24.

12 Ebd., 17. Vgl. auch seinen Aufsatz, 1976: Emanzipation und Krise. Zur Geschichte der »Judenfrage« in Deutschland vor 1890. In: Juden im Wilhelminischen Deutschland 1870-1914, hg. v. Werner E. Mosse und Arnold Paucker. London, 1-56.

13 Dohm, Christian Wilhelm von, 1781: Über die bürgerliche Verbesserung der Juden. Berlin, 28.

14 Allgemeine Zeitung des Judenthums, 13. Juli 1875, 465-466. Auerbachs Aussage in »Waldfried« war: »Die gebildeten Juden sind nicht sowohl Juden, als vielmehr Nichtchristen.«

15 Sammons, Observations on Berthold Auerbach's Jewish Novels, 66.

16 Für die kulturgeschichtliche Bedeutung von »Sittlichkeit« und »Bildung« im Emanzipationsprozeß vgl. Mosse, George: Jewish Emancipation. Between Bildung and Respectability. In: Reinharz/Schatzberg (Hrsg.), The Jewish Response to German Culture from the Enlightenment to the Second World War, 1-16. Zur weiteren Erläuterung des Bildungsbegriffs vgl. auch seinen Vortrag, 1985: A Cultural Emancipation. In: Mosse, George: German Jews Beyond Judaism. Cincinnati, 1-20.

17 Abg. Schott: Württ. II. Kammer, 4.5.1836, 38; zitiert nach Rürup, Emanzipation und Antisemitismus, 25.

18 Sorkin, The Invisible Community, 105-106.

19 Zu den Reformbewegungen im 19. Jahrhunderts vgl. folgende Aufsätze in: Mosse, Werner E./Paucker, Arnold/Rürup, Reinhard (Hrsg.), 1981: Revolution and Evolution. 1848 in German-Jewish History. Tübingen; Lowenstein, Steven M.: The 1840s and the Creation of the German-Jewish Religious Reform Movement, 255-298; Schorsch, Ismar: Emancipation and the Crisis of Religious Authority — The Emergence of the Modern Rabbinate, 295-247; dazu den Kommentar von Strauss, Herbert A., 249-253. Auch Michael A. Meyer: Jewish Religious Reform and Wissenschaft des Judentums. The Positions of Zunz, Geiger and Frankel. In: Leo Baeck Institute Year Book 16, 1971, 19-41.

20 Eine Darstellung von Abraham Geigers Auffassung der Pharisäer in Lieberschütz, Hans, 1977: Judentum und deutsche Umwelt im Zeitalter der Restauration. In: Lieberschütz, Hans/Paucker, Arnold: Das Judentum in der Deutschen Umwelt 1800-1850. Tübingen, 42-49.

21 Vgl. hierzu Meyer, Michael A: Reform Jewish Thinkers and Their German Intellectual Context. In: Reinharz/Schatzberg (Hrsg.), The Jewish Response to German Culture from the Enlightenment to the Second World War, 64-84.

22 Vgl. zu den Romanen die einsichtsvollen Auslegungen von Sammons, Observations on Berthold Auerbach' Jewish Novels.

23 Berthold Auerbachs gesammelte Schriften, Bd. 19. Stuttgart 1894, 272.

24 Auerbachs gesammelte Schriften, Bd. 13, 38.

25 Auerbach, Briefe an seinen Freund Jakob Auerbach, Bd. 2, 466. Brief vom 18. Juli 1881.

26 Ebd., 423. Brief vom 2. Januar 1880.

27 Bettelheim, Berthold Auerbach, 237.

28 Auerbach, Berthold, 1871: Wieder Unser. Gedenkblätter zur Geschichte dieser Tage. Stuttgart, 37. Zu Auerbachs politischer Stellung vgl. Zwick, M.I., 1933: Berthold Auerbachs sozialpolitischer und ethischer Liberalismus. Stuttgart; Kaiser, Nancy A., Oktober 1983: Berthold Auerbach: The Dilemma of the Jewish Humanist from *Vormärz* to Empire. In: German Studies Review VI-3, 399-419; Pazi, Margarita, 1979: Revolution und Demokratie im Leben und Werk von Berthold Auerbach. In: Geschichte und Literatur. Festschrift für Walter Grab zum 60. Geburtstag, hg. v. J.H. Schoeps und I. Geiss. Duisburg, 355-374.

29 Für eine eingehende Behandlung von Auerbachs Haltung und Tätigkeit am Ende seines Lebens vgl. Kaiser, Berthold Auerbach, 416-419; Katz, Berthold Auerbach's Anticipation of the German- Jewish Tragedy; Pazi, Berthold Auerbach and Moritz Hartmann; Zwick, Berthold Auerbachs sozialpolitscher und ethischer Liberalismus, 99-112. Der Nachlaß befindet sich im Deutschen Literaturarchiv in Marbach.

30 Auerbach, Berthold, 1881: Die Genesis des Nathan. Gedenkworte zu Lessings 100jährigem Todestag. Berlin, 23.

31 Ebd., 24.

32 Auerbach, Berthold, April-Mai-Juni 1880: Ein Tag in der Heimat (Sommer-Erinnerung 1879). In: Deutsche Rundschau 23, 300.

33 Ebd., 300.

Heribert Seifert

Objektiv und gläubig

Einige Hinweise zu Leben und Werk Arthur Holitschers

»Hierdurch sei Ihr Interesse für die überaus schwierige Situation von Arthur Holitscher erbeten, dessen Schicksal durch die Bücherverbrennung im Mai 1933 in katastrophaler Weise beeinflußt worden ist.

Arthur Holitscher war — als einer der bekanntesten Autoren — mit dem angesehenen Verlag S. Fischer in Berlin seit 25 Jahren durch einen Dauerkontrakt verbunden. Die Bücherverbrennung war für den Verlag die Veranlassung, den Vertrag nunmehr sofort als ungültig zu erklären. In der Verzweiflung über die vollkommene Mittellosigkeit, in die er hierdurch geriet, hat er in Paris einen Selbstmordversuch unternommen.

Nähere Freunde oder Anverwandte hat er kaum noch. Einige sozialgesinnte Menschen haben sich seiner angenommen, von deren Unterstützung er bisher gelebt hat.

Diese sind aber sehr überlastet, und da es Holitscher seitdem nicht gelungen ist, seine Manuskripte irgendwie zu verwerten, (was ja auch für jüngere Schriftsteller überaus schwierig ist), so ist seine Lage in Anbetracht seines hohen Alters, seiner Konstitution: seine schlechten Augen machen ihn überaus unsicher und schwerfällig — außerordentlich prekär. 1932 hat er noch eine Reihe von Staroperationen bei Prof. Vogt in Zürich durchgemacht, die den letzten Rest seines kleinen Vermögens verzehrt haben. Herr Professor Vogt als Weltautorität hat fast 1000.- Frs. für jede Operation verlangt.

Er war nun dreieinhalb Jahre an Ascona gefesselt, da ihm dort von ihm wohlwollend gesinnten Menschen ein Zimmer zur Verfügung gestellt wurde. Die bescheidene Unterstützung, die er erhält, reicht gerade aus, um das Allernotwendigste zu decken.

Aber jede Sonderausgabe, wie die Kosten für Aufenthaltsbewilligung, Steuern, Paßverlängerung, Ergänzung der Kleidung, der Wäsche, des Schuhwerks, der Brillen usw. — was nach vier Jahren unbedingt notwendig ist — bringt das ganze bescheidene Budget in unheilbare Unordnung. Es ist einfach nicht zu bezahlen. Eine kleine Extrasumme für einen neuen Anzug, die einmal mit großer Mühe beschafft worden war, mußte leider zum Teil verwendet werden, um Steuern und Aufenthaltsverlängerung zu bezahlen.

Für einen an Weltreisen gewöhnten Menschen, dem der Umgang mit den bekanntesten Persönlichkeiten der Weltgeschichte selbstverständlich war, der fast in allen Hauptstädten der Welt gelebt hat, ist die jahrelange Verbannung in eine allem geistig-politischen Leben ferne Gegend weit schwerer zu ertragen, als für einen solchen, dessen Leben und Wirken sich auf anderem Gebiet vollzogen hat.«

Vor uns liegt das Zeugnis eines Exilschicksals,[1] wie es in den Briefen deutscher Schriftsteller jener Epoche sich nur zu oft findet. Auffällig ist allerdings, daß Arthur Holitscher bei der Wiederaneignung der literarischen Tradition, die nach dem Willen der Nationalsozialisten auf den Scheiterhaufen der Bücherverbrennung vernichtet werden sollte, lange

Zeit so wenig beachtet wurde. Ansätze zu einer Biographie gab es am Ende der sechziger Jahre (wie so oft) zuerst in der DDR.[2] Dort erschienen 1973 und 1979 auch Auswahlbände mit Proben aus seinem Werk.[3] Doch war diese Edition eher schlampig und in ihrer etwas konfusen Konzeption wenig geeignet, Interesse an Holitschers Werk auch in der Bundesrepublik zu wecken. Erst 1986 kam in Frankfurt die Neuauflage eines der wichtigeren Bücher Holitschers heraus.[4] Das Elend des Exils, das aus dem eingangs zitierten Text so beredt spricht, setzte sich fort im Elend einer versäumten Rezeption, die bislang nicht annähernd ausgeschöpft hat, was Holitschers Werk enthält. Dieses Versäumnis hat etwas zu tun mit der Eigenart dieses Autors, der zu seiner Zeit in einem Verhältnis stand, in dem sich Distanz und Anziehung in besonderer Weise mischten. Holitscher hat sich in manchmal verblüffend naiver, ja hilfloser Hingabe dem Zeitgeist ausgeliefert, sich dann aber auch wieder sehr kritisch davon entfernt. Leben und Werk zeigen die Kraft, das eigene Verhältnis zur Welt in immer neuen Perspektiven zu entwerfen, sich als Zeitgenosse großer Umwälzungen eine Neugier auf Erfahrung zu erhalten, die mit der Bereitschaft zu steter Veränderung und Wandlung verknüpft war. Zugleich gibt es eine beeindruckende Beharrlichkeit, eine Treue zu Einsichten und Überzeugungen, die die Entschlossenheit zu entsprechendem Handeln einbegriff. Das irritiert, verhindert einfache Zuordnungen und Urteile nach literarischen und politischen Kriterien. Wo sie dennoch versucht wurden, landeten sie im Cliché, das sich gerade im Urteil über Holitscher häufig findet. Heimatloser Linker, Schwarmgeist, Feuerkopf, bürgerlicher Weggefährte der Arbeiterklasse und dergleichen Charakterisierungen mehr suchten mit der Suggestion des Eindeutigen die Widersprüche und Brechungen dieses Lebens zu überspielen. Zu Lebzeiten hat Holitscher solche Versuche immer wieder enttäuscht, hat sich fixen Zuordnungen entzogen und ist dafür oft genug aus jener Solidarität (oder Kumpanei?) ausgegrenzt worden, die man den »Genossen« des je eigenen »Lagers« zu gewähren bereit war. »Den Bürgern«, schrieb er, »aus deren Klasse ich stammte, (mußte ich) als Feind erscheinen, dem Proletariat, dessen Sache ich vertrat, als unsicherer Mitläufer, individualistischer, ideologischer mehr als praktisch und aktiv revolutionär tätiger Bourgeois gelten.«[5] Allein der Verzicht auf vorschnelles Urteil, ein geduldiges Sicheinlassen auf Holitschers Versuche, sich schreibend in dem großen sozio-kulturellen Umbruch im ersten Drittel dieses Jahrhunderts zu behaupten, kann dagegen zu einem Verständnis führen. Es lohnt sich, sind hier doch Lebens- und Zeitgeschichte aufs engste miteinander verknüpft.

Herkunft

Bereits seine Herkunft läßt Holitschers soziale Zugehörigkeit als Problem erleben. Er wurde am 22.8.1869 in Budapest als Sohn eines großbürgerlichen ungarischen Juden geboren, der Mitinhaber des Getreidegeschäfts »Baruch Holitscher & Söhne« war. Einen Bezug zu Ungarn und zum Judentum lernte Holitscher in seiner Familie allerdings kaum kennen. Wien, im weitesten Sinne die deutsche Kultur lieferten die Orientierungsmuster:[6]

»Es wurde in der ganzen Familie fast ausschließlich Deutsch gesprochen, und zwar nicht das üble, verdorbene Deutsch, das man sonst in Pest zu hören bekam. Die ältere Generation erlernte die Landessprache bis ins hohe Alter hinein nicht.«

Jüdische Tradition wurde in einer eher äußerlichen Form gepflegt. Im Alltag in einer ästhetisch-ornamentalen Variante, die Kultgegenstände als schöne Accessoires der Wohnungseinrichtung zur Schau stellte, und im Festhalten an einigen zentralen Riten bei der Feier lebensgeschichtlicher Zäsuren (Beschneidung, Hochzeit).

Insgesamt war es ein doppeltes Exil: als Jude im »Galuth« und als deutschfühlender Bürger in der ungarischen Umwelt. Eine Umwelt, die mit zunehmenden Nationalitätskonflikten in der Habsburger Monarchie immer feindlicher wurde. Nationalismus mischte sich mit Antisemitismus, wurde überlagert von sozialen Gegensätzen. Das war eine Mischung, welche die Lage dieser jüdischen Bourgeoisie prekär werden ließ. Die Ritualmord-Hysterie nach einem Verbrechen in Tisza-Eszlár und die Vorgänge um Brand und Wiederaufbau des Deutschen Theaters in Budapest zeigten, wie explosiv jene Mischung war: »Es tobte der Kampf des christlichen Ungarns gegen die Fremdlinge, die im verarmenden Volk den zunehmenden Reichtum, gegenüber dem feudalen Grundbesitz den unvermeidlichen und siegreichen Markt bedeuteten.«[7]

Holitscher erlebte als Heranwachsender solche Konflikte und Ausgrenzungen nicht nur in den oft handgreiflichen Formen in der Schule. Da unter dem Einfluß der gefühlskalten Mutter das Elternhaus nur bedingt Schonraum gegenüber einer früh als feindlich erfahrenen Umwelt sein konnte, hatte er sich schon in frühen Jahren auseinanderzusetzen mit der Frage: »Wo gehöre ich eigentlich hin?«[8] Der Rückzug auf eine »deutsche Insel«, bei der sich Jungenfreundschaft und Schwärmerei für deutsche Literatur durchdrangen, war unter solchen Bedingungen der Ausweg, der Stabilität versprach. Am Ende seiner Schullaufbahn sehen wir einen irritierten Bürgersohn vor uns, mit überreizten Nerven und künstlerischen Neigungen, mit dem Pathos eines sich regenden sozialen Gewissens, das sich an der Behandlung der Dienstboten entzündet hatte.

Seine diffusen Erfahrungen von Zugehörigkeit und Fremdheit in bezug auf soziale Klasse, Nationalität und Judentum machten ihn auf jeden Fall unbrauchbar für den Beruf und den Lebensweg, den ihm seine Familie zugedacht hatte. Dennoch fügte er sich und wurde Bankangestellter. Sechs »verlorene Jahre« in Budapest, Fiume und Wien, in denen er mit ängstlich verborgenen literarischen Versuchen und mit emphatisch betriebener Lektüre sich eine Gegenwelt schafft.[9] Hamsuns *Hunger* liest er als »seine« Geschichte: »Der Stil, die pathologische Eindringlichkeit der Darstellung von Erlebnissen eines durch seelische ebensosehr wie durch physische Entbehrung zur Verzweiflung getriebenen, dabei übersensitiven und dem Lebenskampf ratlos und ohne Schutz gegenüberstehenden Menschen betraf mein eigenes Schicksal.«[10] Literatur und Leben rücken nicht nur hier eng zusammen. Das Lektüreerlebnis kann auch Auslöser lebensgeschichtlicher Wende werden. Unter dem Eindruck von Hamsuns *Mysterien* will Holitscher sich zum endgültigen Bruch mit der Zwangsgewalt von Beruf und familiären Erwartungen entschlossen haben.[11] 1895 ging er nach Paris.

Paris und München

Er wollte sich als freier Schriftsteller etablieren. Eine kleine Rente aus dem Elternhaus sicherte die materielle Existenz. Es begann eine Zeit, in der er im ganzen erfolglos versuchte, zwischen Naturalismus und Impressionismus, im Milieu der Bohème ein Profil als Autor zu gewinnen. Die Erzählungen und Romane dieser Jahre sind heute wohl zu Recht vergessen.[12]

Zunächst fällt auf, wie naiv und konsequent zugleich das ersehnte, erträumte Leben begonnen wurde. Natürlich in Paris, in St. Germain. Unvermeidlich die Besuche auf den Friedhöfen, an den Gräbern von Heine und Musset. Eine Schriftstellerexistenz wird inszeniert, die Inszenierung inbrünstig gelebt. Noch in der erinnernden Darstellung seiner Autobiographie weicht Holitscher keinem Pathos aus, wenn er Qual und Lust seiner Isolation beschreibt, die er als schicksalhafte Bestimmung des Künstlers nicht nur jener Jahre begriff und der er zugleich immer wieder entkommen will: »Dieser unversöhnliche Doppeltrieb: von den Menschen, zu den Menschen, ohne die Harmonie, die göttliche Freiheit der Menschen zu empfinden, deren Seele im Gleichgewicht ist mit dem All.«[13] Was hier als ins Kosmische ausgreifende religiöse Inbrunst erscheint, findet sich an anderen Stellen des Werkes als erotische Vereinigungsphantasie oder als soziale Utopie, wobei alle drei Varianten miteinander verbunden werden können. Darauf wird später noch hinzuweisen sein.

In Paris traf diese gleichermaßen zu äußerster Hingabe bereite wie verletzliche Seele auf anarchistische Zirkel. Anarchismus hatte ihn schon zuvor, während der Jahre in der Bank, fasziniert. Es ist die Zeit, in der die »Propaganda der Tat« mit Bombe und Revolver auf die Skandale und Affären der III. Republik ebenso reagierte wie auf die alltägliche Repression bei der Regelung der Klassenbeziehungen in der bürgerlichen Gesellschaft. Die Bereitschaft zur befreienden Tat und die Spontaneität der Revolte finden das lebhafte Interesse des Ekstatikers Holitscher, den die sozialistische Bewegung damals eher befremdet:[14]

»Wie ich ein schlechter und unaufmerksamer Leser philosophisch-theoretischer Bücher war, so rebellierte mein Gehirn gegen die Verarbeitung von Systemen und Paragraphen in einer Materie, zu der ich in rein gefühlsmäßigem Verhältnis stand. Die direkte, explosive Art des Sichrechtschaffens, (...) war mir verwandter als die langsame Evolution durch den wissenschaftlichen Sozialismus.«

Ähnlich wie er seine eigene Lebensgeschichte als immer wieder durch »Schlüsselszenen« bestimmt sah, glaubte er daran, daß die historische Entwicklung der Menschheit vor allem vorangetrieben werden müsse durch das gewalttätige Handeln Einzelner, deren Empörung über unerträgliche Verhältnisse keine Geduld mehr kennt. Holitscher sah freilich, daß seine Begeisterung für die Anarchisten mit der Erfahrung jener Ohnmacht zu tun hatte, die ihn während der verhaßten Jahre in der Bank gequält hatte:[15]

»Gerade weil ich mich so schwach, so unfähig fühlte, aus dem Zwang der Autorität herauszuschlüpfen, die Fesseln des Drills, der Versklavung abzuschütteln, gerade darum verlockten jene Pariser Individual-Sozialisten mit so mächtigem Ruf nach Freiheit.«

Hier liegt der biographische Kern seiner Sympathie mit den Sozialrebellen aller Länder und Kontinente.

Ohnmächtig fühlte er sich allerdings auch in Paris, mußte er doch bald erkennen, daß die bürgerliche Gesellschaft ihre künstlerischen und intellektuellen Kritiker als »Narren und Exzentriker« auszugrenzen und zugleich zu integrieren versteht.[16] In München bestätigte sich diese Erfahrung. Dort lebte Holitscher von 1900 bis 1905, nachdem er sich schon seit 1896, in einer Zeit zahlreicher Reisen durch Mitteleuropa, immer wieder für kürzere oder für längere Zeit (u.a. als Redakteur des *Simplicissimus)* in der Stadt aufgehalten hatte. In den Kreisen der literarischen Bohème hat er erlebt, wie man sich in der Position solcher Außenseiter einrichten kann: »Man lebte in engem Kreise von Gleich- oder Ähnlichgearteten, mit dem Geschehen der weiten Welt außerhalb des

Kreises hatte man wenig oder keinen Zusammenhang.«[17] Es sind Jahre, in denen Holitscher die Bekanntschaft mit wichtigen Autoren der literarischen Moderne macht. Er lernt Thomas Mann, Frank Wedekind, Jakob Wassermann, Eduard von Keyserling, Max Dauthendey kennen. Es sind auch Jahre widersprüchlicher Wünsche und persönlicher sowie künstlerischer Enttäuschungen. Sein Wille zum geglückten Kunstwerk, der idealistisches Dichterpathos verrät, steht im Widerspruch zu seinem »sozialen Trieb«, der mit bloßer Ästhetisierung nicht zufrieden ist. Der Plan, den Siedlungsgedanken der Lebensreformbewegung der Jahrhundertwende zu verwirklichen und auf der Ostseeinsel Gotland eine Künstlerkolonie zu gründen, zeigt, wie er in jener Zeit das Bemühen um eine lebenspraktisch folgenreiche Kunst mit der Suche nach Gemeinschaft zu vereinen bestrebt ist. Scheiterte dieses Projekt am gänzlichen Mangel an praktischer Weltklugheit der Beteiligten, so mußte Holitscher bald auch einsehen, daß in der »schillernden Atmosphäre der 'Kunststadt'«[18] die persönlichen Beziehungen sehr instabil waren. Was Freundschaft schien, erwies sich plötzlich als Strategie, den anderen für eigene Zwecke zu benutzen.[19] Am Ende stand die Einsicht, daß Holitscher auch im Literatur- und Kunstbetrieb, bei den stilisierten Außenseitern der bürgerlichen Gesellschaft, nicht zu Hause sein konnte: »Ich sah mich in meinem elenden Stübchen um und war zum erstenmal meiner Heimatlosigkeit froh. (...) Frei sein und nirgendwo hingehören!«[20] Verbunden wußte er sich allein den »Reinsten«, den »Wissenden« unter jenen »Ausländern des Daseins«:[21]

»Sie zogen es vor, zeit ihres Lebens frierende Fremdlinge zu bleiben, ohne Anhang, ohne Zusammenhänge, hin und her geweht auf diesem Erdball, dessen Gesetze sie nicht zu ergründen suchten. Zwischen Empörung, Ekel und Resignation schwankend, vom Dasein angezogen und im selben Augenblick abgestoßen, trachteten sie mit immer glühenderem Bemühen, den Traum, den sie in sich trugen, zu vertiefen.«

Empörung, Ekel und Resignation sind die Leitworte einer Haltung, die den Geist der frühen Jahre des 20. Jahrhunderts verrät. Charakteristisch für Holitscher ist, daß er diese Haltung nicht nur literarisch zu formen suchte, sondern auch durchlebte. Was anderen Stilisierung war, Maske, bloße Ausdrucksform, das nahm er ernst. Das machte ihn doppelt verwundbar, gab vielen seiner Werke eine Mischung von Naivität und Pathos, die heute, wo »zynische Vernunft« ein Schibboleth des Zeitgeistes ist, Kopfschütteln auslösen mag. Entscheidend für seine Bedeutung ist aber, daß er um die Mitte seines Lebens, nach Jahren einer wenn auch nicht übermäßig erfolgreichen, so doch anerkannten Schriftstellerexistenz, neue Ausdrucksmöglichkeiten erprobte, die seinem Naturell und seinen Fähigkeiten offensichtlich besonders entsprachen. Es ist das

Genre der Reisereportage, zu deren Ausformung als einer literarisch bedeutsamen Erscheinung Holitscher beigetragen hat. Hier sind ihm Bücher gelungen, die in der Tat zur heute noch zu beachtenden literaturgeschichtlichen Tradition gehören. Mit dem Bericht *Amerika heute und morgen*,[22] der den Ertrag einer monatelangen, vom Verleger Samuel Fischer angeregten und finanzierten Nordamerikareise vorlegt, hatte Holitscher den Erfolg, den er zuvor vergeblich erstrebt hat.

Reisen

Reisen hatte für Holitscher immer schon eine existenzielle, geradezu therapeutische Funktion. Immer wieder hat er nach längeren Aufenthalten in einer Stadt Monate auf Reisen zugebracht, hat Spannungen, Krisen und Belastungen reisend aufzulösen gesucht. Im Schlußkapitel des ersten Bandes seiner Autobiographie hat er unter dem Titel »Geschmack der Welt« versucht, sich Rechenschaft über diesen »nie verstummten, immer schwälenden (!), schwingenden, schwärmenden Wandertrieb« zu geben:[23]

> »Was bewirkt die Verzweiflung an dem Gefühl des Dorthin-Nicht-gehörens, wo man ist und die Sucht, noch vollkommenere Einsamkeit in dem Ungekannten zu erlangen? Ist Weltliebe nicht: Unfähigkeit zur Hingabe an den Einzigen? Ist es nicht trüber, gehemmter, verleiteter Sexualtrieb, der sich in der Sehnsucht nach fernen Ländern des Erdballs manifestiert?«

Die Reise wird zur Erlösung aus der Qual des Widerspruchs von Vereinzelungsbewußtsein und erotischer Vereinigungsphantasie:[24]

> »Man ist höher, voller, gerader geworden, wenn man aus fremden Gegenden an seinen Ausgangspunkt zurückkehrt. Fremdes hat man gesehen, in sich aufgenommen. Indem man an fremden Orten Menschen streifte und sie verließ, indem man sich um seine Beziehung zu ihnen bereicherte und sie dann *verlassen* hat, erhob man sich zu gleicher Zeit über die kleine Welt, in der sie fortfahren, zu leben, und über die Sphäre, in der man selber zu leben fortfährt. Auf diese Weise findet man hier und dort in der Welt, an Orten und bei Menschen, zu denen man sich rätselhaft gezogen fühlt, Stücke seiner selbst und konstruiert sich aus diesen verstreuten Teilen sein Ganzes.«

Auszug und Heimkehr, Entgrenzung und Sammlung, das sind Bilder, die die Reise als Grundbewegung dieses Lebens verständlich machen, das sich seiner Identität nie gewiß war, das zugleich aber eine leidenschaftliche Anstrengung darstellt, im Politischen, Künstlerischen und auch im Privaten solche Identität zu gewinnen.[25] Literatur ist solche »Eigentherapie« durch impressionistische Erfahrung von Fremden allerdings erst geworden, als Holitscher die eigene Gemeinschaftssehnsucht zur Kraftquelle einer Suche nach geglückten, zukunftsweisenden Formen gesellschaftlichen Zusammenlebens umgeformt hat.

Als er begriff, daß die egozentrische Selbstquälerei Reflex gestörter gesellschaftlicher Zusammenhänge war, wurde Reisen für ihn zu einem Medium, in dem die eigene Leidenserfahrung mit einem von hohem sozialen Ethos getragenen Engagement für die Benachteiligten und Erniedrigten dieser Erde verschmolz. Vor allem die erste Reise in die junge Sowjetunion 1920 hat hier prägend gewirkt. Rückblickend hat Holitscher die Bedeutung dieser Reise für sich so beschrieben:[26]

»Das war es: sehnsüchtig blickte ich mich in der Welt um nach Gemeinschaft; nach nichts anderem als nach Gemeinschaft allein. Sollte ich schon für mein eigenes Leben an ihr nicht teilhaben, so wollte ich doch wenigstens den Trost erlangen, daß sich in der Welt eine neue, glücklichere Form des Zusammenhangs zwischen Mensch und Mensch vorbereitete.«

Hatte der gefühlige Ästhet um die Jahrhundertwende am Gegensatz zwischen Künstler und bürgerlicher Gesellschaft gelitten, so trat er nun an die Stelle der sozialistischen und kommunistischen Feinde bürgerlicher Politik, Ökonomie und Kultur. Hier sah er die Kräfte, die nicht nur an den bestehenden Verhältnissen litten, sondern sie auch verändern konnten. Zwischen der Hoffnung, gelegentlich auch der Zuversicht, Utopie draußen in der Ferne zu erleben, und der Enttäuschung darüber, daß das Ersehnte doch nur Traum bleibt, bewegt sich der Reisende Arthur Holitscher in einer Welt, die — im ersten Drittel dieses Jahrhunderts — geradezu ein Laboratorium war für Versuche, neue Formen des »richtigen« Lebens zu erproben. Entscheidend für den Rang seiner großen Reisebücher ist, daß in ihnen Mitgefühl und Empathie für die Opfer von Herrschaft und Ausbeutung mit einer Offenheit für das Fremde verbunden sind, so daß verhindert wird, in der Beschreibung der fernen Wirklichkeit nur Wunschbilder zu geben. Gewiß, sein Wirklichkeitssinn muß sich manchmal mühsam gegen Projektionen utopischer Hoffnungen durchsetzen. Doch gerade seine unverkennbare Faszination von der Oberfläche des Fremden läßt ihn in seinen Berichten eine Treue zur Empirie wahren. Holitscher ist kein Theoretiker, auch wohl kaum ein primär intellektueller Beobachter. Er ist als Reiseberichterstatter ein naturalistischer Impressionist, der die Wiedergabe unverstellter Wahrnehmung mit brüderlicher Parteinahme verknüpft. »Ich war objektiv, aber gläubig«,[27] diese Kurzformel ist eine passende Selbstcharakteristik.

Auch jene oben erwähnte Mischung von Naivität und Pathos, die seine Romane, Erzählungen und Dramen so belastet, stört hier, in den Reiseberichten, nicht. Indem sich seine Texte in einer kindlich anmutenden Neugier,[28] die Vertrauen auf die eigene Wahrnehmung einschließt, der Welt zuwenden, entsteht der Eindruck einer unmittelbaren Beteiligung, der die selbstverständliche Subjektivität dieses Blicks vergessen macht. Vor Täuschungen und Enttäuschungen ist diese Kindlichkeit nicht gesichert. Und so zeigen die Fälle, bei denen sich Glaube in Skepsis, Vertrauen in empörtes Mißtrauen wenden, bei denen Begeisterung desillusioniert wird, die Grenzen solcher Wahrnehmung. Freilich gehört es zu Holitschers Temperament, derlei selber zu bekennen, auch Skepsis gegen sich selbst als Berichterstatter zu artikulieren.[29]

Im folgenden sollen von seinen großen Reisebüchern jene beiden vorgestellt werden, die direkt zum Thema dieses Sammelbandes passen. Es geht um die Berichte über seine erste Reise in die Sowjetunion und über die erste Reise nach Palästina. Aus dem Asienbuch werden darüberhinaus die Teile herangezogen, die von einer weiteren Reise in den Nahen Osten erzählen. Diese Reisen, in denen Holitscher zwei der »großen Befreiungsbewegungen dieser Zeit« zu besuchen glaubte,[30] kamen nach dem ersten Weltkrieg zustande. Sie müssen vor dem Hintergrund der politischen Entwicklung betrachtet werden, die der Autor während des Krieges durchmachte.

Erlösungshoffnung

Der erste Weltkrieg hat Holitscher entschieden politisiert und zu eindeutiger politischer Parteinahme bewogen. Die jahrelange Massenschlächterei hat ihn vom endgültigen moralischen und politischen Bankrott der bürgerlichen Gesellschaft überzeugt. So ist es nur zu verständlich, daß er Anschluß an die politische Linke suchte. Seit 1915 gehörte er dem linksbürgerlich-pazifistischen »Bund Neues Vaterland« an, in dem er unter anderem Helene Stöcker und Ludwig Quidde (Friedensnobelpreisträger des Jahres 1927) kennenlernte, die ihn später im Exil unterstützt haben. 1917 ging er im Auftrag der Wiener *Neuen Freien Presse* als Korrespondent nach Stockholm, zum Weltkongreß der II. Internationale. Sein politisches Bewußtsein formte sich in dieser Zeit in der wechselseitigen Durchdringung anarchistischer, sozialistischer und religiöser Motive, bei der die Bergpredigt sicher eine größere Rolle spielte als die kanonischen Schriften der marxistischen Tradition. In *Bruder Wurm* hat er sein Credo niedergelegt, das für die Eigenart von Holitschers »linker« Position wohl kennzeichnend ist. Es zeigt seine Hinwendung zum kämpfenden Proletariat, zu den Unterdrückten aller Länder, zugleich aber die Verschränkung eigener Leiden mit der Sympathie für diese Opfer der bestehenden Einrichtung der Welt. Befreiung kann es nur in der gemeinsamen Revolte geben:[31]

»Höre, Bruder, der du zu jenen gehörst, die Proletarier genannt werden und die die Welt zu befreien unternehmen wollen: es gibt noch andre Enterbte und Entrechtete als euch! Die auf Befreiung warten und vielleicht gar schwerer an ihrem Los tragen als ihr, weil für eure Befreiung Kräfte aufgeboten und am Werk sind, für sie aber nicht. Sie tragen ihr Los mit stummem Mund und niedergeschlagenen Augen. Ihr seht sie an der Tafel sitzen, von der ihr fortgewiesen seid, und ihr sprecht: dort sitzt der Feind! Aber ihr irrt euch. Denn sie leiden an dem Hunger der Seele, der tief nagt und für den keine Früchte auf Bäumen, in der Humusrinde und in den Fabriken wachsen. Und ihre Leibeigenschaft ist schwer, weil das Ende der Kette, an der sie gebunden liegen oder durch das Leben geschleift werden, nicht aus der Hand dieses oder jenes Machthabers gerissen werden kann zu ihrer Befreiung. Ihr werdet teil an ihrem Hunger und an ihrer Sklaverei haben, sobald euer heutiger Hunger und eure heutige Sklaverei getilgt sein werden. In der Tiefe eurer Menschenseele lauert dasselbe Los und Leid auf euch.

Härte und Zwang sollen aufhören; alles soll heiter und glorreich frei werden zwischen den Menschen, dem Menschen und seinem Nächsten. Die Klassen sollen aufhören, Klassen zu sein, so wie die tiefen Einkerbungen, durch die heute die Grenzen der Völker im Erdboden dreier Weltteile gekennzeichnet sind, zugeschüttet und geglättet werden sollen. Das Wort Gleichheit soll seine Bedeutung verlieren, nur mehr als ein der Geschichte angehörendes Wort weiterleben, weil es eine Forderung enthält, die die Liebe der Menschen erfüllt hat. (...) In raren, kostbaren Stunden fühlt ja ein jeder von uns, wie sein eigenes Leid sich im großen allgemeinen auflöst und damit von ihm genommen ist, auf eine jähe, zauberhafte Art. Es muß ein allgemeines Glück geben, so gut wie es ein allgemeines Leid gibt.«

Hier spricht jemand, der Erlösung meint, wenn von Revolution und anderen Begriffen aus sozialistischer Theorie die Rede ist. Erlösung auch aus der schiefen Lage des bürgerlichen Publizisten, der »an der Tafel sitzt« und dennoch die Partei des Proletariats ergriffen hat. Gewiß haben für diesen Linken Gefühl, Moral und eine allgemeine Menschenliebe mehr bedeutet als die Kategorien der politischen Ökonomie. Holitscher läßt sich vom »Wärmestrom«[32] sozialistischer Utopie tragen, nicht von der analytischen Strenge, mit der Strategie und Taktik aus den »Bewegungsgesetzen« des Kapitals und der bürgerlichen Gesellschaft abgeleitet werden. Das ist gewiß eine weltanschauliche Unschärfe, eine beträchtliche konzeptionelle Konfusion. Und doch ein Feuer der Utopie, ohne das soziale Umwälzungen wohl kaum den erstrebten historischen Neuanfang erreichen können.

Die Novemberrevolution 1918 in Deutschland, »das Satyrspiel einer Revolution«,[33] die seiner Ansicht nach an mangelnder Vorbereitung, Feigheit und Entschlußlosigkeit der Führer gescheitert ist, enttäuschte Holitschers Hoffnungen maßlos. Als Beauftragter des Berliner Arbeiter- und Soldatenrates mitverantwortlich für die Kontrolle der Demobilisierungs-Kommission und als Mitglied des »Rates geistiger Arbeiter« um den »Logokraten« Kurt Hiller erlebte er, der handelnd eingreifen wollte, ein weiteres Mal, wie folgenlos das Engagement bürgerlicher Künstler und Intellektueller bleibt, wenn es nicht die Massen ergreift. Um so mehr faszinierten ihn die Nachrichten über die Revolution in Rußland, in der die Fehler der mißglückten deutschen Revolution vermieden wurden, wie er glaubte.

Drei Monate in Sowjet-Rußland

1920 hatte Holitscher Gelegenheit, im Auftrag eines amerikanischen Presseunternehmens als einer der ersten deutschen Berichterstatter die Sowjetunion zu besuchen. Er fuhr los, wieder einmal im Bewußtsein, an einem Wendepunkt seines Lebens zu stehen:[34]

»Die Erkenntnis des Widersinns, im Bürgertum zu leben, in bürgerlichen Gebräuchen und Lebensführung befangen zu sein und für die Zukunft, die allgemeine große proletarische Weltzukunft zu arbeiten — dieser Widersinn bedrückte mich, verekelte mir den Tag meines Daseins.«

Die Reise in die Revolution ist getragen von der Hoffnung, in Rußland auf Zustände zu treffen, in denen jener quälende Zwiespalt des linken Bürgers aufgehoben ist, wo jene Harmonie zwischen Individuum und Gesellschaft verwirklicht ist, die Holitscher so sehr ersehnte.

Mit »religiösem Schauer«, so bekennt er,[35] hat er die Grenze überfahren, denn: »Die russische Befreiung besaß die Elemente des Ethos der Bergpredigt«.[36] Dennoch weiß Holitscher, was ihn von dieser Revolution trennt. Die Begeisterung bleibt kontrolliert. Erkennbar ist sogar, daß er befürchtete, in der Konfrontation mit der Realität des sowjetischen Versuchs, Utopie zu verwirklichen, im eigenen Hoffen erschüttert zu werden:[37]

»Wie verhält es sich mit dem, der, ohne einer Partei anzugehören, aus Menschheitsdrang, aus innerer Bedrängnis — wenn auch mit ausgesprochen bürgerlichem Auftrag nach Rußland fährt? Mein seelisch gerichteter Kommunismus ist durch die russische Prüfung unversehrt mit mir nach Deutschland zurückgekommen. (...) Da mein Menschheitsideal das herrschaftslose Beisammenleben in voller Freiheit auf Erden bedeutet, darf ich, aus diesem Gesichtswinkel gesehen, den Kommunismus wohl als eine Stufe zu diesem Ziel, mehr noch seiner Durchführbarkeit als seiner baren Theorie nach, einer Kritik unterwerfen.«

Holitschers Buch über die erste Rußlandreise, der in den zwanziger Jahren noch vier weitere folgen sollten, zeigt deutlich, wie ein linker Bürger, für den historischer Fortschritt allein noch von der Massenbewegung der Arbeiter zu erwarten ist, versucht, zwischen Ideal und Wirklichkeit sich zurechtzufinden. Holitscher erläutert die Belastungen des neuen Staates: Bürgerkrieg, ausländische Interventionen, Mangel an Geld, Material, qualifiziertem Personal, das Fortbestehen traditioneller

Einstellungen und Verhaltensweisen. Er untersucht das Verhalten und die Lage der einzelnen Klassen, wobei er mit besonderem Interesse danach forscht, inwieweit die Revolution einen »neuen« Menschen jenseits überkommener Denk- und Handlungsmuster geschaffen hat. Das »Gesinnungsproblem«[38] steht für ihn bei den Arbeitern im Mittelpunkt: die Auslöschung des Eigennutzes und der Habgier, die Förderung einer praktischen Brüderlichkeit. Freilich sieht er, daß unter den gegebenen Bedingungen rasch das, was Freiwilligkeit und Überzeugung verlangt, zu Zwang und Pflicht gerät. Verordneter Heroismus aber entnervt, stumpft ab. — Die Lage der Künstler und Intellektuellen, die Formen neuer Kunst (vor allem im Theater) finden breiten Raum in seiner Darstellung. Hier sucht er nach der erhofften kulturrevolutionären Qualität der Oktoberrevolution:[39]

»Kunst soll, (...) hier stocke ich schon. Nein, so kann ich das nicht anfangen. Die neue Kunst, die neue Kultur der künftigen proletarischen Welt soll aus der neuen Gemeinschaft entstehen. *Die Arbeit* soll Grundlage und Nährboden und Ziel dieser neuen Kunst sein, so wie sie ja Grundlage der Ethik der neuen Zukunftsgemeinschaft sein muß«.

Immer wieder betont der Ethiker der proletarischen Zukunft diese Notwendigkeit der Auflösung des Individualismus, des Aufgehens des Individuums in die Gemeinschaft.

Noch überwiegt freilich allenfalls ein möglicherweise produktives »Chaos der Künste«.[40] Überzeugende Konzepte sind rar. Und die sich abzeichnende Lösung der Probleme, die in der bürgerlichen Gesellschaft mit der Rolle der Intellektuellen verbunden waren, erschreckt Holitscher eher, wenngleich er auf abenteuerliche Weise versucht, die Vernichtung der intellektuellen Kritiker der Bolschewiki als historische Notwendigkeit zu verstehen.[41] Die Folgen solcher Intellektuellenfeindschaft kann er dann aber in der Presse der Sowjetunion besichtigen:[42]

»Diese offizielle Presse verfügt über einige geniale Mitarbeiter, (...) sie ist schon bunt und unterhaltsam, aber man erfährt aus ihr so gut wie nichts. Sie ist zu drei Vierteln mit Polemik angefüllt — einer Polemik gegen Gegner, die sich nicht verteidigen können, weil ihnen das papierne Maul gewehrt ist, das letzte Viertel aber enthält Neuigkeiten aus dem In- und Auslande, die ausschließlich auf Fortschritte der Weltrevolution Bezug haben und dem Passanten mit äußerstem Nachdruck ins Gehirn gehämmert werden, und gegen die man allmählich eine gelinde Wut und Revolte in sich aufsteigen fühlt. Denn schließlich ist ein 150-Millionen-Reich auf die Dauer nicht in solcher Form von der übrigen Menschheit abzusperren. Die Bolschewiki beantworten die wirtschaftliche Blockade mit einer Gedankenblockade.«

Holitscher gesteht andererseits den Bolschewiki zu, angesichts der prekären Lage der Revolution Abwehrmaßnahmen bis hin zum Terror zu ergreifen. Immer wieder aber klingt seine Sorge durch, solche Maßnahmen könnten sich — zumal bei der gegebenen Zentralisierung der Herrschaft — verselbständigen, zu dauerhaften Instrumenten einer Herrschaftspraxis werden, die mit den Zielen des Bolschewismus ebensowenig vereinbar ist wie mit dem Ethos der Revolutionäre, dem er vertraut.

Vergleicht man sein abschließendes Urteil über die Revolution mit der Fülle der mitgeteilten kritischen Beobachtungen, so erscheint es sehr optimistisch:[43]

»Das Ergebnis, das man aus Rußland mit nach Hause bringt, ist: aus der Politik des Bolschewismus muß die Religion des Kommunismus erstehen. Solange der Bolschewismus sich notgedrungen mit ökonomischen Problemen und Grundsätzen plagen muß, kann er an die Stelle der kapitalistischen Verkehrsmethode zwischen Menschen und Gütern nur eine ähnliche, wenn auch bessere Methode des Verkehrs zwischen Arbeitsleistung und Güteraustausch setzen. Erst wenn der Bolschewismus dieses erste Stadium überwunden haben wird, können die Beziehungen zwischen Menschen und Menschen aufgerichtet werden.

Vorderhand sind die Menschen aber, und das lernt man in Rußland in entscheidendster Weise verstehen, zu dem notwendigen Fortschreiten auf dem Weg des Bolschewismus nur durch ein System des eisernen Zwanges zu bewegen. Dieses System, das zu seinem Endziel den Triumpf des befreiten Individuums gesetzt hat, arbeitet mit äußerster Entrechtung, mit einer zeitlich unabsehbaren Unterdrückung der Freiheit des Individuums.«

Man hat den Eindruck, hier muß sich jemand selber überreden. Und nach den Erfahrungen, die in den letzten sechs Jahrzehnten mit sozialistisch-kommunistischen »Erziehungsdiktaturen« zu machen waren, wird man heute Holitschers Zuversicht gewiß nicht mehr teilen. Kennzeichnend für seine Position ist allerdings, daß er beim Versuch, eine neue Welt aufzubauen, nicht bloß distanzierter Beobachter bleiben will. Er ist davon überzeugt, daß die Utopie ihre machtpolitische Unschuld verlieren muß, soll sie nicht nur Traum bleiben. Ekel vor bloß kritischräsonierenden Intellektuellen, der Haß auf das alte Europa und die Sympathie für eine Politik, die Brüderlichkeit auf ihre Fahnen geschrieben hat, treiben ihn trotz einiger Vorbehalte an die Seite der Sowjetunion. Holitscher hat diese Parteinahme nie grundsätzlich revidiert, auch wenn er auf späteren Reisen manche frühere Befürchtung bestätigt fand. Die NEP-Phase, aber auch die Verfolgung Trotzkis, den er verehrte, haben ihn stark irritiert.[44]

Möglicherweise haben dabei auch Enttäuschungen über die Politik der KPD Ende der zwanziger Jahre, Unzufriedenheit darüber, daß die erwarteten weltrevolutionären Entwicklungen sich nicht sehen ließen, und Verbitterung über mangelnde Wirkung seines Werkes eine Rolle gespielt.[45] Unverkennbar ist, daß der zweite Band der Lebensgeschichte, der 1928 erschien, deutlich pessimistische Züge trägt. Kriegsangst überlagert die Revolutionshoffnung. Dies zeigt sich auch im Vorspruch einer nicht mehr vollendeten Romantrilogie, »die in drei Weltstädten spielt und die Zeitspanne zwischen dem letzten und dem nächsten Weltkrieg umfaßt«.[46] Der Wert von Holitschers Rußland-Berichten ist trotz einiger Schwächen nicht zu leugnen. Nicht nur hat dieser »Reisende mit den Fotografieraugen«[47] viel von der »Oberfläche« des Lebens in der bedrohten Revolution eingefangen, so daß man sich mitten hinein versetzt fühlt in die Zeiten der Furcht und Hoffnung, der Not und des Aufbruchs, die am Beginn des großen Experiments in der Sowjetunion standen. Seine Forderung, daß der Bolschewismus neben der Technik der Macht noch weitere Dimensionen (der Ethik, der neuen Kultur) entwickeln muß, soll er seine revolutionären Versprechen wirklich einlösen können, ist nach wie vor von Beutung. Und als bürgerlicher, sympathisierender »Revolutionstourist«[48] hat er eine Unabhängigkeit behauptet, die die bequemen Wege blinder Parteinahme und bloß an die eigenen Ideale geklammerter Distanz gleichermaßen zu vermeiden suchte. Eine solche Unabhängigkeit hatte ihren Preis, sie wirft ihn nach dem Rausch erlebter Utopie wieder zurück:[49]

»Diese Stellung außerhalb der Partei, ja außerhalb der Zusammenhänge zu bewahren, bedeutete indes notgedrungen eine noch viel härtere Vereinsamung als die, deren mannigfache Formen ich in meinem Leben sooft erlebt hatte. Jede neue Gemeinschaft belehrte mich, daß ich zu *keiner* gehörte.«

Reisen durch das jüdische Palästina

Ein Jahr nach der ersten Rußlandreise ist Holitscher in dem damaligen britischen Mandatsgebiet Palästina, dem Ziel einer durch die Balfour-Erklärung von 1917 ermutigten zionistischen Besiedlung. Heute klingt fremd, was für Holitscher ganz selbstverständlich das Verbindende beider Reisen war. Bei den jüdischen Arbeiterpionieren, den Chaluzim, findet er:[50]

»Es ist die Stimmung und das Milieu des revolutionären Rußlands. Dort wie hier Zusammenwirken Intellektueller mit Praktikern der Arbeit, gegenseitiges Sichstützen, Sichverständigen gemeinsames Schicksal.«

Es ist der Glaube, daß in den kollektiven Wohn- und Arbeitsformen der Arbeiterpioniere ein weiterer Versuch unternommen werde, »die große utopische Gemeinschaftsidee der neuen Menschheit«[51] zu verwirklichen, die Holitscher so begeistert sich Jüdischem zuwenden läßt. Der Ort, an dem er dies erlebt, bringt ihn zu einer Sprache, die an messianische Verheißungen erinnert. Freilich ist er weder Zionist noch bedeutet

Judentum im Sinne religiöser Überlieferung viel für ihn. Vom europäischen Judentum hatte er sich schon zuvor losgesagt:[52]

»Was gingen mich aber im Grunde die deutschen Juden an, das bürgerliche Judentum! Ich selbst war noch im Kriege, angewidert durch die Verlogenheit der assimilatorischen Gesinnung meiner Rassengenossen, die sich zuweilen vor Eifer überschlug, und aus sozialistischer Überzeugung Dissident geworden. (Diesen Wunsch hatte ich schon in frühen Jahren gehabt, aber ich war ihm mit Rücksicht auf meinen Vater bei seinen Lebzeiten nicht nachgekommen.«

Die Arbeiterpioniere in Palästina stehen für Holitscher dagegen für ein ganz anderes Judentum, ja auch für einen ganz anderen Zionismus, als es der von Theodor Herzl begründete war:[53]

»Der Zionismus Herzls ist Angelegenheit der jüdischen Bourgeoisie gewesen. Heute steuert die gesamte jüdische Diaspora, vielmehr ein namhafter Bruchteil derselben, dazu bei, daß der Drang der Zionssehnsüchtigen sich auf dem Boden der Urväter erfülle. Diese aber sind die Ärmsten, Elendsten aus dem europäischen Osten. Der Zionismus des heutigen Palästina ist eine Angelegenheit des jüdischen Proletariats.«

Bei der Beschreibung dieser ostjüdischen Einwanderer wird Holitscher hymnisch, begrüßt sie als »Freunde, Genossen, ihr meines Stammes!«[54] Über weite Strecken ist dabei jede kritische Distanz aufgegeben. Holitscher läßt sich mitreißen vom Geist eines Aufbruchs, der eigene Zweifel verstummen macht:[55]

»Hätte ich, vor einem Jahr, aus Rußland Zweifel an der Idee des (religiösen, H.S.) Kommunismus heimgebracht, Palästina hätte mir die Sicherheit wiedergegeben. *Die Idee lebt.*«

Es ist ein bunter Bilderbogen jüdischen Kolonistenlebens in Palästina, den Holitscher hier ein wenig atemlos vor den Augen des Lesers entrollt. Gespräche mit den Pionieren und ihren Führern in einzelnen Mustersiedlungen wechseln mit Darstellungen der Pionierarbeit, bei denen die Begeisterung des Berichterstatters sich an der ästhetisierenden und erotischen Beschreibung der Körper ablesen läßt. Lebensgeschichten und Menschentypen werden präsentiert. Das Leben in der Wildnis, zwischen harter »Zivilisationsarbeit« und Tanz und Gesang, wird dabei gelegentlich so romantisiert, daß die Beschreibung zum Cliché gerät, hinter dem der brisante Hintergrund des Geschehens verschwindet:[56]

»Ein Cowboy, wunderbarer brauner Junge, in Khakihemd, Rauhreiterhut, Lederhosen, macht seine Runde um Nurriss, auf prächtigem Pferd. Er galoppiert an uns vorbei. Grüßt. Wir lachen ihm zu: 'Schalom!' Er hat ein gutes Gewehr geschultert, einen Patronengürtel um die Brust geschnallt. Sein Gaul ist von edlem Geblüt, der Junge läßt ihm die Zügel. Im Hui ist er dort oben, auf dem Hügel über der Goliathquelle, wo die Steinhäuser der ausquartierten Araber stehn.«

Doch glücklicherweise bleibt es nicht nur bei dieser in gar zu leuchtenden Farben ausgemalten Kolonistenwelt mit kraftvollen, fröhlichen und zukunftsgewissen »tollen Kerlen«. Holitscher selbst hat den allzusehr zum Jubel neigenden Ton mancher Passage seines Berichts bemerkt:[57]

»Hie und da wurde ich, während ich diesen Bericht schrieb, trotz selbst auferlegter Zurückhaltung, mitgerissen. Von dem, was ich in Palästina erlebte und empfand, auch in dieser Ferne, hingerissen, und bin doch alt genug.«

Und so gibt es auch den wachsamen Beobachter, dem kritikbedürftige Erscheinungen in den neuen Gemeinschaften nicht entgehen. Die Tatsache, daß die Finanzierung der zionistischen Besiedlung überwiegend mit Hilfe der Spenden bürgerlicher Juden in der Diaspora erfolgt, läßt Holitscher um die Zukunft sozialistischer Siedlungsformen fürchten. Im Hebraismus, in der forcierten Hinwendung zum Hebräischen als Sprache der Kolonisten, sieht er das unheilvolle Zeichen von Chauvinismus, der auf kulturelle Isolation hinauslaufen muß. Und auch das Zusammenleben der Pioniere im Alltag zeigt Probleme, die durchaus noch nicht gelöst sind. Das betrifft das Leben der Frauen, den Umgang mit der Sexualität. Die Sprengkraft, die in den Beziehungen zwischen jüdischen Kolonisten und Arabern steckte, hat Holitscher bei seinem ersten Besuch in Palästina überraschenderweise kaum gesehen. Arabischer Widerstand gilt ihm bloß als Werkzeug imperialistischer Machenschaften europäischer Großmächte.

Ohne Zweifel ist Holitschers Bericht über seine erste Palästinareise ein Buch, in dem viele Einblicke in Alltag und Politik neben Interpretationen und historischen Deutungen stehen, die zum großen Teil fragwürdig oder gar falsch sind. Wunschdenken und sein Sinn für die unverstellte Wahrnehmung der Realitäten im Lande stehen hier in einem besonders widerspruchsvollen Verhältnis zueinander.

Der Zionist Hugo Bergmann, der seit 1920 als Leiter der Nationalbibliothek in Jerusalem lebte und mit Holitscher zusammengetroffen war, schreibt mit Recht in einer Kritik des Buches:[58]

»Er brachte vorgefaßt politische Ansichten mit und korrigierte sie nicht, er sah eine Entwicklung, die nur dem Leben und keinem Programm entspricht, literarisch, mit dem Bleistift in der Hand, und so verzerrte sich ihm manche Linie.«

Differenzierter hat Moritz Heimann die Stärken und Schwächen des Buches herausgearbeitet.[59] Er zeigte auf, daß Holitschers Auffassung eines um die Arbeiterpioniere zentrierten »neuen« Zionismus, der exemplarisch einen religiös erhobenen Sozialismus verwirklichen werde, eine gänzlich unhistorische Konstruktion war. Holitscher hat die Geschichte des Zionismus im Grunde nicht begriffen. Skeptisch ist Heimann auch, ob die argrarischen Verhältnisse, von denen die zionistische Kolonisation geprägt war, dazu taugen, die ersehnte große sozialistische Gemeinschaft zu tragen.

Als Holitscher im Frühjahr 1925, als Gast der zionistischen Exekutive, ein weiteres Mal nach Palästina reist, holen ihn die Fehler seiner Interpretation der jüdischen Kolonisierung ein. Die Entwicklung des Landes entspricht so gar nicht seinen früheren Erwartungen. Enttäuschung, Desillusionierung bestimmen den Bericht über die zweite Reise.[60] Den Arbeiterpionieren geht es nicht gut:[61]

»Es ist nicht zu leugnen, sie sind die Stiefkinder der zionistischen Machthaber, diese jungen, idealbesessenen Erbauer des Landes. Die amerikanischen Geldgeber wünschen nicht, daß der Siedlungsfonds ihre Dollars Leuten überweise, die kommunistische Experimente machen.«

Die scharfen Attacken auf die zionistische Führung haben zum einen mit persönlichen Verletzungen zu tun. Holitscher hatte das Gefühl, bei den Eröffnungsfeierlichkeiten der Hebräischen Universität in Jerusalem nicht angemessen gewürdigt worden zu sein.[62] Andererseits zeigte die gesellschaftliche Entwicklung der jüdischen Gemeinschaft aber auch Erscheinungen, die ihn an überwunden geglaubte europäische Zustände erinnerten. Soziale Gegensätze bedrohten die Solidarität der Siedler. Spekulanten und Geschäftemacher hatten sich etabliert. Tel Aviv zeigte ihm das architektonische Gesicht dieser neuen Klasse. Holitschers Schimpf auf die Schieber und kleinen Kapitalisten verdeutlicht, wie illusionär er sich 1921 sein Palästina erträumt hatte, als würde der Siedlungsgedanke die soziale Dynamik einer Gesellschaft stillstellen. Dem Gefühlssozialisten Holitscher mangelte es offenkundig an elementaren Begriffen der Klassen- und Gesellschaftsanalyse.

Überrascht ist Holitscher von der überall zu spürenden Rückwendung zu Religion und jüdischem Brauchtum. Stärker als die Anziehungskraft Palästinas als Geburtsort neuer sozialistischer Gemeinschaft ist die Suggestion des alten Landes als Heimat jüdischer Religion. Holitscher ist davon eigentümlich berührt, versteht die Bewegungskraft dieses Teils des Zionismus jedoch nur sehr eingeschränkt. Klarer sieht er beim zweiten Besuch freilich den Konfliktstoff, der sich zwischen Juden und Arabern ansammelt, wenngleich er die Ursachen simplifiziert:[63]

»Hört man die Führer des Zionismus sagen: sie wollten sich nicht damit begnügen, hier ein paar Gartenstädte, eine Universität zu errichten, Palästina müsse die Heimstätte des jüdischen Imperialismus werden, so läuft's einem bei solcher Faselei kalt über den Rücken. Und was soll man dazu sagen, wenn einem eine solch erstaunliche Meinung unterläuft: Arabien sei achtundreißigmal so groß wie Palästina, es sei daher absurd, daß sich die Araber gerade auf dieses kleine Land versteiften — mit anderen Worten, die Araber sollten doch ein Einsehen haben und das Feld räumen!! Vorstellungen dieser Art sind so lächerlich, wie sie gefährlich sind.«

Mit dem Zionismus, wie Holitscher ihn 1925 ohne seine Illusionen sah, verband ihn nichts. Der hektische Wechsel von glühendem Enthusiasmus und zorniger Enttäuschung signalisiert das Ausmaß persönlicher Erschütterung. Der Abschied von der Vorstellung, in Palästina vollziehe sich eine der russischen Revolution vergleichbare Entwicklung, bewegte ihn so stark, weil die Aura von Geschichte und Gegenwart dieses »heiligen Landes« auf seine Empfänglichkeit für religiöse Überhöhung politischer Ziele in besonderem Maße einwirkte. Sein Glaube an die universelle Tendenz zu einem historischen Fortschritt in Richtung auf den von ihm erhofften »seelischen Kommunismus« hatte existenzielle Bedeutung für ihn. Um so mehr mußten ihn Zweifel treffen.

So sehr er unbestreitbar das Wesen des jüdischen Nationalismus in Palästina verfehlte, so ist doch festzuhalten, daß seine Berichte über dieses Land Strömungen des Zionismus lebendig machen, die heute fast vergessen sind. Und wenn Holitschers utopische Erwartungen an diese Strömungen sie auch überschätzt haben, so verweisen sie doch auf Traditionen, die mit dem Hinweis auf ihre historische Erfolglosigkeit nicht einfach zu erledigen sind. Damit sind Holitschers Palästina-Berichte auch für die gegenwärtige Linke in der Bundesrepublik, deren Verhältnis zu Israel problematisch genug ist, wichtige Lektüren.

Kulturpolitisches Engagement

Holitscher hat das Schreiben über seine Reisen als Engagement begriffen, als eine operative Kunst, die die Partei der Völker ergriff, deren Befreiungskämpfe er aufsuchte.[64] Daneben hat er sich auch innerhalb und außerhalb von Organisationen an den kulturpolitischen Kämpfen in der Weimarer Republik lebhaft beteiligt. Sich einmischen, eingreifend Kultur und Politik beeinflussen, das war ihm wichtig, hatte er doch nicht nur unter der Folgenlosigkeit bürgerlicher Künstlerexistenz gelitten, sondern auch unter der mangelnden Wirkung seiner Bücher. Seine pazifistischen Überzeugungen hatten ihn, wie erwähnt, schon im Ersten Weltkrieg in den »Bund Neues Vaterland« geführt, der ab 1922 »Deutsche Liga für Menschenrechte« hieß.[65] Ihr gehörte Holitscher bis 1931 als Vorstandsmitglied an.

Seine Sympathie für die Sowjetunion führte ihn in verschiedene Hilfsorganisationen, die in Deutschland sich um materielle und publizistische Unterstützung Rußlands bemühten. So gehörte er 1921 zu den Mitgründern des »Rußlandkomitees zur Organisierung der Arbeiterhilfe für die Hungernden in Rußland« (zusammen mit Ernst Toller und Alfons Goldschmidt) und der »Künstlerhilfe für die Hungernden in Rußland« (zusammen mit Stefan Zweig.) Die Ziele dieser Organisationen hat Holitscher auf zahlreichen Vortragsreisen im In- und Ausland propagiert. 1923 ist er auch bei der Gründung der »Gesellschaft der Freunde des neuen Rußland« dabei.

Sein kulturrevolutionäres Interesse an neuen Formen der Kunst brachte Holitscher in den Gründerkreis des »Proletarischen Theaters«. Hier fanden sich 1919 unter anderm Erwin Piscator, Rudolf Leonhard, Ludwig Richter und eben Holitscher zusammen, die diese Vereinigung als Teil des »Bundes für proletarische Kultur« betrieben. Im Konflikt um die Konzeption der »Volksbühne« hat sich Holitscher wiederholt für einen eindeutig proletarisch-revolutionären Inhalt der Volksbühnen-Arbeit eingesetzt.[66] Sein eigenes Schreiben läßt allerdings nicht erkennen, daß er selber versucht haben könnte, seine kulturpolitischen Postulate in ihrer radikalen Fassung umzusetzen.

Auch an Protestkundgebungen gegen Zensur und Repression in der Weimarer Republik hat Holitscher immer wieder teilgenommen. So 1926 gegen das sogenannte »Schmutz- und Schundgesetz«[67] und 1928 gegen das Hochverratsverfahren, mit dem Johannes R. Becher überzogen wurde.[68] Es blieben, trotz aller Sehnsucht Holitschers, den unmittelbaren Kontakt mit dem Proletariat zu gewinnen, Organisationen und Aktivitäten von Künstlern und Intellektuellen. Mitglied der KPD ist er nie geworden.

Exil

Ein Schriftsteller und Publizist wie Holitscher mußte das ideale Haßobjekt für die Nationalsozialisten abgeben. Seine Bücher finden sich auch gleich auf der ersten »Schwarzen Liste«, die im *Börsenblatt für den Deutschen Buchhandel* vom 16. Mai 1933 die »auszumerzende« Literatur benennt.[69] Holitscher wird dabei ausdrücklich zu den 12 Autoren gezählt, die »als die eigentlichen Schädlinge« gelten.[70]

Dem terroristischen Zugriff der Nazis entging er, da er zum Zeitpunkt des Beginns des NS-Regimes in Paris war. Ein Exil beginnt, das, wie der eingangs zitierte Text beweist, Bedrückung und Not für den schon in den Sechzigern stehenden Holitscher brachte. Seine reiche literarische Arbeit bricht jäh ab. Kleinere Arbeiten erscheinen in den Zeitschriften des Exils.[71] Ob der in einem Brief erwähnte Exilroman *Requiescam* fertiggestellt wurde, ist unklar; das Manuskript verschollen.[72] In jedem Fall reichten diese Arbeiten und gelegentliche Vorträge nicht aus,[73] um den Lebensunterhalt zu sichern. Holitscher blieb im gesamten Exilzeitraum auf die Hilfe von Freunden und der jüdischen Gemeinde Zürich angewiesen.[74]

Von Paris ist er am 7. März 1934 über Basel in die Schweiz gereist und nach Ascona gegangen,[75] »diesen von mir mit allerhand Flüchen belegten Ort Ascona, in dem ich unter Mitgliedern der Lumpen-Bourgeoisie (...) zu leben gezwungen bin.«[76] Krankheiten, Isolation und Kriegsangst quälen ihn. Ein Sanatoriumsaufenthalt in Gland (September/Oktober 1939) verschafft ihm ein wenig Erholung. Ende des Jahres 1939 fällt allerdings etwa die Hälfte der bisher gezahlten Unterstützungssumme weg, da einer der Geldgeber die Zahlungen einstellt.[77] Holitscher will unbedingt nach Genf, in die Nähe Ludwig Quiddes und anderer Emigranten.[78] Er erhofft sich dort Hilfe und auch Arbeitsmöglichkeiten. Der Geldmangel macht die Wohnungssuche zu einem Problem. Im Oktober trifft er in Genf ein und kommt in dem von der Heilsarmee betriebenen »Hotel Union« unter.[79] Die Briefe aus dieser Zeit haben nur noch ein Thema: Die Verzweiflung über die »Ungewißheit meiner Lebensumstände«,[80] die ihm das »Devoir des Survivre«[81] so erschweren. Was das für Holitscher bedeutet haben muß, kann man ahnen, wenn man liest, was er im zweiten Band seiner Autobiographie schon 1928 veröffentlichte:[82]

»Im Alter kommt alles darauf an: keine Demütigung mit in den Kauf nehmen zu müssen, um die körperliche und seelische Existenz fristen zu können. Um der Selbstachtung willen, die zum Weiterleben gehört, zum Leben unter Menschen. Sich vor niemand demütigen müssen, um weiter leben zu können (...).«

Holitscher ist in tiefster Demütigung am 14. Oktober 1941 in Genf gestorben. Robert Musil sagte an seinem Grabe:[83]

»Wir nehmen von einem Manne Abschied, dessen Werk ihn überleben wird.«

Leben und Werk Arthur Holitschers verdienen es, daß diese Worte endlich Wirklichkeit werden.

Anmerkungen

1 Auszug aus einem maschinenschriftlichen Lebensabriß Holitschers, der von dem ebenfalls emigrierten deutschen Pazifisten Ludwig Quidde als Bittschreiben um Unterstützung für den Schriftsteller verwandt werden sollte. Das ungezeichnete Schreiben könnte auch von Holitscher selber stammen. Vgl. dazu den Brief Holitschers an Quidde vom 27.10.1937, der sich wie alle anderen im folgenden erwähnten Briefe und wie der Lebensabriß im »Nachlaß Quidde« unter den Nummern 31 und 36 im Koblenzer Bundesarchiv findet. Den Hinweis auf diese Briefe verdanke ich Helmut Donat, Bremen.

2 Greuner, Ruth, 1969: Arthur Holitscher — Unterwegs zur Revolution. In: dies.: Gegenspieler. Profile linksbürgerlicher Publizisten. Berlin, 50-88. Im Westen wurde 1972 an der Universität Graz die Dissertation von Marianne Bruchmann vorgelegt: Arthur Holitscher. Ein Dichter zwischen Literatur und Politik.

3 Holitscher, Arthur, 1973: Reisen. Ausgewählte Reportagen und autobiographische Berichte. Berlin; ders., 1979: Ansichten. Essays, Aufsätze, Kritiken, Reportagen 1904-1938. Berlin. Beide Bände wurden herausgegeben, mit Vorworten,

verbindenden Texten bzw. einem Nachwort versehen von Frank Beer. Zur Kritik an dieser Ausgabe siehe Hammer, Franz, 1980: Mitstreiter an der Seite der Arbeiterklasse. In: Neue Deutsche Literatur, Heft 12, 146-149.

4 Holitscher, Arthur, 1986: Der Narrenführer durch Paris und London. Mit Holzschnitten von Franz Masereel und einem Nachwort von Gert Mattenklott. Frankfurt.

5 Holitscher, Arthur, 1928: Mein Leben in dieser Zeit. Der »Lebensgeschichte eines Rebellen« zweiter Band (1907-1925). Potsdam, 236.

6 Holitscher, Arthur, 1924: Lebensgeschichte eines Rebellen. Meine Erinnerungen. Berlin, 26.

7 Ebd., 77.

8 Ebd., 40.

9 Ebd., 78 ff.

10 Ebd., 92.

11 Ebd., 106 ff.

12 Holitscher, Arthur, 1896: Weiße Liebe. Roman; ders., 1897: An die Schönheit. Trauerspiel; ders., 1900: Der vergiftete Brunnen. Roman; ders., 1901: Das andere Ufer. Manuskript eines Dramas; ders., 1902: Von der Wollust und dem Tode. Novellen; ders., 1905: Das sentimentale Abenteuer. Erzählungen; ders., 1908: Der Golem. Drama; ders., 1910: Worauf wartest du? Roman.

13 Holitscher, Lebensgeschichte eines Rebellen, 113.

14 Ebd., 98.

15 Ebd., 98.

16 Ebd., 173.

17 Ebd., 215.

18 Ebd., 223.

19 Besonders getroffen fühlte er sich vom Verhalten Thomas Manns, für dessen Roman »Buddenbrooks« er sich lebhaft beim Verleger S. Fischer eingesetzt hatte. Um so mehr mußte es ihn kränken, als er sich in der Erzählung »Tristan« in der wenig schmeichelhaft gezeichneten Figur des Schriftstellers Detlev Spinell wiedererkannte. Vgl. dazu Holitscher, Lebensgeschichte eines Rebellen, 218 ff. und die ganz andere Darstellung, die Thomas Manns Biograph von diesem Sachverhalt gibt: Mendelssohn, Peter de, 1975: Der Zauberer. Das Leben des deutschen Schriftstellers Thomas Mann. Erster Teil 1875-1918. Frankfurt, 348-350 und 442.

20 Holitscher, Lebensgeschichte eines Rebellen, 223.

21 Ebd., 210.

22 Die erste Auflage dieses Buches erschien 1912. Franz Kafka hat die Berichte dieses Bandes, wohl in den Vorabdrucken in der Neuen Rundschau, gelesen und in seinem Roman »Der Verschollene« literarisch produktiv auf diese Lektüre reagiert. Vgl. dazu Jahn, Wolfgang, 1965: Kafkas Roman »Der Verschollene« (»Amerika«). Stuttgart, 144-150. Siehe auch die zahlreichen Hinweise, die Hartmut Binder im Kapitel »Erlesenes Amerika: 'Der Verschollene'« in seinem Buch: Kafka. Der Schaffensprozeß. Frankfurt 1983, 75-135, gibt.

23 Holitscher, Lebensgeschichte eines Rebellen, 226.

24 Ebd., 227.

25 Vom Scheitern seiner Ehe berichtet das Kapitel »Die Geschichte von den sieben Quirlen« des zweiten Bandes der Autobiographie. Holitscher, Mein Leben in dieser Zeit, 204-223.

26 Holitscher, Mein Leben in dieser Zeit, 231.

27 Ebd., 232.

28 Kurt Tucholsky, der Holitschers Reisebücher außerordentlich schätzte, berichtet, daß der in den zwanziger Jahren sehr populäre dänische Reiseschriftsteller J. V. Jensen Holitschers Stil so charakterisiert hat: »Er ist ehrlich und weiß zu beobachten — er hat noch das Staunen eines Kindes. Er kann sehen.« Tucholsky, Kurt, 1975: Besuch bei J.V. Jensen. In. ders.: Gesammelte Werke in 10 Bänden, hg. v. Mary Gerold-Tucholsky und Fritz J. Raddatz, Bd. 5. Reinbek, 233.

29 So z.B. zu Beginn seines Buches über seine erste Reise nach Sowjetrußland. Holitscher, Arthur, 1921: Drei Monate in Sowjet-Rußland. Berlin, 12/13.

30 Holitscher, Mein Leben in dieser Zeit, 188.

31 Holitscher, Arthur, 1918: Bruder Wurm. Berlin, 111 ff.

32 Vgl. zu diesem Begriff Bloch, Ernst, 1972: Das Materialismusproblem, seine Geschichte und Substanz. Frankfurt/M., 372 ff.

33 Holitscher, Mein Leben in dieser Zeit, 150.

34 Ebd., 187/188.

35 Ebd., 192.

36 Ebd., 192.

37 Holitscher, Drei Monate in Sowjet-Rußland, 17.

38 Ebd., 23.

39 Ebd., 100.

40 Ebd., 109 ff.

41 Ebd., 144 ff.

42 Ebd., 75.

43 Ebd., 253/254.

44 Vgl. Holitscher, Mein Leben in dieser Zeit, 238, Holitscher, Arthur, 1928: Das Fest Rußland. In: ders.: Reisen. Potsdam, 239-297., hier 268 ff.

45 Die Klage, schon zu Lebzeiten vergessen zu sein, eröffnet den zweiten Band der Lebensgeschichte: »Ich schreibe dieses Buch fast wie ein Toter«, heißt es auf Seite 11 dieses Buches, das im Potsdamer Kiepenheuer-Verlag herauskam, da Holitschers Verleger S. Fischer nicht bereit war, es in seinem Verlag zu veröffentlichen.

46 Erschienen sind: Holitscher, Arthur, 1929: Es geschah in Moskau. Berlin. Walter Benjamin hat diese Mischung aus Fiktion, Dokumentation und Essay sehr wohlwollend rezensiert. Jetzt in: Benjamin, Walter, 1972: Gesammelte Schriften, Bd. 3. Frankfurt/M., 166. Es geschieht in Berlin. Berlin 1931.

47 Tucholsky, Kurt: Von Tolstoi. In: ders, Gesammelte Werke, Bd. 3 (1921-1924), 174-176, hier 175.

48 Vgl. zu diesem Typus das Kursbuch 30, Berlin 1972, das in einem Dossier auch historische Formen des »Revolutionstourismus« betrachtet, Holitscher dabei jedoch nicht erwähnt.

49 Holitscher, Mein Leben in dieser Zeit, 202.

50 Holitscher, Arthur, 1922: Reise durch das jüdische Palästina. Berlin.

51 Ebd., 125.

52 Holitscher, Mein Leben in dieser Zeit, 181.

53 Holitscher, Reise durch das jüdische Palästina, 9.

54 Ebd., 15.

55 Ebd., 126.

56 Ebd., 48.

57 Ebd., 68.

58 Bergmann, Hugo, 1922: Reise durch das jüdische Palästina. Von Arthur Holitscher (Rezension). In: Das literarische Echo, Heft 5. Vgl. auch Bergmanns Briefe

an Robert Weltsch vom 22.11.1921 und vom 13.12.1921. In: Bergmann, Schmuel Hugo, 1985: Tagebücher und Briefe, Bd. 1. Königstein/Taunus, 164-168.

59 Heimann, Moritz, 1986: Holitschers »Reise durch das jüdische Palästina«. In: ders.: Was ist das: ein Gedanke? Herausgegeben und mit einem Nachwort von Gert Mattenklott. Frankfurt/M., 192-198.

60 Der Bericht über diese zweite Reise, an der auch Ernst Toller teilnahm, findet sich in: Holitscher, Arthur, 1926: Das unruhige Asien. Berlin, 37-76.

61 Holitscher, Das unruhige Asien, 51.

62 Vgl. dazu Holitscher, Arthur, 1926: Noch einige Wahrheiten über Palästina. In: Die Weltbühne, Nummer 43, 655-657.

63 Holitscher, Das unruhige Asien, 67.

64 Holitscher, Mein Leben in dieser Zeit, 188.

65 Zur »Deutschen Liga für Menschenrechte« siehe: Donat, Helmut/Holl, Karl (Hrsg.), 1983: Die Friedensbewegung. Düsseldorf, 76-80.

66 Vgl. hierzu Holitscher, Arthur, 1927: Zur Krise der Volksbühne. In: Die Weltbühne, Nummer 10, 377-381. Siehe auch die Kapitel »Gewitter über Gotland« und »Die Kundgebung im Herrenhaus« in: Piscator, Erwin, 1986: Zeittheater. Ausgewählt und bearbeitet von Manfred Brauneck und Peter Stertz. Reinbek, 87-108.

67 Aktionen, Bekenntnisse, Perspektiven. Herausgegeben von der Deutschen Akademie der Künste zu Berlin, Sektion Dichtkunst und Sprachpflege, Abt. Geschichte der sozialistischen Literatur, unter der Leitung von Alfred Klein. Berlin 1966, 340.

68 Aktionen, Bekenntnisse, Perspektiven, 96.

69 Abgedruckt in : Sauder, Gerhard (Hrsg.), 1983: Die Bücherverbrennung. Zum 10. Mai 1933. Frankfurt/M., 121-127, Ausgabe der Büchergilde Gutenberg.

70 Ebd., 126.

71 So in »Internationale Literatur« und »Das Wort«, beide in Moskau. Klaus Manns »Die Sammlung« kündigte eine Mitarbeit Holitschers in einer Anzeige an, brachte jedoch keinen Beitrag. Vgl. S. Fischer, Verlag, 1985: Katalog zur Ausstellung des Deutschen Literaturarchivs im Schiller-Nationalmuseum. Marbach, 442.

72 Brief an Ludwig Quidde vom 1.5.1939.

73 In dem Brief an Quidde vom 20.4.1939 erwähnt Holitscher, daß er 1936 in Basel vor Arbeitern Vorträge über China gehalten habe.

74 Brief an Quidde vom 21.7.1939.

75 Laut »Dossier Holitscher« im Einwohnermeldeamt Genf, das Frank Beer im Nachwort des Bandes Holitscher, Ansichten, 359, wiedergibt.

76 Brief an Quidde vom 25.4.1939.

77 Brief von G. (?) Mayer an Holitscher vom 29.9.1939. Wie Holitschers Brief an Quidde vom 18.12.1939 zeigt, fanden sich allerdings bald schon andere Förderer.

78 Briefe an Quidde vom 10.9.1939 und vom 19.9.1939.

79 Spätestens seit dem 18.10.1939 kommen die Karten und Briefe Holitschers an Quidde aus Genf.

80 Brief an Quidde vom 25.10.1939.

81 So lautet der Titel eines Vortrages, den Holitscher am 16.5.1933 auf Einladung einer Freimaurer -Loge in Paris gehalten hat.

82 Holitscher, Mein Leben in dieser Zeit, 241.

83 Musil, Robert, 1955: Tagebücher, Aphorismen, Essays und Reden, hg. v. Adolf Frisé. Hamburg, 553.

Jost Hermand

Arnold Zweigs Judentum

Obwohl der »Fall Arnold Zweig« in vieler Hinsicht paradigmatisch für breite Schichten des liberalen deutsch-jüdischen Bildungsbürgertums und ihrer verehrenden Einstellung zur Kultur jenes Landes ist, in dem sie im Laufe des 19. Jahrhunderts zu vollgültigen Staatsbürgern geworden waren, widerspricht er dennoch in vielem der inzwischen zum Klischee erstarrten Vorstellung vom »Scheitern der deutsch-jüdischen Symbiose«. Zweig wurde sich der prekären Ambivalenz seiner Bewunderung der deutsch-abendländischen Kulturtradition sowie seiner jüdischen Außenseiterrolle nicht erst im Jahr 1933 bewußt, sondern hat darunter bereits seit seiner Schulzeit gelitten und dennoch zeit seines Lebens — unter Wilhelm dem Zweiten, im Ersten Weltkrieg, in der Weimarer Republik, im palästinensischen Exil und zuletzt in der DDR — immer wieder nach integrationistischen Konzepten gesucht, mit denen sich diese beiden Pole seiner Existenz auf einen Nenner bringen ließen. Aus diesem Zwiespalt ergibt sich seine Größe, aber auch seine Problematik, da er ihn ständig vor neue Entscheidungen stellte, ständig irritierte, ständig in neue Krisen verstrickte, das heißt nie in irgendwelchen nationalistischen, religiösen oder ästhetischen Einseitigkeiten einen vorschnellen Frieden finden ließ.

Und zwar bahnt sich dieser Zwiespalt bei Zweig schon in seiner Pennälerzeit an. Als Sohn kleinbürgerlicher Juden in Kattowitz aufgewachsen, besuchte er ab 1897 das dortige Gymnasium, wo er durch hochgebildete Studienräte, den engen Kontakt mit Mitschülern wie Emil Ulitz und Ludwig Meidner, den Besuch der dortigen Symphoniekonzerte, das intensive Studium des Geigenspiels, erste poetische und essayistische Versuche usw. schon als Abiturient zum glühenden Verehrer jener Kulturleistungen wurde, die er und seine Freunde — zusätzlich angefeuert durch eine sie alle berauschende Nietzsche-Lektüre — zur höchsten Manifestation, wenn nicht gar einzigen Legitimation des menschlichen Lebens schlechthin erhoben. Doch es werden nicht nur Bildungserlebnisse oder durch Nietzsche vermittelte Anregungen gewesen sein, die Zweig schon als Gymnasiasten einen solchen Kulturenthusiasmus eingeimpften; dazu trug sicher auch jener latente oder offene Antisemitismus bei, der ihn bereits als hochempfindlichen, reizbaren Schüler in die Rolle eines Außenseiters drängte. Und so zog er sich in diesen Jahren immer stärker auf Kunst und Philosophie zurück, von denen er sich

— in einem bildungsidealistischen Sinn — eine Überwindung solcher als atavistisch, das heißt als ungebildet empfundenen Niedrigkeiten erhoffte.

Die gleiche Tendenz, nämlich sich die Fluchtpunkte seines Lebens nicht auf gesellschaftlicher oder politischer, sondern ästhetischer Ebene zu suchen, ist für Zweigs Studienjahre zwischen 1907 und 1914 an den Universitäten Breslau, Berlin, Rostock, Göttingen und München kennzeichnend, wo er sich weitgehend einem Leben im Geiste und in der Kultur hingab, während er die Vorbereitung auf das höhere Lehramt und seine germanistische Dissertation immer stärker vernachlässigte. Sowohl seine Briefe, Essays und Erzählungen dieser Jahre als auch der erst 1938 publizierte Roman *Versunkene Tage*, der damals noch *Esmonds gute Zeit* hieß, in dem er seine Münchner Kunst- und Studienjahre darstellte, atmen den Geist einer kulturellen Identitätssuche, in deren Umkreis vor allem Namen wie Kant, Goethe, Bach, Beethoven, Wagner und Nietzsche auftauchen. Als bildungsbürgerlicher Dilettant saugte Zweig erst einmal alles auf, was sich ihm bot, das heißt machte die übliche Kunstreise nach Italien, begeisterte sich für deutsche Romantik und Gotik, hörte Vorlesungen über Shakespeare, ja schwärmte für geradezu alles, worin er etwas Erhabenes, Großes, Würdevolles, Schönes, Tröstendes erblickte. Doch nicht allein das; durch das Studium der Kunstphilosophie bei Emil Utitz, Moritz Geiger und Max Scheler versuchte er diesem Enthusiasmus für alles ästhetisch Gelungene eine geradezu ins Transzendentale erhobene Bekrönung zu geben.

Und doch blieb sich Zweig auch in der Phase dieser geradezu weltentrückten Kulturschwärmerei seiner höchst realen jüdischen Herkunft nur allzu deutlich bewußt. Statt diese Herkunft zu verdrängen und sich total zu akkulturieren, bemühte er sich, vor allem mit jenen Studenten, jungen Frauen und Hochschullehrern Kontakt aufzunehmen, die diesen Zwiespalt, nämlich gesellschaftliche Außenseiter und kulturelle Innenseiter zu sein, ebenso schmerzlich empfanden wie er. Dafür spricht die Vorliebe, die Zweig für Professoren wie Utitz, Geiger, Husserl und Scheler, aber auch für junge Frauen wie Helene Joseph und besonders Beatrice Zweig, seine spätere Frau, an den Tag legte. Doch während die meisten dieser Menschen — nach vielen inneren Kämpfen — ihr Judentum weitgehend ihrer Verehrung für die Großleistungen der deutschen Kultur zum Opfer brachten, das heißt sich assimilierten oder ins »Phänomenologische« auswichen, bezog Zweig sogar in diesen Jahren, selbst wenn er sich dadurch ins Widersprüchliche verstrickte, weder einen eindeutig deutschen noch einen eindeutig übernationalen Standort, sondern betonte — trotz seiner Absage an alle religiösen Aspekte des Jüdischen und aller kulturellen Identifikation mit den deutschen Kulturleistungen — stets seine Zugehörigkeit zu den Juden als »Volk«, wobei er sich zumeist gefühlszionistischer Argumente bediente.

Und zwar fühlte er sich in dieser Haltung vor allem durch die Schriften Martin Bubers bestärkt, der in seiner *Legende des Baalschem* (1908) sowie seinen *Drei Reden über das Judentum* (1911) — in offener Frontstellung gegen den weitverbreiteten jüdischen Selbsthaß — die deutschen Juden zu einer »Selbstbejahung« ihres innersten Wesens aufgerufen hatte, damit aus dem erträumten »Zion«, wie es bei ihm heißt, eines Tages endlich das konkrete »Zionsland« werden könne.[1] Daher wurde auch Zweig zwischen 1910 und 1914 häufig von zionistischen Anwandlungen ergriffen, ja trug sich zeitweilig sogar mit Auswanderungsplänen, entschied sich jedoch immer wieder, im Bereich der von ihm so hochverehrten deutschen Kultur zu bleiben. Schließlich war er hier bereits als Student zu einem Schriftsteller geworden, der sich rühmen konnte, schon einen gewissen »Namen« zu haben.[2] 1911 waren bei Langen seine *Aufzeichnungen über eine Familie Klopfer*, 1912 bei Kurt Wolff seine *Novellen um Claudia* und 1913 bei Rowohlt sein Drama *Abigail und Nabal* erschienen. Das war für einen fünfundzwanzigjährigen Autor eine stattliche Bilanz. Aber gerade diese Werke, mit denen Zweig seinen Einzug in die deutsche Literatur hielt, spiegeln zugleich seine innere Ambivalenz dieser Kultur gegenüber wider. So geht es in den *Aufzeichnungen über eine Familie Klopfer*, um eine ins Ostjüdische abgewandelte *Buddenbrooks*-Saga, an deren Anfang ein tüchtiger Kaufmannsgeist und am Ende eine Verklärung ins Dekadent-Ästhetische steht. Aus osteuropäischen Juden werden hier im Verlauf der Assimilierung schließlich Deutsche mit »mosaischer Konfession«, welche die »heilige Sprache« nur noch »mangelhaft verstehen« und sich, so gut es geht, um ein gesellschaftliches Ansehen bemühen.[3] Einer davon wird im Prozeß dieser Angleichung wie Zweigs Vater zum Sattlermeister und empfindet sich als durchaus »liberal«, obwohl er, wie es heißt, innerlich weiterhin »dumpf an seinem hebräischen Gott hing«.[4] Trotz dieser halbreligiösen Haltung bemüht er sich, seinen Kindern »jenes Tor nach oben zugänglich zu machen, jene geistige Pforte zur Höhe und Weite des Lebens, die ihnen, den Eltern, anscheinend für immer verboten blieb«.[5] Sein Sohn Peter, in dem sich Zweig selber darzustellen versucht, schwärmt daher von Anfang an für die Wunderwerke der deutschen Kultur, schreibt Gedichte und Dramen und bleibt dennoch ein Außenseiter, der von seinen Mitschülern scheel als »Judenjunge« angesehen wird, und wandert schließlich, wenn auch mit dem frohen Gefühl, vorher »noch von Europas Quellen getrunken zu haben«, nach

Palästina aus.[6] Allerdings findet er auch in diesem Lande nicht die erhoffte Erlösung, sondern muß erleben, daß sein Sohn Heinrich von einer unheilbaren Krankheit befallen wird und daß mit dessen Tod — wie im Falle Hanno Buddenbrooks — das Geschlecht der Klopfer schließlich zu Ende geht. Ein ähnlicher Widerspruch liegt Zweigs Erzählung *Quartettsatz von Schönberg* aus der gleichen Zeit zugrunde. Auch hier wandert der Held des Ganzen nach Palästina aus, besucht jedoch am letzten Abend in Deutschland noch ein Konzert, bei dem am Schluß ein Quartett des Juden Arnold Schönberg gespielt wird, das ihn so beeindruckt, daß er sich innerlich gelobt, schon im nächsten Jahr wieder nach Europa, ins Land der Kultur, zurückzukehren. Demzufolge schließt diese Geschichte mit den jubelnden Worten: »O Wiederkehr! O Wiederkehr!«[7]

Doch auch andere Zweigsche Werke dieser Jahre weisen solche Widersprüche auf. Noch am eindeutigsten wirkt sein Drama *Ritualmord in Ungarn* (1914), in dem er in aller Offenheit gegen den weiterbestehenden Antisemitismus Partei ergreift. Hier beginnt die Handlung damit, daß ein tyrannischer Großgrundbesitzer ein ungarisches Mädchen zu vergewaltigen sucht und sich an ihrem Tod mitschuldig macht. Als man die Leiche dieses Mädchens einige Tage später am Flußufer findet, wird dieser Mord sofort den Juden des Ortes untergeschoben, wodurch es zu massiven antisemitischen Ausschreitungen kommt. Darauf wird Moritz, der Sohn des Synagogendieners, von einem ehrgeizigen Staatsanwalt durch gleisnerische Versprechungen, später studieren zu dürfen und ein großer Mann zu werden, verführt, seinen eigenen Vater des Ritualmords zu bezichtigen. Erst als ein liberaler Verteidiger die Unmöglichkeit dieses Mords beweist, ebbt der Haß auf die Juden wieder ab. Der kleine Moritz nimmt sich daraufhin aus Reue das Leben. Daß Zweig für diesen kleinen Jungen so viel Verständnis aufbringt, ja dessen Handlungsweise auf den durchaus gerechtfertigten Wunsch zurückführt, aus der hier geschilderten Misere herauszukommen, wirkt letztlich viel provozierender, als wenn dieses Stück auf eine moralische Verdammung hinausgelaufen wäre. Nicht Moritz ist bei ihm der Angeklagte, sondern die Gesellschaft, welche die Juden zu einem so unwürdigen Ghettodasein verdammt.

Wesentlich ambivalenter im Hinblick auf die Judenfrage bleiben dagegen seine anderen Dramen dieser Jahre. Sein erster Versuch auf diesem Gebiet war die Tragödie *Abigail und Nabal*, in der er sich einerseits an Hebbels *Judith* und *Gyges und sein Ring*, andererseits an Maeterlincks *Monna Vanna* und Wildes *Salome* anzulehnen versuchte. Und zwar geht es hier um den Streitfall zwischen dem reichen Herdenbesitzer Nabal und dem jungen Heerführer David, der im ersten Buch Samuelis geschildert wird, den jedoch Zweig eindeutig poetisiert und zugleich erotisiert, indem er Abigail als eine Femme fatale auftreten läßt, die ihren Mann durch ihr undurchschaubares Wesen schließlich zum Selbstmord treibt. Für sein letztes Drama aus diesem Zeitraum, nämlich das Stück *Die Umkehr des Abtrünnigen*, das er im Spätsommer 1914 niederschrieb, ließ sich Zweig durch Bubers *Die Legende des Baalschem* anregen. Hier fand er eine Geschichte, in der sich Jochanan ben Meir von Wilna im Westen taufen läßt, zum Fürstbischof von Brixen aufsteigt, ja sich in einen der ärgsten Unterdrücker der Juden verwandelt, bis er durch Israel ben Elieser von Miedzyborz, genannt Baalschem, den Stifter der ostjüdischen Chassidim-Bewegung, dazu aufgerufen wird, seine Untaten einzustellen und wieder zum Judentum zurückzukehren. Aus dieser Erzählung wird bei Zweig ein aufs Höchste verinnerlichter psychologischer Prozeß, der ständig in Szenen eines verzweifelten jüdischen Selbsthasses kulminiert, in denen der Abtrünnige gegen sich selber wütet und erregt aufschreit: »Ich bin ein Mörder! Aus Rachsucht, aus Rache! Aus Raserei der Verzweiflung, weil ich loswollte vom Juden und festklebte an ihm! Festgenäht wie an einen Leichnam mit meiner Haut! Ich trat nach mir — und es traf die Schuldlosen.«[8] Worauf das Ganze hinauslaufen sollte, ist nicht zu ermitteln, da Zweig den zweiten Teil dieses Dramas, der *Das Ziel* heißen sollte, nie geschrieben hat.

Daß dieses Drama ein Fragment blieb, hängt sicher nicht allein mit Zweigs Ambivalenz der jüdischen Religion gegenüber zusammen. Dafür ist auch der Beginn des Ersten Weltkrieges mitverantwortlich, der ihn als zionistisch gesinnten Juden, deutschen Bildungsbürger und angehenden Schriftsteller mit Fragen konfrontierte, auf die er weitgehend unvorbereitet war. Obwohl er sich in den Jahren zwischen 1910 und 1914 mehrfach für eine stärkere Berücksichtigung des jüdischen Elements im deutschen Kulturleben eingesetzt hatte, waren solche Überlegungen doch weitgehend abstrakt geblieben. Schließlich traten in diesem Zeitraum keine realen Ereignisse ein, die ihn vor wirkliche Entscheidungen gestellt hätten. Aufgerufen, menschlich und politisch Stellung zu nehmen, wurde er erst im August des Jahres 1914. Und Zweig entschied sich konkret: das heißt für sein deutsches Vaterland — und nicht abstrakt, das heißt für ein noch nicht existierendes Israel. Allerdings entschied er sich für Deutschland nicht in einem rein chauvinistischen Sinne, sondern im Sinne einer von vielen bildungsbürgerlichen Intellektuellen unterstützten Kulturmission. »Das große Deutschland ist wieder da«, schrieb er am 27. August 1914 an Helene Weyl, geb. Joseph, »die klare ungeheuer geniale Kälte der Kantischen Intuition und das

Feuer Beethovenscher Allegretti und Scherzi spukt in der deutschen Kriegsführung, die tragende Ordnung 'romanisch'-deutscher Fassaden und der gefaßte, schweigsame Griffel Holbeinscher Zeichnungen gibt sich kund im Rhythmus des organisatorischen Lebens der Daheimgebliebenen. Und über allem hängt die furchtlose Nähe des Todes (und des Teufels Schrecken) aus Dürers großem Blatt. Der Ritter reitet.« Doch nicht allein seinen Bildungsidealismus, das heißt den rein materiell eingestellten Völkern des Westens endlich ein Vorbild eines ins Höhere, Schönere, Geistvollere tendierenden Strebens zu geben, sogar sein Judentum brachte Zweig in diese Begeisterung ein, indem er auch als jüdischer Mensch, wie er an Helene schrieb, »einen leidenschaftlichen Anteil an unseres Deutschlands Geschick« nehme, ja auf seine »ihm angeborene jüdische Art die deutsche Sache zu seiner Sache« mache.[9]

Doch dieser falsche Idealismus wurde Zweig in den Jahren 1916/17 gründlich ausgetrieben, als er hinter der kulturmissionarischen Maske endlich das wahre Gesicht dieses Krieges erkannte, nämlich sein materielles, imperialistisches, mörderisches. Dieser Gesinnungsumschwung läßt sich auf mehrere Ursachen zurückführen: erstens die allgemeine Kriegsmüdigkeit, die sich seit Sommer 1917 auch bei anderen ehemals Kriegsbegeisterten beobachten läßt, die in den blutigen, unverrückbaren Grabenkämpfen ihren bisherigen Idealismus verloren; zweitens seine als »Erziehung« empfundene Zeit vor Verdun, als Zweig erstmals die zähe Renitenz, den bauernschlauen Selbsterhaltungstrieb und die politische Klugheit der gemeinen Soldaten kennen- und schätzen lernte; drittens die revolutionären Umwälzungen, die in Rußland zwischen März und Oktober 1917 stattfanden und zum Friedensschluß zwischen den Mittelmächten und der Sowjetregierung führten. Doch es waren nicht allein die »Erziehung vor Verdun« und das imponierende Auftreten der Bolschewiki, die Zweig 1916/17 zur Abwendung von der geheuchelten wilhelminischen Kulturmission bewogen und zu einem überzeugten Pazifisten werden ließen; auch sein in dieser Kritik am »Vaterländischen« erneut durchbrechendes Judentum trug zu diesem Gesinnungsumschwung bei. Einer der auslösenden Faktoren dafür war jene von Zweig als höchst diffamierend empfundene »Judenzählung« innerhalb der Armee, die das Preußische Kriegsministerium im Jahr 1916 anordnete.[10] Ihren literarischen Niederschlag fand diese Maßnahme in seiner alptraumartigen Geschichte *Judenzählung vor Verdun*, die er im November 1916 in der *Jüdischen Rundschau* erscheinen ließ. In ihr stößt der Cherub Azrael nachts in sein Schofarhorn und ruft zur Zählung aller »toten Juden im deutschen Heer« auf. Und die Toten, die lieber still in ihren Gräbern geruht hätten, melden sich auch alle — vom Flecktyphus zerfressen, in Lumpen gekleidet, zu Krüppeln zusammengeschossen — und sinken dann wieder »seelenlos« auf den Grund ihrer Gräber hinab. Darauf trifft der zutiefst irritierte Erzähler den alten Akiba, der ihm unverblümt ins Gesicht sagt, daß der Messias auch auf ihn warte. »Und ich erwachte«, heißt es im letzen Satz, »vor jähem, grellem, herzerneuerndem Schreck«.[10]

Noch stärker wurde diese Selbstkritik, als Zweig 1917 nach Ober-Ost versetzt wurde, wo er in Bialystock, Kowno und Wilna erstmals mit der Welt des Ostjudentums in Berührung kam, die er als Kind und junger Mann in Oberschlesien nur am Rande kennengelernt hatte. Nach den positiven Erfahrungen mit deutschen Arbeitern vor Verdun und den Zweifeln an seinen Bildungsidealen waren ihm die sogenannten Ostjuden, um die viele der akkulturierten Westjuden einen weiten Bogen machten, keine »peinliche Scham« mehr, sondern bereits Brüder im Leid, denen er mit tiefem Respekt gegenübertrat. Bestärkt wurde Zweig darin durch den Berliner Grafiker Hermann Struck, der mit ihm in der gleichen Abteilung arbeitete und als Zionist seine Grafiken bereits seit 1900 mit dem Davidstern zeichnete. Als dieser Struck 1918 eine Mappe mit 50 Lithographien unter dem Titel *Ostjuden* herausbrachte, schrieb Zweig sofort eine äußerst lobende Rezension darüber, in der er diese Bilderfolge als bedeutendes Dokument jener »Politisierung der Kunst« hinstellte, die »von den linken Flügeln aller Völker« ausgehe und endlich auch dem jüdischen Volk die nötige Gerechtigkeit widerfahren lasse.[11]

Und so begann Zweig in dieser Zeit erneut mit zionistischen Ideen zu sympathisieren. Wie schon vor den Kriege wurde er darin vor allem durch Buber angeregt, der 1916 sein Buch *Die jüdische Bewegung* herausbrachte und im gleichen Jahr die Zeitschrift *Der Jude* gründete, an der sich Zweig sofort mit einer Reihe eigener Aufsätze beteiligte. Fern aller jüdischen Orthodoxie und sich lediglich zu einer »atheistischen Religiosität« bekennend,[12] forderte er hier eine gesamtjüdische Solidarität und klagte in aller Offenheit darüber, daß an sämtlichen Fronten dieses Kriegs »Juden gegen Juden kämpfen« müßten.[13] Ja, in seinen Briefen an Buber aus der gleichen Zeit wies Zweig wiederholt auf den abgründigen »Antisemitismus« im deutschen Heer hin und bezeichnete sich voller Abscheu vor solchen Phänomenen als einen »staatenlosen Ausländer«, der nicht länger gewillt sei, sich zum Deutschtum zu rechnen.[14]

Es nimmt daher nicht wunder, daß Zweig in diesen Monaten mehrfach auf seine alte Idee zurückkam, nach dem Kriege ins künftige

»Zionsland« auszuwandern. So schrieb er bereits am 26. April 1916 an Buber, daß er und Beatrice nach Beendigung der Feindseligkeiten »ins Morgenland zu pilgern« gedächten.[15] Und Buber schloß sich diesen Plänen an, wodurch die innere Verbundenheit dieser beiden Männer immer größer wurde. Allerdings wollten Zweig und Buber dabei keineswegs auf die europäische »Kultur« verzichten, sondern diese mit ins »Morgenland« hinüberretten. Daß sie mit solchen Zielsetzungen auf Widerstand stoßen würden, war ihnen bewußt. »Wir werden sehr auf der Hut sein müssen«, schrieb Zweig Ende 1917 an Buber, »alle seine Masken (d.h. die Masken des Zionismus) aufzudecken, auch die kulturfeindliche der Orthodoxie, die als unjüdisch bekämpfen wird, was wir von großen europäischen Kulturwerten mit hinübernehmen wollen.«[16] Und auch Beatrice, die sich seit ihrem 15. Lebensjahr als »Zionistin« empfinde und eine »begeisterte Freude über ihren Stamm« äußere, wie Zweig an Buber schrieb, hegte in diesem Punkt deutliche Zweifel. Dementsprechend erklärte sie im Frühjahr 1917 in einem Brief an Helene Weyl: »Wir wollen nach dem Krieg den Versuch machen, ob man sich ganz für Palästina entscheiden, ob man dort leben kann. Ich glaube eher nein als ja, denn es ist ja ein junges Land, ohne Kultur.«[17]

Doch trotz aller Skrupel, nicht ohne die geliebte »Kultur« leben zu können, kam Zweig — aus Abscheu gegen die kriegsbegeisterten und annexionssüchtigen Deutschen — immer wieder auf diese Auswanderungspläne zurück. Allerdings sah er nur allzu klar voraus, daß das neue »Zionsland« keine pastorale Idylle, sondern ein moderner Industriestaat sein werde. Dennoch vertraute er weiter darauf, daß man im künftigen Israel — durch die »Hingabe, Idealität und Reinheit seiner Beamten« — sicher alle »Übel« des bisherigen Konkurrenz- und Besitzstrebens beseitigen könne.[18] Sobald jedoch Zweig von den tatsächlichen Verhältnissen in Palästina hörte, wurde er wieder »ratlos«. »Die Dinge gehen dort rapide vorwärts«, schrieb er am 1. Februar 1918 mit deutlich melancholischem Unterton an Buber, »aber sie gehen nicht in unserer Richtung.«[19] Um nicht ganz defätistisch zu werden, setzte Zweig schließlich seine letzte Hoffnung im Hinblick auf das erträumte »Zionsland« auf vier Dinge: »Die Kinder, das Land, unser reines Streben und den geheimen Geist des Judentums«.[20]

Doch dies war eine schwache Basis für künftige Hoffnungen. Und so scheint Zweig seine »Auswanderungspläne« nach dem Krieg, auf die er im Januar 1919 in einem Brief an Helene Weyl noch einmal zu sprechen kommt,[21] erst einmal verschoben und dann aufgegeben zu haben. Jedenfalls richteten sich Beatrice und er im Winter 1919/20 in Starnberg auf einen längeren Aufenthalt ein, das heißt wollten endlich das lang ersehnte Familienleben genießen und sich zugleich das ebenso langhinausgeschobene Kind gönnen. Und dies kam im Sommer 1920 auch wirklich zur Welt und erhielt den Namen Michael (sprich: Mikháel) Haran Wolfgang Zweig.[22] Während Mikháel Haran das jüdische Element der beiden Eltern unterstrich, sollte Wolfgang auf zwei der höchsten Genien der deutschen Kultur, auf Goethe und Mozart, verweisen. Obwohl das Glück der Eltern über diesen Sohn groß war, wurde Zweig in der Folgezeit ständig von tiefen Depressionen heimgesucht, daß heißt hatte literarische Produktionshemmungen und war auch sonst relativ entschlußunfähig. Sowohl das Weltkriegserlebnis als auch die ungelöste Identitätsfrage belasteten ihn sehr. Um sich in dieser Situation, in der ihm die Auswanderung in das »kulturlose« Palästina noch zu früh erschien, nicht ganz unnütz vorzukommen, bemühte er sich in seinen essayistischen Schriften der nächsten Jahre um eine ideologische Synthese aus deutschem Kulturhumanismus, Landauerschem Sozialismus und linksorientiertem Zionismus, bei der allerdings die »jüdische« Komponente für eine Zeitlang durchaus im Vordergrund stand. Dafür sprechen seine vielen Beiträge in Zeitschriften wie *Der Jude*, *Freie zionistische Blätter*, *Die jüdische Rundschau*, *Der neue Orient* usw., in denen Zweig vor allem Themen wie das Ostjudentum, die Palästinafrage sowie den gegenwärtigen Antisemitismus aufgriff.

Das erste größere Werk, das Zweig in diesem Zeitraum schrieb, war das Buch *Das ostjüdische Antlitz*, das er im Sommer 1919 abschloß und das 1920 im Berliner Welt-Verlag erschien. Diesem Buch liegen jene 50 Lithographien seines Freundes Hermann Struck zugrunde, die dieser bereits 1918 als Grafikmappe unter dem Titel *Ostjuden* herausgebracht hatte. Diese Bilder nahm Zweig in seinem eigenen Buch zum Anlaß, um sich auf teils reflektierende, teils nostalgisch-hymnische Weise über Fragen des Ostjudentums aussprechen zu können. Seine Vorrede begann er mit einem erbitterten Angriff auf jenes fanatische Nationalgefühl, das gegenwärtig in Staaten wie Polen den Ton angebe und zu einer Welle von »Pogromen« geführt habe, denen über 100000 Juden zum Opfer gefallen seien, die man nicht nur als »Sozialisten«, sondern auch als Fremdlinge einfach »ermorde, hinrichte oder in Zuchthäusern verkommen« lasse.[23] Anschließend ging Zweig in schmerzlich-romantisierender Weise auf die Strucksche Darstellung all jener erniedrigten, doch vom Glauben durchglühten alten Männer, hartarbeitenden Handwerker, um ihre Familie besorgten Mütter sowie der vielen Kinder ein, welche die einzige Hoffnung dieser schwer geplagten Menschen bilden. Im Sinne neujüdischer Autoren wie Scholem Aleichem oder Isaak Leib Perez stellte Zweig dabei vor allem das »Reine, Gläubige und Arbeitsame« dieser Menschen heraus, die nicht nach Besitz und Bildung gierten, sondern noch in einer »vorkapitalistischen« Gemeinschaft lebten, deren oberste Werte Solidarität und menschliche Wärme seien.[24] Nur hier herrsche unter Juden noch »Volkheit«, nur hier habe man »sich eigene Lieder und Tänze, Sitten und Mythen, Sprachen und Gemeinschaftsformen« geschaffen, nur hier sei man noch nicht dem »Mischmasch des Westens« und damit einer allgemeinen »Entjudung« verfallen.[25] Dies seien Menschen, lesen wir, die zwar keinen Sinn für Schönheit, Erotik und höhere Kultur, jedoch einen für autochthone Lebensweise besäßen. Es sei daher abwegig, ihre moralische »Zucht«, ja ihre »Puritanisierung des Sinnlichen« als »Verdrängung« entlarven zu wollen.[26] Im Gegenteil. Bei diesen Menschen herrsche noch Gewißheit, noch Zuversicht. Im Unterschied zu den Westjuden sei das erhoffte »Zionsland« für sie gar keine »Utopie«, sondern einfach »das Land«, das eines Tages »ihr Land« sein werde.[27]

Seine größte Hoffnung setzte Zweig in diesem Zusammenhang auf den »Sozialismus« der »ostjüdischen Jugendbewegung«. Allerdings müsse dieser sein Ziel in Palästina finden, erklärte er, da er sich sonst rein »zentrifugal« auswirken würde.[28] Als Leitbilder einer solchen Gesinnung stellte Zweig vor allem Männer wie Franz Oppenheimer, Gustav Landauer und Martin Buber hin. Nur wenn man sich ihren Ideen anschließe, heißt es bei ihm, werde sich unter den auswandernden Juden ein »kolonisierender palästinensischer Sozialismus« herausbilden, der sich Konzepten wie Jugend, Arbeit und Lauterkeit des Strebens verpflichtet fühle.[29] Im Sinne einer konkreten Utopie dachte Zweig dabei »an kleine Siedlungen, ohne Staat, aus gemeinschaftlichem, antipolitischem Geiste heraus, unter Gemeinbesitz an Grund und Boden und den entscheidenden Produktionsmitteln, um so im jüdischen Lande, dem Lande unserer Arbeit und Erfüllung, im sozialistischen Geiste« leben zu können.[30]

Mit solchen Ideen stand Zweig damals unter den deutschen Juden relativ vereinzelt da. Die Mehrheit dieser Menschen, die sich im »Central-Verein deutscher Staatsbürger jüdischen Glaubens« sowie dem »Jüdischen Frontkämpferbund« organisiert hatten und sich zu einer relativ uneingeschränkten »Vaterlandsliebe« bekannten, stand dem Zionismus — als einer spezifisch ostjüdischen Angelegenheit — ablehnend gegenüber. Daher wanderten von den deutschen Juden zwischen 1919 und 1933 nur 2000 nach Palästina aus, von denen obendrein über die Hälfte wieder zurückkehrte.[31] Demzufolge konnten die Central-Vereins-Anhänger weder Zweigs sozialistisch-spiritualisiertem Bild des Ostjuden noch seiner ebenso sozialistisch-spiritualisierten Vorstellung eines kommenden Israel, als eines »neuen Sozialgebildes von utopischen Dimensionen«, viel abgewinnen.[32] Was diese Schichten dagegen für Zweig einnahm, war sein offener Kampf gegen den deutschen Antisemitismus, mit dem sich auch sie ständig konfrontiert sahen. Großes Aufsehen erregte in dieser Hinsicht schon Zweigs Aufsatz *Die antisemitische Welle*, der 1919 in drei Folgen in der *Weltbühne* erschien.[33] Und zwar behauptete Zweig hier, daß es unter den »deutschen Proletariern« wie auch unter den »deutschen Linksparteien« keinen wirklichen Antisemitismus gebe, sondern daß dieser weitgehend ein mittelständisches Phänomen sei.[34] Vor allem die Kleinbürger, heißt es in diesem Aufsatz, die in den Juden eine dreckige »Schleuderkonkurrenz« sähen, griffen begierig zu den von »Richard Wagner, Houston Stewart Chamberlain, Theodor Fritsch und Adolf Bartels« aufgestellten Diffamierungsbildern einer goldenen und roten jüdischen Internationale, die sich dem Gedanken der »Weltherrschaft« verschworen habe, ja versuchten, den Juden sogar die Schuld an dem verlorenen Krieg in die Schuhe zu schieben.[35] All dem setzte Zweig am Schluß die idealistisch postulierte Hoffnung auf eine fortschreitende »Symbiose« der jüdischen und nicht-jüdischen Deutschen entgegen, um so zu einer weiteren »Entgiftung« der Atmosphäre beizutragen.[36] Noch grundsätzlicher ging Zweig auf diese Fragen in seiner Aufsatzreihe *Der heutige Antisemitismus* ein, die 1920/21 in der Zeitschrift *Der Jude* herauskam.[37] In ihr beschäftigte er sich — unter Anlehnung an Sigmund Freud — vor allem mit den massenpsychologischen Aspekten dieses Phänomens, indem er den Antisemitismus mit einem höchst eindrucksvollen Aufgebot kulturgeschichtlicher Details aus einem atavistischen »Gruppenhaß«, das heißt einem Zusammenspiel verschiedener »Zentralitäts-, Abstoßungs- und Differenzaffekte« abzuleiten versuchte.[38] Während Zweig seinen *Weltbühne*-Aufsatz — im Hinblick auf die Leserschaft dieser Zeitschrift — mit der Hoffnung auf eine künftige »Symbiose« beschlossen hatte, bot er diesmal, wo er sich eher an Zionisten wandte, seinen Lesern zwei andere Zukunftsperspektiven an: entweder sich innerhalb Deutschlands auf ihr ureigenstes »jüdisches Sein« zu besinnen oder nach Palästina »auszuwandern« und sich dort »mit den Arabern auf autonomer Ebene« über ein friedliches Zusammenleben zu einigen.[39]

Mit solchen Schriften exponierte sich Zweig so stark als Zionist, daß er sich im Jahr 1923 — im Zuge der anschwellenden Hitler-Bewegung — in Starnberg immer unsicherer fühlte, ja sogar offene »Drohbriefe« erhielt[40] und schließlich am 24. September mit seiner Familie nach Berlin übersiedelte. Hier trat er kurze Zeit später in die Redaktion der zionistisch orientierten *Jüdischen Rundschau* ein, um endlich unter Gesinnungsfreunden zu sein. Und zwar betreute er nicht nur das Feuilleton dieser Zeitschrift, sondern wandte sich auch in vielen Vorträgen gegen den wachsenden Antisemitismus und forderte »die verfolgten jüdischen Bürger auf, sich nach Palästina zu orientieren«.[41] Im Gegensatz zu früher machte er jedoch für solche Ausschreitungen jetzt nicht allein irgendwelche Gruppenaffekte, sondern zugleich jene von den Rechtsparteien unterstützten »Zerstörer der Republik« verantwortlich, welche »die großen Städte aushungerten, das Volksvermögen aussaugten« und »aus der Inflation Gewinne« zögen.[42]

Im Juli und August 1925 schrieb Zweig als weitere zionistische Schrift das Buch *Das neue Kanaan*, in dem er die These vertrat, daß die Juden von Natur aus »Mittelmeermenschen« seien, die sich unter der strahlenden Sonne Palästinas sicher wieder in »Orientalen« zurückverwandeln würden.[43] Während sie im Norden geistig und seelisch verkümmerten, böte ihnen dieses Land endlich die Chance, wieder ihre »Freiheit«, ihren »Leib«, ihre »Sinnlichkeit«, ihr »Glück«, kurz: sich selbst zu entdecken.[44] Zweig wandte sich daher scharf gegen die Überbetonung der religiösen »Orthodoxie« und »Autorität«, die einer solchen »Remediterranisierung« zwangsläufig im Wege ständen.[45] Nicht der »greise Jude mit dem Turban und dem Patriarchenbarte«, schrieb er emphatisch, sondern der »junge Sozialist« mit dem Willen zu wirklicher Demokratie, Freiheit und neugeweckter Sinnlichkeit müsse »der Erbauer und Bestimmer« des »neuen Kanaan« sein.[46] Allerdings werde sich dies nur erreichen lassen, fügte er einschränkend hinzu, wenn man die Araber nicht länger im Sinne eines unbarmherzigen »Legionärsmilitarismus« als »Farbige« behandele, sondern sich aufrichtig um ihre »Freundschaft« bemühe. Ja, Zweig schrieb ausdrücklich: »Das nationale Heim der Juden wird nur unter dem Beifall der Araber Palästinas gebaut werden können.«[47]

Doch trotz dieses nachdrücklichen Engagements für den Zionismus, dem Zweig eine utopisch-sozialistische Richtung zu geben versuchte, dauerte seine Identitätskrise unvermindert an. Die Aktivität für die »jüdische Sache« bot ihm zwar einen Ausweg, aber keine wirkliche Lösung. Schließlich stand ihm die Sprache, Kultur und Mentalität der Deutschen doch wesentlich näher als die der jiddisch oder hebräisch sprechenden Juden Palästinas. Und so verkehrte Zweig ab 1924 in Berlin nicht nur mit Zionisten, sondern ließ sich auch vom allgemeinen Kulturleben dieser Stadt gefangennehmen, besuchte die Theater und Ausstellungen, schrieb regelmäßig für die *Weltbühne*, traf sich mit Freunden wie Feuchtwanger und Brecht, die er schon von München her kannte, ja kaufte sich schließlich in Eichkamp ein Haus, um seiner Familie eine wirkliche Heimstatt bieten zu können. Nach 1925 weicht daher seine propagandistische Tätigkeit für den Linkszionismus immer stärker einem linksliberalen Engagement im Sinne eines Tucholsky oder Feuchtwanger und zugleich einer neuen Freude am Schriftstellern, zumal eine 1924 im Freudschen Sinne durchgeführte Psychoanalyse wenigstens einige seiner neurotischen Hemmungen beseitigt hatte. Und so wandte sich Zweig in der Folgezeit wieder dem Theater zu, verarbeitete seine Analyse in dem Kurzroman *Pont und Anna* und war im Winter 1926/27 schließlich fähig, den Roman *Der Streit um den Sergeanten Grischa*, der sich seit Jahren in ihm angestaut hatte, während 63 Tagen in einem einzigen Zug hinunterzudiktieren.

Allerdings währte dieses Gefühl des »Zuhauseseins« nur kurze Zeit. Schon die berühmt berüchtigten Septemberwahlen des Jahres 1930, in denen die Nationalsozialisten — aufgrund der verheerenden Folgen der Weltwirtschaftskrise — ihre Mandate im Reichstag fast verzehnfachen konnten, stellten dieses allmähliche Heimischwerden erneut jäh in Frage. Zweig versuchte zwar vor der durchaus erkannten Gefahr für eine Weile die Augen zu schließen, büßte aber seine eben errungene Sicherheit wieder ein. Dafür spricht, daß er sich zwischen dem 3. Februar und 6. April 1932 auf eine seit langem geplante Orientreise begab, die ihn nach Palästina wie auch Teile des Libanons führte, wo er sich an Ort und Stelle über den Fortgang der zionistischen Siedlungen wie auch der Möglichkeiten einer Einwanderung in dieses Land informieren wollte. Doch alles, was er sah, bestärkte ihn keineswegs in dem Gefühl, daß dies das »Neue Kanaan« sei. Ja, kurz nach seiner Rückkehr begann er den höchst provokativen Roman *De Vriendt kehrt heim* zu diktieren, dem die Lebensgeschichte des holländischen Dichters Jakob Israel de Haan zugrunde liegt, der 1918 nach Palästina übergesiedelt war, dort jedoch wegen seiner ultrakonservativen, das heißt allein auf die Wiederkehr des Messias und nicht auf die Gründung eines zionistischen Staates gerichteten Gesinnung sowie seiner homosexuellen Beziehungen zu jungen Arabern 1924 von zwei rechten Zionisten in Jerusalem ermordet worden war.

Ob sich Zweig beim Diktat dieses Buches darüber im klaren war, daß ihn dieser Roman bei allen nationalistisch eingestellten Zionisten auf Jahrzehnte hinaus verhaßt machen sollte, sei dahingestellt. Denn wer konnte im Sommer 1932 schon vorausahnen, daß es wenige Monate später in Deutschland zur Machtübergabe an die Nationalsozialisten kommen würde? Brecht, Döblin, Feuchtwanger, Tucholsky, Ossietzky: keiner von Zweigs Freunden und Bekannten sah das damals voraus. Warum also gerade er? Nicht einmal der 30. Januar 1933, an dem Zweig gerade in Paris weilte, veranlaßte ihn, sofort in Panik auszubrechen. In der Hoffnung, daß sich die SPD zur Wehr setzen würde oder in Deutschland wenigstens die rechtsstaatliche Idee den Sieg davontragen würde, kehrte er daher Ende Februar nach Berlin zurück, wählte Anfang März noch einmal die SPD und verließ Deutschland erst Mitte März, um sich in Wien mit Freud über die neuentstandene Lage auszusprechen. Hier hörte er Anfang Mai, daß man ihn in Berlin als Zionisten, Sozialisten und Pazifisten auf die »12er Liste der für Deutschland schädlichen Autoren« gesetzt habe.[48] Und damit begann für ihn und Beatrice, die sich schon seit 1917/18, wenn nicht noch früher mit Auswanderungsplänen getragen hatten, aber sich nie von der deutschen Kultur losreißen konnten, ein Exil, das fünfzehn Jahre währen sollte.

Doch jetzt wohin? Wie viele seiner Gesinnungsgenossen ging Zweig erst einmal nach Frankreich, genauer zu Feuchtwanger nach Sanary-sur-mer. Während ein Zionist wie Robert Weltsch im Frühsommer 1933 in seinem Sammelband *Ja-Sagen zum Judentum* alle deutschen Juden aufforderte, endlich den richtigen »Weg«, nämlich den nach Palästina einzuschlagen, daß heißt sich der Überfremdung durch die deutsche Kultur zu entledigen und damit den »Zwangscharakter der Assimilation« abzuschütteln,[49] stieß Zweig in Sanary vor allem auf Emigranten, die sich noch immer der Illusion einer möglichen Rückkehr nach Deutschland, das heißt einem Sturz Hitlers hingaben. Wie die meisten kulturbewußten Juden sahen diese Gruppen in Palästina damals noch ein weitgehend unterentwickeltes, orientalisches, kulturloses, tropischheißes Land, in dem man als europäisch-aufgewachsener Intellektueller niemals wirklich »heimisch« werden könne. Lediglich Zweig freundete sich im Laufe des Jahres 1933, als es immer deutlicher wurde, daß Hitler die einmal errungene Macht nicht wieder abgeben würde, mit dem Gedanken an, vielleicht doch nach Palästina überzusiedeln, um all seinen linkszionistischen Spekulationen endlich die politische Praxis folgen zu lassen und in Palästina einen Einfluß auf die dortige Entwicklung zu gewinnen.

Das Werk, in dem sich dieser Entscheidungsprozeß am deutlichsten widerspiegelt, ist die im Sommer und Frühherbst in Frankreich geschriebene *Bilanz der deutschen Judenheit 1933*.[50] In diesem Buch setzte sich Zweig drei Ziele, die zugleich zu einer Klärung der eigenen Position beitragen sollten: erstens aufzudecken, wie es in Deutschland zu dieser Form eines rabiaten Antisemitismus kommen konnte; zweitens herauszustellen, welche entscheidende Rolle die Juden bei der Entstehung des modernen Deutschland, und zwar auf allen Gebieten, gespielt haben; drittens über die Zukunftsmöglichkeiten der aus Deutschland vertriebenen Juden zu spekulieren. Im ersten Abschnitt griff

Zweig weitgehend auf jene von Freud hergeleitete Lehre bestimmter Zentralitäts- und Differenzaffekte zurück, die er bereits 1920/21 in seiner Aufsatzreihe *Der heutige Antisemitismus* entwickelt und 1927 in seinem Buch *Caliban oder Politik und Leidenschaft. Versuch über die menschlichen Gruppenleidenschaften, dargetan am Antisemitismus* noch einmal breit dargestellt hatte. Im zweiten Teil, der den weitaus größten Teil dieses Buchs ausmacht, strich Zweig vornehmlich die Beiträge der Juden zur deutschen Literatur, Musik und Malerei, zum Theater, Presse- Film- und Verlagswesen, aber auch zum Handel, zum Sport, zur Politik und zur deutschen Arbeiterbewegung heraus. Daß man diese Leistungen — im Rahmen einer Mehrheitsgeschichtsschreibung — fast immer jenem Staate zugeschrieben habe, als »dessen Bürger und in dessen Mitte sie (das heißt die Juden) diese Leistungen vollbracht« hätten, fand Zweig, solange in diesem Staat ein Respekt vor dem Andersartigen geherrscht habe, nicht von vornherein verwerflich.[51] Als man jedoch den Respekt vor diesen Leistungen, wie auf seiten der Nationalsozialisten, in den Dreck gezogen habe, sei den Juden keine andere Wahl geblieben, als von der Illusion eines symbiotischen Zusammenlebens mit den Deutschen Abschied zu nehmen (wobei man allerdings nun jüdischerseits nicht den Fehler machen solle, wie Zweig schrieb, einem ähnlich gearteten Nationalismus zu verfallen).

Um dieser entwürdigenden Situation, die gegenwärtig alle deutschen Juden zu spüren bekämen, ein für allemal ein Ende zu bereiten, entwarf Zweig gegen Ende seiner *Bilanz der deutschen Judenheit* zwei Zukunftsperspektiven, die sich komplementieren sollten, aber doch in einem gewissen Widerspruch zueinander standen. Die erste war eine eindeutig zionistische. Im Rahmen dieser Ideologie forderte er alle deutschen Juden auf, ihre übertriebene »Begeisterung für die deutsche Kultur« aufzugeben und nach Palästina überzusiedeln.[52] Statt weiterhin der traditionellen »Liebe zum deutschen Wesen« zu huldigen und alles »Ostjüdische« geringzuschätzen, empfahl hier Zweig allen von den Nationalsozialisten bedrohten Juden, sich im Sinne der zionistischen Bewegung auf ihre »jüdische Herkunft« zu besinnen und zu erkennen, daß selbst die gelungenste Form der »Assimilation« keine Garantie absoluter »Freiheit« biete.[53] Ja, im gleichen Abschnitt forderte er den Völkerbund in Genf auf, das jüdische Volk nicht länger im »Zustand der Unehrlichkeit zu belassen«, sondern es endlich als »nationale Minderheit und als selbständiges Mitglied der Völkergemeinschaft« anzuerkennen.[54] Doch um hierbei nicht in die Gleise einer eindeutig nationalistischen Argumentation zu geraten oder gar einen »Gewaltzionismus« zu befürworten, der Zionismus einfach mit kriegerischer Eroberung gleichsetzt, beschloß Zweig seine *Bilanz* mit einer nachdrücklich marxistischen Schlußcoda, in der er erklärte, daß nur eine »sozialistische Welt« den herrschenden »lasterhaften Zirkel von National- und Privategoismen« beseitigen und zu einer »sinnvolleren Gesellschaftsordnung« überleiten könne. Und im Dienste dieser Aufgabe müsse sich auch das jüdische Volk, wenn es weiterbestehen wolle, wie Zweig erklärte, neben allen anderen Völkern der Erde seiner menschheitlichen Qualifikation würdig erweisen.

Daß sich Zweig mit diesem Buch, selbst unter Juden, nicht nur Freunde machen würde, war vorherzusehen. Doch *wie sehr* er sich mit diesem Buch zwischen alle Stühle setzte, war wohl selbst ihm im Sommer 1933 nicht voll bewußt. Den jüdischen Nationalisten war die *Bilanz* nicht chauvinistisch und den religiös Orthodoxen nicht fromm genug. Die bürgerlich-liberalen Juden, die sich auch im Exil weiterhin an die deutsche Kulturtradition hielten, empfanden dagegen dieses Buch als viel zu zionistisch. Und die Linken nahmen es entweder gar nicht wahr oder begrüßten zwar seine antifaschistischen Partien, bedauerten jedoch seine Exkurse ins Freudianische und zugleich seine Schlußwendung ins Zionistische. Als daher Zweig — nach der Niederschrift der *Bilanz der deutschen Judenheit* — Ende 1933 nach Palästina übersiedelte, um damit in Wort und Tat den deutschen Juden ein Exempel zu geben, bekam er all diese negativen Haltungen nur allzu deutlich zu spüren. Schließlich fand er auch in Haifa, wo er am 15. Dezember 1933 eintraf, fast niemanden, der mit solchen Anschauungen sympathisiert hätte. Und so schrieb er am 31. Dezember, gleichsam als Summe dieses Jahres, in seinen Taschenkalender lediglich die Worte: »In Palästina. In der Fremde.«

An dieser Einstellung änderte sich auch in der Folgezeit wenig oder nichts, so sehr sich Zweig auch mit den völlig andersartigen Bedingungen dieses Landes abzufinden suchte. Es war weniger der Komfort, der ihm fehlte, als die kulturelle Atmosphäre, das tägliche Gespräch mit gleichdenkenden Freunden, zumal er durch seine begrenzte Sehkraft immer weniger lesen konnte und auf einen solchen Kontakt bitter angewiesen war. Denn von den deutsch-jüdischen Autoren, Malern und Komponisten war fast niemand seinem Beispiel gefolgt, sondern in Wien, in Frankreich, in England, in der Tschechoslowakei oder anderen europäischen Ländern geblieben. Ja, nicht einmal besuchen wollten ihn seine Freunde in Palästina, als so abgelegen oder kulturlos empfanden sie dieses Land. Selbst Feuchtwanger, sein bester Freund, den er gern einmal in Haifa oder Jerusalem herumgeführt hätte, schrieb ihm damals recht unverblümt, daß er sich für die zionistischen »Hibrus« oder

»Neomakkabäer« nicht besonders interessiere.[55] — Aber auch mit den meisten jener Juden, denen Zweig in der Folgezeit in Haifa, Tel Aviv und Jerusalem begegnete, kam er nur in Ausnahmefällen aus. Von ihnen beschäftigte sich fast niemand mit seinen Romanen, die in diesen Jahren — wie die *Erziehung vor Verdun* — noch in fast alle Weltsprachen, außer Hebräisch, übersetzt wurden. Im Gegenteil. In Palästina wurde er wegen seines Romans *De Vriendt kehrt heim*, seines Festhaltens an der deutschen Sprache sowie seiner sozialistischen Anschauungen von der Mehrheit der nationalistisch eingestellten Juden mehr oder minder scharf abgelehnt. Hier erwartete man keine antifaschistischen, sich auf deutsche Probleme konzentrierenden Romane, sondern prozionistische Bücher von ihm. Hier sollte er sich in den Dienst der »jüdischen« Sache stellen, Hebräisch lernen und sich möglicherweise zur Religion des *Alten Testaments* bekehren. Für Deutschsprachiges war in diesem Lande, wenn man von einigen Kleinstverlagen und Minizeitschriften wie *Ariel* und *Menora* einmal absieht, an denen neben Zweig lediglich Max Brod, Else Lasker-Schüler, Josef Kastein und Fritz Rosenthal mitarbeiteten, keine Chance.[56] Selbst deutschsprachige Kulturveranstaltungen, die sich aller ideologischen Implikationen enthielten, konnten nur in den Wohnzimmern begüterter Familien stattfinden. Und so schrieb Zweig am 1. September 1935 recht unverhüllt an Freud: »Inzwischen durchlaufe ich mannigfache Krisen. Zum ersten Mal stelle ich ohne Affekt fest, daß ich hierher nicht gehöre. Das ist nach zwanzig Jahren Zionismus natürlich schwer zu glauben. Nicht etwa persönlich enttäuscht bin ich, denn es geht uns hier recht gut. Aber alles war irrig, was uns hierher brachte.«[57] Ja, in einem anderen Brief an Freud aus der gleichen Zeit bezeichnete er Palästina als das Land, »das aus hebräischem Nationalismus von mir keine Notiz nimmt«.[58]

Daher konzentrierte sich Zweig in der Folgezeit immer stärker auf den in Europa ausgetragenen antifaschistischen Kampf und spielte für eine Weile sogar mit dem Gedanken, nach Frankreich oder in die USA überzusiedeln. Jedenfalls unternahm er seit 1936, als er endlich einen palästinensischen Paß erhielt, in den nächsten vier Jahren jeden Herbst eine Reise nach Europa, und zwar nicht nur um alte Freunde zu besuchen, sondern auch mit der bitter vermißten »Kultur« in Berührung zu kommen und zugleich Möglichkeiten einer Auswanderung in ein anderes Land zu sondieren. Doch diese Pläne zerschlugen sich immer wieder, zumal auch seine Finanzlage von Jahr zu Jahr immer düsterer wurde. Wofür er sich in diesem Zeitraum am meisten engagierte und was auch seiner Grundanschauung am meisten entsprach, war die Unterstützung der 1935 in Gang gekommenen Volksfrontpolitik und dann der spanischen Republikaner in ihrem Kampfe gegen Franco. Doch selbst diese beiden Tätigkeiten beargwöhnten jene palästinensischen Zionisten, die von ihm lediglich eine projüdische Haltung erwarteten. Noch größer wurde dieser Gegensatz, als sich Zweig 1941 in Palästina der »Liga V (Victory)« anschloß, die sich für eine tatkräftige Unterstützung der Roten Armee im Kampf gegen die Hitlersche Wehrmacht einsetzte, um durch die »Hilfe für die Sowjetunion« den »Endkampf um die Freiheit in der Welt« in einem »antifaschistischen Sinne« zu unterstützen.[59]

Um solchen Aktivitäten auch ein publizistisches Forum zu geben, unterstützte Zweig 1942 die Gründung einer Zeitschrift, die den Titel *Orient. Unabhängige Wochenschrift für Zeitfragen, Kultur, Wirtschaft* erhielt und sich in Format und Aufmachung deutlich an die ältere *Weltbühne* anlehnte. Inhaltlich vertrat dieses Blatt einen gewerkschaftlich-linksliberalen Kurs, der sich weitgehend mit den Forderungen der »Liga V« deckte und sich scharf gegen rechtsradikale Äußerungen wie »Sprich hebräisch — oder stirb!« wandte.[60] Ebenso antichauvinistisch verhielt sich dieses Blatt in Fragen der deutschen Schuld. Statt sich im Gefolge Lord Vansittarts der Kollektivschuldthese anzuschließen, unterschied Zweig im *Orient* stets scharf zwischen »Deutschen und Nazis«, ja setzte sich dafür ein, Deutschland »nach dem Kriege« die Chance einer »politischen Umkehr« zu geben, statt es einfach in Bausch und Bogen zu verdammen. »Aber wenn dann Deutschland weit nach links ausschlägt«, fragte er hier seine politischen Gegner unter den palästinensischen Juden, »werdet ihr es lassen, oder werdet ihr etwa unter der Flagge des 'Antigermanismus' einem linken Deutschland, sagen wir selbst einem kommunistischen, in die Arme fallen, wenn es mit seiner Henkerkaste abrechnet — jener Herrenkaste und bürgerlichen Menge, die ihr, weil ihr sie allein kanntet, immer für das deutsche Volk nahmt?«[61]

Wegen solcher Tendenzen wurde der *Orient* von den rechtszionistischen Kreisen von Anfang an nicht nur boykottiert, sondern in vielen Veröffentlichungen scharf angegriffen, ja sogar durch anhaltenden Druck auf die ihn herstellenden Firmen sowie durch nächtliches Inbrandsetzen der ihn anbietenden Zeitungsstände am Erscheinen gehindert. Daher mußte der *Orient* viermal die Druckerei wechseln, ja konnte manchmal nur in hektographierter Form erscheinen. Zu tätlichen Auseinandersetzungen zwischen den *Orient*-Anhängern und den Vertretern des »Betar«, der offiziellen Jugendgruppe des rechtsradikalen Flügels der zionistischen Bewegung, kam es erstmals am 30. Mai 1942 anläßlich einer Veranstaltung der »Liga V« im Esther-Kino in Tel Aviv, auf der Zweig eine Rede hielt, in der er sich für eine möglichst baldige Errichtung einer »Zweiten Front« in Europa einsetzte, um so die Rote

Armee in ihrem heroischen Kampf zu entlasten. Bei dieser Gelegenheit drangen mitten in seiner Rede, wie Zweig schreibt, die »Rollkommandos der jüdischen Nazis« einfach in den Saal ein, zerfetzten die »antifaschistischen Plakate und Spruchbänder« und stießen ihn von der Rednerbühne in den Saal hinunter, und zwar hauptsächlich darum, weil er sich erdreistet habe, »zu deutschen Juden deutsch zu sprechen«.[62] Ja, am 2. Februar 1943 sprengte die »Haganah«, die illegale Miliz der Rechtszionisten, die Druckerei Lychenheim, in welcher der *Orient* gesetzt und gedruckt wurde, durch ein Bombenattentat in die Luft. Um weitere Konfrontationen dieser Art zu vermeiden, stellte daraufhin Zweig das Erscheinen des *Orient* ein. »Hätten wir trotzdem weitergemacht«, schrieb Wolfgang Yourgrau, der Mitherausgeber des *Orient*, später an F.C. Weißkopf, »so hätte man sicherlich Arnold und mich 'umgelegt'«.[63]

Doch trotz dieser »Schlappe« konnten Zweig und die mit ihm Sympathisierenden in diesem Zeitraum auch einige Erfolge verbuchen. So gründeten sie im Dezember 1942 die »Levant Publishing Company«, kurz »Lepac« genannt, die sich die Verbreitung antifaschistischer Literatur, besonders aus der Sowjetunion, zur Aufgabe machte. Im Februar veranstalteten sie einen »Tag der Roten Armee«. Außerdem gründeten sie verschiedene linksgerichtete Buchklubs, unter denen vor allem der »Jerusalem Book Club« unter Louis Fürnberg und Wolfgang Ehrlich eine wichtige Rolle spielte. Ja, im Jahr 1943 bildete sich auch in Palästina ein Nationalkomitee »Freies Deutschland«, dessen Ehrenpräsidium Zweig übernahm und dessen Mitglieder bereits jenen Zeitpunkt ins Auge faßten, wo es »Einzelnen oder ganzen Gruppen von Juden«, die sich von der »aggressiven zionistischen Siedlungs-Ideologie« abgestoßen fühlten, wieder möglich sein werde, »nach Mitteleuropa zurückzukehren«.[64] Doch selbst nach dem Ende des Zweiten Weltkrieges dauerte es noch volle drei Jahre, bis Zweig sich entschloß, Palästina endgültig den Rücken zu kehren. Dafür waren nicht nur familiäre und finanzielle Gründe ausschlaggebend, sondern auch die bange Frage, welches Land sich wohl als neues Domizil am besten eignen würde. »Aus Prag wie aus Paris rufen Freundesgruppen«, schrieb er am 27. November 1946 an Ludwig Marcuse, »nach Berlin zieht mich mein Haus Kühler Weg 9, nach der Schweiz mein Sohn Adam, nach England die Steuerreduktion, die damit verbunden wäre!«.[65] Ja, selbst die USA, für die ihm Feuchtwanger ein Affadavit besorgen wollte, erwog er eine Weile als möglichen Wohnsitz. Daß sich Zweig — entgegen all diesen Plänen — schließlich für die Sowjetische Besatzungszone entschied, hat sicher nicht nur einen, sondern mehrere Gründe. Die USA erschienen ihm zu weit weg, England erschwerte ihm die Einreise, die West-Berliner Behörden teilten ihm mit, daß er keinen Anspruch mehr auf sein Haus im Kühlen Weg habe usw. Und so entschied er sich für den östlichen Teil Berlins. Schließlich machte man ihm hier die meisten Avancen, während ihn die meisten der palästinensischen Juden weiterhin als Fremden, als Andersartigen betrachteten und ihm diesen Differenzaffekt deutlich genug merken ließen. Eingefädelt wurde diese Rückkehr durch Louis Fürnberg, den Zweig 1942 als Mitemigranten in Jerusalem kennengelernt hatte, der ihm im April 1948 durch das tschechoslowakische Informationsministerium eine offizielle Einladung zukommen ließ, als Staatsgast in die CSSR zu kommen. Und diese Einladung nahm Zweig, der als deutsch-schreibender Autor in Palästina keine Zukunft mehr für sich sah, auch ohne Zögern an. Kurz nach seiner Ankunft in Prag wurde er von Paul Wandel, dem Ersten Vorsitzenden der Zentralverwaltung für Volksbildung in der SBZ, besucht und dann zehn Tage später von Johannes R. Becher brieflich eingeladen, nach Berlin zu kommen, um sich mit ihm im »Kulturbund zur demokratischen Erneuerung Deutschlands« zu betätigen.

Nach seiner Ankunft in Berlin am 18. Oktober 1948 nahm Zweig sofort an einer Reihe von Friedenskundgebungen, Ausstellungen, Konzerten, politischen Veranstaltungen teil, bei denen er häufig kürzere oder längere Ansprachen hielt. Außerdem wurde ihm die Möglichkeit eröffnet, im »Schutzverband deutscher Schriftsteller« aktiv zu werden, im Rundfunk zu sprechen, mit Vertretern des Aufbau-Verlages über Neuausgaben seiner Romane zu konferieren, für die Tagespresse zu schreiben und an der Humboldt-Universität Vorträge zu halten. Neben politischen Themen wählte er für solche Ansprachen zu Anfang meist Themen, die sich mit Problemen des kulturellen Erbes, aber auch mit jüdischen Fragen — wie der Lage in Palästina oder der Judenthematik in den Grimmschen Märchen — auseinandersetzten, das heißt hielt an der ideologischen Grundkonstellation seines Denkens auch in dieser Situation hartnäckig fest. Nachdem Zweig in Palästina fünfzehn Jahre im Zustand der Kulturlosigkeit und der Nichtanerkennung verbracht hatte, genoß er in diesen Monaten erst einmal das seit langem entbehrte Gefühl, wieder aktiv, wieder nützlich sein zu können, und zwar für eine Sache, die ihm seit Ende des Ersten Weltkrieges als die wichtigste erschienen war, nämlich für die humanisierende, ja gesellschaftsverwandelnde Funktion von Kultur einzutreten. Und an dieser Gesinnung hielt er, trotz mancher unausbleiblichen Rückschläge und Enttäuschungen, auch in den folgenden Jahren fest. Wo sich ihm die Möglichkeit bot, ob nun bei Tagungen des »Kulturbundes«, auf den verschiedenen Friedenskongressen, bei Schriftstellertreffen oder Dichterjubiläen, immer wieder trug er seine Gedanken zur »Vermenschlichung des Menschen« durch Kultur vor,[66] und zwar in Ansprachen, die nicht nur sein politisches Engagement für den Frieden und die gesellschaftlich-progressive Rolle der Kunst, sondern auch seine geradezu universalhistorische Bildung demonstrierten. Erst um 1953 kamen ihm plötzlich Bedenken, wie sinnvoll es sei, über all diesen politischen Funktionen, nämlich ständig Reden zu halten, als Vertreter des »Kulturbundes« in der Volkskammer zu sitzen, ja sogar als Präsident der »Akademie der Künste« zu fungieren, seine Pläne als Schriftsteller weiterhin in den Hintergrund zu rücken. Und so kehrte er nach diesem Zeitpunkt wieder zu seiner liegengebliebenen Romanproduktion zurück und vollendete in den folgenden Jahren drei weitere Romane, und zwar *Die Feuerpause, Die Zeit ist reif* und *Traum ist teuer.*

Daß Zweig trotz seines hohen Alters und bei abnehmender Sehkraft überhaupt noch zu solchen Schwerstarbeiten fähig war, läßt sich nur aus seinem Bemühen erklären, sich auch als Siebzigjähriger weiterhin für den Aufbau eines neuen Deutschland einzusetzen, in das er nicht nur seine sozialistischen, sondern auch seine kulturhumanistischen und freudianischen Anschauungen einbringen wollte. Allerdings mußte er seinen Glauben an die Wichtigkeit der Psychoanalyse oft stark verschlüsseln, da Freud — nach offizieller Meinung — zwischen 1950 und 1970 in der DDR noch als Vertreter bürgerlich-abwegiger Anschauungen galt. Noch weniger konnte sich Zweig in diesen Jahren öffentlich über die Judenfrage äußern, da der Staat Israel aufgrund der Freundschaft der UdSSR zu mehreren arabischen Ländern, vor allem zu Ägypten — für den sozialistischen Block zu den weithin ausgeblendeten Unstaaten gehörte. Und doch ließ sich Zweig auch in diesem Punkt nicht völlig den Mund verbieten oder gar überreden, öffentliche Resolutionen gegen diesen Staat zu unterzeichnen. Trotz seiner Kritik an der offiziellen Politik der israelischen Regierung und seiner tiefen Anhänglichkeit an die deutsche Kultur verzichtete Zweig auch in dieser Situation keineswegs darauf, diese beiden Phänomene, das heißt sein eigenes Judentum und die bürgerlich-humanistische Kultur, nicht nur als antinomischen Widerspruch, sondern auch als dialektisches Wechselspiel zu betrachten.

Das beweist wohl am nachdrücklichsten sein Roman *Traum ist teuer*, bei dem er sich auf eine Fabel stützte, die ihn schon 1944/45 in Haifa beschäftigt hatte. Die Zentralfigur dieses Werks ist der jüdische Psychiater Richard Karthaus, der nach 1933 in Palästina Zuflucht sucht und Anschauungen vertritt, die in vielem mit denen von Zweig übereinstimmen. Während in den ersten Entwürfen eindeutig die psychologischen Aspekte — wie auch die damit verbundene Liebeshandlung — dominierten, trat in den späteren Versionen und schließlich der letzten Reinschrift dieses Romans immer stärker das Politische in den Vordergrund. Aus dem anfänglichen Bildungs- und Wandlungsroman, mit dem Zweig demonstrieren wollte, wie dieser Mann im Laufe seines Lebens aus seinen bürgerlich-liberalen Illusionen einer totalen »Verfreiheitlichung« des Menschen wie aus einem bösen Traum erwacht und sich einer von sozialistischen Idealen bestimmten Zukunft zuwendet, in der wieder klar definierte Werte und Normen herrschen, wurde so ein Werk, in dem sich Zweig immer kritischer mit dem Zionismus auseinandersetzte. Allerdings ging er dabei nie soweit, den Rechtszionismus einfach mit dem Zionismus schlechthin gleichzusetzen. Auch dieser Roman, trotz aller Kritik, ist daher letztlich noch immer ein Beleg, wie sehr die Existenz des Staates Israel für Zweig ein Herzensanliegen war und wie sehr er darunter litt, daß sich in diesem Staat nicht die von ihm erträumte Tendenz ins Linke, Araberfreundliche, Klassenlose durchgesetzt hatte. Leider überließ dabei Zweig, aufgrund der nachlassenden Konzentrationskraft, in der Handlungsführung zuviel dem Zufall. Und so wirken seine Einschätzungen des Zionismus und des Freudianismus zum Teil recht widersprüchlich, da er sie einerseits als trügerische Illusionen, andererseits als höchst fruchtbare Entwicklungsstadien hinstellt, die durchaus zur geistigen und seelischen Bereicherung seines Helden beigetragen haben. Als dieser Roman 1962 endlich erschien, wurde er zwar unter Juden zu einem beliebten Streitobjekt, blieb aber sonst — wegen seiner innerjüdischen Thematik — weitgehend unbeachtet.

Noch weniger beachtet wurde das einzige Buch von Zweig, das in diesem Zeitraum in der Bundesrepublik erschien, nämlich seine *Bilanz der deutschen Judenheit* von 1933. Ursprünglich, das heißt Mitte der fünfziger Jahre, scheint Zweig daran gedacht zu haben, auch dieses Buch — wie fast alle seine anderen — beim Aufbau-Verlag herausbringen zu können. Jedenfalls deuten die Änderungen, die er auf den ersten 40 bis 50 Seiten seines Handexemplars vornahm, darauf hin.[67] Doch aus diesem Projekt wurde nichts. Und so übergab Zweig dieses Buch schließlich dem Joseph-Melzer-Verlag in Köln, der es 1961 in einer unveränderten Neuausgabe herausbrachte, zu der Zweig lediglich ein neues »Vorwort« beisteuerte, in dem er seinen westdeutschen Lesern keine allzu harten sozio-ökonomischen Wahrheiten zumutete, sondern vornehmlich den »jüdischen« Aspekt des Ganzen herausstellte. Außerdem enthielt diese Neuausgabe ein höchst einsichtsvolles Nachwort von

Achim von Borries, das sicher auf Zweigs eigenen Anschauungen beruht oder zumindest seine volle Zustimmung fand. In diesem Nachwort wird vor allem der in Zweigs Person aufgehobene Widerspruch zwischen seinem Zionismus und seiner Anhänglichkeit an die deutsche Kultur herausgestrichen. »Den traditionellen religiösen Bindungen früh entfremdet, verleugnete Arnold Zweig«, heißt es hier, »seine Herkunft doch nicht zugunsten eines verabsolutierten Bildungs-Deutschtums. Es gab für ihn nicht ein 'Entweder-Oder', sondern nur ein individuell artikuliertes, geschichtlich sinnvolles 'Und'.«[68] Nicht minder treffend ist alles, was Borries (oder hinter ihm der Autor) über Zweigs politische Haltung zu sagen hat. »Eine sowohl den Bedürfnissen der Juden«, liest man hier, »wie dem Sinne des Judentums gerecht werdende 'Lösung der Judenfrage' sah Arnold Zweig je länger desto weniger in dem verzweifelten Bemühen um absolute individuelle Assimilation in der Diaspora oder in der Verabsolutierung eines 'Judenstaates', sondern allein in der Schaffung einer wirklich menschlichen nach-kapitalistischen Gesellschaftsordnung in Europa, als der geschichtlichen Voraussetzung einer Anerkennung der Gruppen-Eigenart der Juden innerhalb der Nationen, deren treue, aber auch selbstvergessene Mitbürger sie geistig und politisch längst waren, ohne doch schon wirklich 'integriert' zu sein.«[69] Aus diesem Grunde leitete Borries Zweigs »Bekenntnis zum Sozialismus« nicht allein aus Zweigs Marxismus, sondern auch aus seinem »Judentum« ab, »dessen messianisch-prophetischer sozialer Impetus jenes Bekenntnis immer wieder bestätigt und vertieft, aus der 'Herkunft' in die 'Zukunft' weisend«.[70] Was sich Borries 1961 von der Neuauflage der *Bilanz der deutschen Judenheit* versprach, war der Versuch, auch in der Bundesrepublik wieder an jenen aufgeklärten, demokratischen, humanistischen, vernunftgläubigen, sozialistischen Geist zu erinnern, zu dessen würdigsten Repräsentanten nicht zuletzt viele der »deutschen Juden« gehört hätten.[71]

Doch diese Neuauflage kam offenbar zu früh heraus. Jedenfalls zeitigte sie im Westen, wo Zweig weitgehend als »Handlanger« des östlichen Totalitarismus angeprangert wurde, keinerlei Wirkung. Virulent wurde diese Thematik erst wieder im Herbst 1967, als die Springer-Presse, diesmal mit umgekehrter Tendenz, die Meldung verbreitete, Arnold Zweig habe in einem Brief erklärt, daß er die Politik der DDR — vor allem im Hinblick auf die Israel-Frage — zutiefst ablehne. Daraufhin ließ Zweig am 10. September im *Neuen Deutschland* folgende Erklärung einrücken:

»Noch niemals, selbst nicht im braunen Reich des Herrn Goebbels, sind derart faustdicke Lügen über mich verbreitet worden. Jedes Wort, selbst die Interpunktionszeichen, sind erfunden. Seit Jahren habe ich erklärt, daß ich mich nirgendwo so heimisch fühle wie in unserer Deutschen Demokratischen Republik. Die Schwindler bestätigen mir wieder einmal die Richtigkeit meiner Entscheidung.«

Ja, vier Tage später schrieb er im *Neuen Deutschland* noch unmißverständlicher, daß er gegen jede »weitere Verleumdung« unverzüglich »Strafanzeige« zu erstatten gedenke.

Auch aus seinen brieflichen Äußerungen dieses Zeitraums geht eindeutig hervor, daß er weder bereit war, sein Judentum einem einseitig verabsolutierten Marxismus noch einem ebenso einseitig verabsolutierten Enthusiasmus für die deutsche Kultur zu opfern. Selbst in den letzten Jahren seines Lebens gab es für ihn in diesem Punkte kein bloßes »Entweder-Oder«, sondern nur ein »geschichtlich sinnvolles 'Und'«, weshalb er weiterhin nachdrücklich auf der Anerkennung seiner Gruppeneigenart als Jude bestand. Und zwar behauptete er immer wieder, daß man auf den Respekt vor dieser Gruppeneigenart erst dann verzichten könne, wenn es ein wahrhaft humanistisch-orientiertes Staatsgebilde gebe, in dem alle Menschen, und zwar ungeachtet ihres Herkommens, ihrer Gesinnung oder gar ihrer Religion, den gleichen Respekt genössen. Doch solange dies nicht der Fall sei, dürfe man als Jude, um nicht wieder zur Unperson erklärt zu werden, nicht auf seine Eigenart verzichten.

Es wäre daher falsch, Zweig aufgrund seiner Entscheidung für die DDR, in einen östlichen, das heißt sozialistisch-engagierten, und einen westlichen, das heißt jüdisch-freudianisch orientierten Autor aufzuspalten. So wie es keine zwei Brechts gibt, gibt es auch keine zwei Zweigs. In dem jüdischen Freudianer steckt zugleich der Sozialist Zweig, so wie in dem Sozialisten zugleich der jüdische Freudianer steckt. Genau betrachtet, lassen sich beide auf die gleiche Grundeinstellung zurückführen, nämlich auf Zweigs früherworbenen Sinn für ein im Sozialen verankertes humanistisches Kulturbewußtsein, das sowohl seinem Buberschen Kulturzionismus, seiner kulturmissionarischen Haltung von 1914, seinem Landauerschen Gefühlssozialismus, seinem antinarzißtischen Freudianismus, seinem linksliberalen *Weltbühne*-Engagement, seinem militanten Antifaschismus als auch seinen späteren marxistischen Anschauungen zugrunde liegt. Letztlich ist Zweig innerhalb all dieser Wandlungen und Lernprozesse stets derselbe große Humanist geblieben. Man kann das als leichtentzündlich oder gar labil, aber auch als einsichtsvoll, wenn nicht gar weise interpretieren. Jedenfalls hat diese Haltung bei Zweig eine affektlose Verständnisbereitschaft, ja geradezu universale Menschlichkeit befördert, die auf einem hohen sozialen Verantwortungsbewußtsein basiert. Zugegeben, dies sind große und goldene Worte. Aber sie klingen aus seinem Munde etwas überzeugender als aus manchem anderen.

Anmerkungen

1 Buber, Martin, 1911: Drei Reden über das Judentum. Frankfurt/M., 29.
2 Brief an die Eltern vom 1. Dezember 1913. Arnold-Zweig-Archiv (AZA).
3 Zweig, Arnold, 1923: Das zweite Geschichtenbuch. München, 16.
4 Ebd., 31.
5 Ebd., 34.
6 Ebd., 74.
7 Ebd., 111.
8 Zweig, Arnold, 1925: Die Umkehr des Abtrünnigen. Darmstadt, 7.
9 Brief an Helene Weyl vom 27. August 1914. AZA.
10 Vgl. Kaufmann, Eva, 1967: Arnold Zweigs Weg zum Roman. Berlin/DDR, 23 f.
11 Zweig, Arnold, 1917: Judenzählung vor Verdun. In: Die Schaubühne, 115-117.
12 Brief an Martin Buber vom 26. April 1916. AZA.
13 Brief an Martin Buber vom 1. Januar 1916. AZA.
14 Brief an Martin Buber vom 5. Februar 1917.AZA.
15 Brief an Martin Buber vom 26. April 1916. AZA.
16 Brief an Martin Buber vom 27. Dezember 1917. AZA.
17 Brief an Helene Weyl vom 16.-17. April 1917. AZA.
18 Brief an Martin Buber vom 1. Februar 1918. AZA.
19 Ebd.
20 Ebd.
21 Brief an Helene Weyl vom 2. Januar 1919. AZA.
22 Vgl. Brief an Helene Weyl vom 26. Juli 1920. AZA.
23 Zweig, Arnold, 1920: Das ostjüdische Antlitz. Berlin, 9 f. Vgl. hierzu auch seinen Aufsatz, 1921: Schweigen. In: Freie zionistische Blätter, 57.
24 Ebd., 24.
25 Ebd., 30.
26 Ebd., 53.
27 Ebd., 26.
28 Ebd., 74.
29 Ebd., 98.
30 Ebd., 98.
31 Vgl. meinen Aufsatz, 1986: Juden in der Kultur der Weimarer Republik. In: Grab, Walter/Schoeps, Julius H. (Hrsg.): Juden in der Weimarer Republik. Sachsenheim, 20.
32 Vgl. Bayerdörfer, Hans Peter, 1985: Das Bild der Ostjuden in der deutschen Literatur, hg. v. Herbert A. Strauss und Christhard Hoffmann. München, 231.
33 Zweig, Arnold, 1919: Die antisemitische Welle. In: Die Weltbühne, 381-385, 417-420, 442-446.
34 Ebd., 382.
35 Ebd., 384.
36 Ebd., 446.

37 Zweig, Arnold, 1920/21: Der heutige Antisemitismus. In: Der Jude, 65-76, 129-139, 193-204, 264-280, 373-388, 451-458, 557-565, 621-633 und 137-151 im 2. Halbband.
38 Ebd., 196, 279, 375.
39 Ebd., 629.
40 Vgl. Wiznitzer, Manuel, 1985: Arnold Zweig. Das Leben eines deutsch-jüdischen Schriftstellers. Frankfurt/M., 30.
41 Vgl, Kaufmann, Arnold Zweigs Weg zum Roman, 68 f.
42 Zit. in ebd. 68.
43 Zweig, Arnold, 1925: Das neue Kanaan. Berlin, 6.
44 Ebd., 15.
45 Ebd., 11,20.
46 Ebd., 28.
47 Ebd., 30.
48 Zweig, Arnold: Taschenkalender vom 14. Mai 1933. AZA.
49 Weltsch, Robert (Hrsg.), 1933: Ja-Sagen zum Judentum. Eine Aufsatzreihe der »Jüdischen Rundschau« zur Lage der deutschen Juden. Berlin, 6 f und Weltsch, Robert, 1933: Die Judenfrage für den Juden. In: Mann, Heinrich (Hrsg.): Gegen die Phrase vom jüdischen Schädling. Prag, 366 ff.
50 Vgl. zum folgenden meinen Aufsatz, 1988: Jetzt wohin? Arnold Zweigs »Bilanz der deutschen Judenheit 1933«. In: Midgley, David/Müller, Hans-Harald (Hrsg.): Arnold-Zweig-Konferenz. München.
51 Zweig, Arnold, 1934: Bilanz der deutschen Judenheit 1933. Ein Versuch. Amsterdam, 127.
52 Ebd., 301.
53 Ebd., 305.
54 Ebd., 312.
55 Vgl. u.a. Feuchtwanger, Lion/Zweig, Arnold, 1984: Briefwechsel. 1933-1958, hg. v. Harald von Hofe. Berlin/Weimar, I, 246.
56 Vgl. Kunst und Literatur im antifaschistischen Exil. 1933-1945, Bd. 5. Leipzig 1980, 588.
57 Freud, Sigmund/Zweig, Arnold, 1968: Briefwechsel, hg. v. Ernst L.Freud. Frankfurt/M., 119.
58 Brief an Freud vom 7. Oktober 1935. AZA.
59 Vgl. Orient Nr. 25, 1942, 5.
60 Orient, Nr. 7, 1943, 15.
61 Ebd., Nr. 38, 8.
62 Orient, Nr. 13, 1943, 4 und Nr. 14, 5.
63 Zit. in Einleitung zum Nachdruck des »Orient«. Leipzig 1982, 11.
64 Brief an Erich Weinert vom 1. August 1944. Abgedruckt in: Wenzel, Georg (Hrsg.), 1978: Arnold Zweig. 1887-1968. Werk und Leben in Dokumenten und Bildern. Berlin/Weimar, 302.
65 Zit. in Wenzel, Arnold Zweig, 327.
66 Zweig, Arnold, 1949: Die Vermenschlichung des Menschen. In: Aufbau, 314.
67 Vgl. Findbuch des literarischen Nachlasses von Arnold Zweig. Bearbeitet von Ilse Lange. Berlin/DDR 1983, 913.
68 Zweig, Arnold, 1961: Bilanz der deutschen Judenheit. Köln, 317.
69 Ebd., 317 f.
70 Ebd., 318.
71 Ebd., 318.

Helmut Peitsch

Karl Jakob Hirsch

»Kaiserwetter« und »Heimkehr zu Gott«

1946 erschien in München, im Kurt Desch Verlag, die Autobiographie eines amerikanischen Staatsbürgers christlichen Glaubens, der ein deutscher Jude gewesen war. Der Verfasser der *Heimkehr zu Gott* — so der Titel des autobiographischen Buches — war Briefzensor der amerikanischen Militärregierung.

Als 1967 die Akademie der Künste Berlin an den Autor Karl Jakob Hirsch mit einer Ausstellung erinnerte, war er so vergessen, daß sich sein Name nirgendwo in den damaligen Literaturlexika oder Literaturgeschichten fand. Im Katalog der Ausstellung nannte Hans Heinz Stuckenschmidt die *Heimkehr zu Gott* ein »merkwürdiges« Buch.[1] Die westdeutschen Rezensenten der ersten Nachkriegsjahre waren nicht so befremdet gewesen.

Hirschs *Heimkehr zu Gott* wurde 1946 in den Westzonen und den Westsektoren von Berlin einhellig enthusiastisch begrüßt; die Besprechungen erinnerten durchweg an die positive Aufnahme, die Hirschs Roman *Kaiserwetter* 1931 gefunden hatte. Ein Exilautor schien heimgekehrt. Nichts deutete darauf hin, daß der Schriftsteller Karl Jakob Hirsch, der graphischer Mitarbeiter der *Aktion*, Bühnenbildner der »Volksbühne« in den zwanziger Jahren und Filmkritiker der sozialdemokratischen *Neuen Volkszeitung* im New Yorker Exil gewesen war, wenige Jahre nach dem Erfolg seiner Autobiographie einsam und unbeachtet in elenden Verhältnissen sterben mußte. Etwas stimmte nicht im Chor der Begeisterung über die Bekehrung dieses Juden.

Die Zahl und der Ton der Besprechungen steht in einem auffälligen Kontrast zu der Weise, in der die westdeutsche Nachkriegskritik ansonsten auf autobiographische Bücher jüdischer Verfasser reagierte. Es waren nicht viele Überlebende der faschistischen Judenverfolgung, die sich in den ersten Jahren nach dem Zweiten Weltkrieg mit Darstellungen ihres eigenen Lebens, der Erfahrung des Nationalsozialismus insbesondere, an das deutsche Leserpublikum wandten. In der sogenannten KZ-Literatur überwogen bei weitem Erlebnisberichte von Kommunisten, Sozialdemokraten und christlichen Geistlichen. In der Zeit, als Hirschs Autobiographie von mehr als sieben Zeitschriften und sechs Zeitungen gerühmt wurde, erschienen lediglich drei Erlebnisberichte deutscher Juden, in denen die Wirklichkeit der Vernichtungslager einem Publikum vermittelt werden sollte, das — wie aus der Adressatenbeziehung der Texte hervorgeht — abstritt, Kenntnis von der Verfolgung und Vernichtung gehabt zu haben, in den Kriegs- und Nachkriegsjahren erfahrenes eigenes Leid gegen fremdes Leid aufrechnete und deshalb die Frage nach Schuld und Verantwortung abwehrte. Zu den drei Erlebnisberichten über Auschwitz — Abraham Hochhäusers *Unter dem gelben Stern*,[2] Zenon Ronzanskis *Mützen ab* ...[3] und Emil de Martinis *4 Millionen Tote klagen an*![4] — kommen noch Jakob Littners *Aufzeichnungen aus einem Erdloch*,[5] vom Überleben im Untergrund der von den Deutschen besetzten Ukraine. Alle diese Erlebnisberichte deutscher Juden über den Holocaust wurden entweder von der Kritik gar nicht beachtet oder allenfalls in Lokalzeitungen. Die Blätter am Erscheinungsort brachten eine Kurzrezension. Etwas anders verhielten sich Zeitungen und Zeitschriften, wenn Juden über Hilfsaktionen von Christen berichteten. Die Bücher Else Behrend-Rosenfelds — *Ich stand nicht allein*![6] — und Max Krakauers — *Lichter im Dunkel*[7] — wurden zumindest von den Kirchen verpflichteten Publikationsorganen besprochen, sie erlebten auch — im Unterschied zu den Erlebnisberichten aus den Konzentrationslagern — nach 1949 westdeutsche Neuauflagen. Beziehen wir die autobiographische Literatur ein, die von deutschen Juden stammt, die vor dem Faschismus ins Exil flüchten konnten, ergibt sich ein ähnliches Bild. Die in der Debatte über Exil und Innere Emigration seit dem Sommer 1945 in der Öffentlichkeit vorherrschenden Ressentiments gegen das Exil verstummten angesichts von Berichten, in denen die Erfahrung des Leids in das Bekenntnis zum christlichen Gott mündete. Alfred Döblins *Schicksalsreise*[8] hatte wie Hirschs *Heimkehr zu Gott* die Bekehrung zum Christentum im amerikanischen Exil zum Thema; sie wurden positiv rezipiert. Doch auch hier folgte der Aufnahme des Heimkehrers sehr schnell die erneute Verstoßung aus der deutschen Öffentlichkeit. Im Fall des naturalisierten Franzosen und Katholiken Döblin hat die Forschung die Ursache für die Fortdauer des Exils in seiner spezifischen Verbindung von linker Politik und ästhetischer Avantgarde erkannt.[9] Wie liegt der Fall des amerikanischen Protestanten Karl Jakob Hirsch?

Auf der Tagung des Jüdischen Weltkongresses 1966 in Brüssel hat sich Gershom Scholem in seinem Referat zum Thema *Deutsche und Juden* auf Alfred Döblin berufen, um die Nachkriegssituation mit der Zeit vor 1933 zu vergleichen: »Alfred Döblin, ein jüdischer Schriftsteller, der auf seine alten Tage katholisch geworden war, schrieb 1948 einem anderen Juden, er solle darauf achten, wenn er für Deutsche schreibe, das Wort 'Jude' am besten nicht zu benutzen, denn es sei in Deutschland ein Schimpfwort geblieben, mit dessen Anwendung man nur den Antisemiten wohltue. Denn der Antisemitismus sitze bei den Deutschen tief und sei — im Jahre 1948! — bösartiger als 1933.«[10]

Ich möchte deshalb im folgenden Hirschs kurz nach der Befreiung vom Faschismus erschienene Autobiographie mit dem — stark autobiographisch gefärbten Roman *Kaiserwetter* vergleichen, den er zwei Jahre vor der Machteinsetzung Hitlers publiziert hatte.

Auf den ersten Blick scheint die Rezeption von *Heimkehr zu Gott* der Situationsbeschreibung Döblins und Scholems zu widersprechen. Alle Besprechungen benutzen das Wort »Jude« und heben das »zum Judenproblem Gesagte«[11] hervor. Diese Betonung des Jüdischen geschieht allerdings nur, damit an Hirschs Beispiel die Überwindung des Jüdischen verallgemeinert werden kann. Der »allgemeinen Beachtung«[12] wird die Lebensgeschichte eines Juden empfohlen, der mit seiner jüdischen Herkunft bricht. Die Rezensenten machen Hirschs Bericht zu einer »Stimme«, die »im Zusammenhang der religiösen Bekenntnisse unserer Zeit nicht überhört werden« darf:[13] Die Harmonie dieses »Zusammenklangs« ist eine ausschließlich christliche.

Die Funktion dieser Christlichkeit in der Debatte der Nachkriegsöffentlichkeit über die Schuldfrage deutet sich in drei Motiven an, von denen die Besprechung in der protestantischen Zeitschrift *Neubau* bestimmt wird: in den Motiven der Liebe, des Leidens und der Sünde. Der Rezensent stellt Hirschs Buch in einen polemischen Gegensatz zu den Haß predigenden autobiographischen Büchern von Opfern politischer Verfolgung: »Turmhoch über diesen Schriften (...) steht das Buch des Juden (...). Er zeichnet seinen Weg als Deutscher und Jude in der inneren Überlegenheit eines Leidgereiften, der zu Haßgesängen erheblich mehr Anlaß gehabt hätte als manch eiliger Zeitkritiker. (...) Man kann dies Buch nicht weit genug verbreiten, als ein echtes Zeugnis der Seelenmacht Christi, wie sie auch heute wieder erfahren und so ergreifend bekannt wird.«[14]

Die historisch-politische Verantwortung der Deutschen verwandelt sich in dieser Deutung in einen bloßen Spezialfall der allgemein menschlichen, letztlich metaphysischen Schuld des Einzelnen vor Gott. Dieses vor allem von Karl Jaspers' einflußreicher Schrift *Die Schuldfrage* (1946) geprägte religiöse Verständnis der Nachkriegssituation verlangte nicht nur von den Opfern der Verfolgung letzten Endes Bereitschaft zur Vergebung, sondern es konnte auch zur Befestigung von antisemitischen Stereotypen führen, wenn deutsche Schuld und jüdische Schuld als vor Gott gleich aufgerechnet wurden. Die entlastende Funktion einer Christlichkeit, die Hirschs Bekehrung als »allgemeingültig«[15] für die »Judenheit«[16] begreift, ist in den Rezensionen notwendig mit der Bekräftigung antisemitischer Klischees verbunden, die aus Hirschs kritischer Darstellung seines Lebens vor der Bekehrung scheinbar beglaubigt werden können. Im Bild des Juden, das die Besprechungen aus Hirschs Lebensgeschichte durch auswählendes Zitieren und Referieren konstruieren, äußert sich eine nicht überwundene antisemitische Tradition gerade darin, wie das Besondere des Juden im Unterschied zu jenem Allgemeinen bestimmt wird, an das er sich durch die christliche »Wandlung« assimilieren soll.

Wenn Hirschs Leben vor der Taufe am Karfreitag 1945 als »Weg eines modernen Großstadtmenschen«,[17] als »umstürzlerisch«[18] sowie künstlerisch und politisch »radikal«[19] bezeichnet wird, wenn die »Ich-Bezogenheit« und »metaphysische Bezugslosigkeit«[20], die »gestaltlose Subjektivität« und die »freilich zu betonte Ratio«[21] herausgestellt werden und die dem »Berliner Literatentum«[22] entsprechende »Kälte und Härte«[23] von *Kaiserwetter* mit der dem Leiden und der Liebe verdankten »Wärme« der *Heimkehr zu Gott* verglichen wird, dann klingen in der Charakterisierung des noch nicht getauften Hirsch die Merkmale des Juden an, die in der deutschen Tradition des 19. und 20. Jahrhunderts vor 1933 ausgebildet waren. Das Stereotyp der Wurzellosigkeit war, wie George L. Mosse nachgewiesen hat, mit dem sowohl antikapitalistischen als auch antisozialistischen Antimodernismus verbunden, der sich in den deutschen Mittelschichten ausbreitete.[24] Das Stereotyp wird von den westdeutschen Nachkriegsrezensenten anhand von Hirschs Lebensweg religiös gewendet und scheinbar vom politischen Antisemitismus gelöst. Die Konsequenz der religiösen Verschiebung für die historisch-politische Frage der Schuld der Deutschen formuliert die *Passauer Neue Presse* als Aufrechnung: »Der Großteil der europäischen Juden war nicht mehr religiös verbunden, eine metaphysische Schuld, die sie mit ihren Vernichtern, den Deutschen im Dritten Reich, gemein hatten.«[25]

Wie wenig den Rezensenten vorgeworfen werden kann, Hirschs Deutung seiner Erfahrung des Nationalsozialismus zu verfälschen, geht schon daraus hervor, daß auch in den USA erschienene Besprechungen der *Heimkehr zu Gott* durch jüdische Verfasser — meist zionistischer Orientierung — die Schuld in den Mittelpunkt stellen. Unter der Überschrift »Wieder einer« bespricht der Chefredakteur des New Yorker *Aufbau*, Manfred George, Hirschs Buch, das er »ein sehr trauriges Bild eines deutsch-jüdischen Intellektuellen« nennt, »der sich weder in Deutschland noch in Amerika wiedergefunden« habe.[26] Schalom Ben-

Chorin setzt den Titel von Hirschs Buch in ironische Anführungszeichen, um in dem Verfasser geradezu den »Prototyp des deutsch-jüdischen Intellektuellen« zu erkennen, »der vom 'elfenbeinernen Turm' — einer rein ästhetischen Haltung — zum sozialen Bewußtsein des 'Aktivismus' vorstieß, um 1933 plötzlich unsanft am Ende aller seiner Illusionen zu landen«.[27] George wie Ben-Chorin fragen nach Schuld, indem sie Politisches und Religiöses verbinden. Eine nationale Erneuerung auf religiöser Grundlage scheint ihnen die Lösung. Ben-Chorin räumt ein: »Der Zionismus wird von derartigen Menschen, die nach Erlösung dürsten, nicht als Sinngebung empfunden.«[28] Wie George meint er allerdings, daß diese Empfindung auf »Unkenntnis« beruhe.[29] »Daß jüdisches Schicksal auch vom Judentum her religiös gedeutet werden kann und muß, als Gericht Gottes über sein Volk (...), — dieser Gedanke kommt Hirsch offenbar gar nicht.«[30] Wie Ben-Chorin faßt auch George Hirschs religiöse Unkenntnis und nationale Empfindungslosigkeit als Versagen des Zionismus: »Nicht die getauften Juden sind schuldig, sondern alle jene, die es versäumt haben, sie mit der einzigartigen Größe zu erfüllen, die im Jude-Sein liegt.«[31]

Die Kritik an Hirschs »Irrtum«[32] über die »Heimkehr« durch »Bekehrung« zeigt eine gewisse Ähnlichkeit mit der christlichen Kritik an Hirschs Leben vor der Taufe. »Egozentrik«[33] und ein »leeres Herz«[43] schreiben George und Ben-Chorin dem sich bekehrenden Hirsch zu, in dessen Wandlungsgeschichte es ein von beiden mit Ironie behandeltes Element gibt: »Typisch für den modernen Groß-Stadt-Menschen: ein Film, nach dem Roman eines christianisierenden jüdischen Dichters: 'Das Lied von Bernadette' von Franz Werfel, mit Jennifer Jones (eine hochbegabte, schöne Filmschauspielerin, nehmt alles nur in allem) als theologisches Kriterium, das ist die Wirklichkeit eines glaubenslosen Galuth-Judentums von 1944, tragikomisch und erschütternd zugleich.«[35]

Hirschs Wurzellosigkeit wird von den zionistischen Rezensenten der Form nach nicht anders beschrieben als von den westdeutschen Christen. Inhaltlich ist allerdings für Ben-Chorin gerade das, was für die Christen die Allgemeingültigkeit des Lebensberichts beglaubigt, der Ausweis der »Egozentrik« des Verfassers: »Seine Egozentrik geht so weit, daß das furchtbare Judenschicksal der letzten Jahre kaum eine Rolle in seinem Leben spielt. Er sieht das Alles nur im Licht jenes verhängnisvollen Satzes im Neuen Testament, nach welchem die Juden Jerusalems, welche die Auslieferung Jesu von Pilatus forderten, gerufen haben sollen: 'Sein Blut komme über uns und unsere Kinder.'«[36]

Auf das Hören dieses Satzes in der Matthäus-Passion J.S. Bachs läßt Karl Jakob Hirsch in der Autobiographie seinen Lebensweg zusteuern.

Dem religiösen Inhalt entspricht die traditionelle Form religiöser Lebensbeschreibung: Sie ist auf das Exemplum angelegt. Hirsch wählt das traditionelle Verfahren moralischer Exemplifizierung des eigenen Lebens: die Form von Briefen an den Sohn. Die private Adressierung deckt den Anspruch der Beispielgeschichte. Der Vater appelliert nicht nur an den Sohn, den eigenen Weg zu finden, sondern verallgemeinert diesen Appell, weil er in der Gegenwart des Briefschreibens als zur christlichen Religion Bekehrter die Vergangenheit stets als nicht-religiöse Verirrung negativ wertet. Scharfe Kritik übt Hirsch sowohl am Elfenbeinturm, wie er ihn in Worpswede erlebte, als auch an den Weltveränderungsträumen der Novemberrevolution. Die Kritik am »Gespensterdasein«[37] des Exils, das er 1933 in der Schweiz begann und seit 1934 in den USA führte, begründet die oft wiederholte Maxime, in der Gegenwart zu leben, statt — ästhetisch — der Vergangenheit in Erinnerung anzuhängen oder — politisch — auf die Zukunft vage Hoffnungen zu setzen. Den Konflikt von Kunst und Politik meint Hirsch in der Religion zu lösen.

Indem er die Leiden der Gegenwart im amerikanischen Exil, familiäre Krankheits- und Todesfälle sowie die eigene Arbeitslosigkeit, als Strafe für Schuld deutet, wird er über verschiedene Stufen von Religionsgesprächen und Gelübden — 1940, 1943 und 1944 — reif zum »Erlebnis der Wiedergeburt«[38] oder »Wandlung«, von dem es dann aber — wie in Döblins Erlebnisbericht *Schicksalsreise* — heißt, daß er es »eigentlich niemanden erzählen konnte«.[39] Inhaltlich zu berichten ist nur der Bruch mit der Vergangenheit: »Ich fühlte nun, daß ich einen Weg gehen mußte, der meiner Tradition und Herkunft nicht gemäß war.«[40]

Damit belegt auch Hirschs *Heimkehr zu Gott*, wenngleich auf andere Weise als Autobiographien der Nachkriegszeit wie Max Dessoirs *Buch der Erinnerung*[41] oder Hans Pfitzners *Eindrücke und Bilder meines Lebens*[42], daß die harmonische Individualität der humanistischen Tradition zur Illusion geworden ist. Obwohl Hirsch ein politisches Amt in der amerikanischen Militärregierung bekleidete, ist auch bei ihm die Ausklammerung der gesellschaftlichen Verhältnisse aus dem, was als Bedingung der eigenen Verhaltensweisen autobiographisch erkannt wird, der Grund für die Krise der Autobiographie. Gewiß teilt er nicht wie Dessoir oder Pfitzner die deutschnationalen Illusionen des »Unpolitischen«, die bei nicht wenigen Intellektuellen zeitweise zur Sympathie mit dem Faschismus führten, aber auch er versucht in *Heimkehr zu Gott*, einen eigenen Weg jenseits der Politik zu finden. So sehr der Verfasser der *Heimkehr zu Gott* bemüht ist, über sich selbst als religiösen Repräsentanten der Menschheit zu schreiben, die unter den Bedingungen des Exils verschärften Identitätskonflikte eines deutsch-jüdischen Intellektuellen hat er mit seinem Buch nicht gelöst, nicht einmal für sich selbst.

In New York hatte Hirsch zwischen der jüdischen Massenemigration und den politischen Exilierten, in dieser Gruppe zwischen Sympathisanten des Zionismus und Sozialdemokraten und unter letzteren zwischen rechten und linken gestanden. Seine kollidierenden Identifikationen und Loyalitäten setzten jedenfalls dem Willen eine Grenze, das Exil als politische Aufgabe zu begreifen, antifaschistisch wirksam zu werden. Die politische Zersplitterung des Exils war gerade in New York besonders ausgeprägt, und nicht zuletzt dadurch wurden Hirschs literarische Wirkungsmöglichkeiten eingeschränkt. Als Filmkritiker der sozialdemokratischen, dezidiert antikommunistischen *Neuen Volkszeitung*, deren Auflage im Schwinden war, konnte Hirsch z.B. nicht im *Freien Deutschland* veröffentlichen, so wie er früher noch in der *Neuen Weltbühne* geschrieben hatte. Der Antikommunismus war ein kontinuierliches Element in der Politik der von Sozialdemokraten herausgegebenen Zeitschrift, deren Mitarbeiter Hirsch war. Die Feindschaft gegenüber den Kommunisten blieb sich in der Zeit der Volksfront-Diskussion, der Moskauer Prozesse, des deutsch-sowjetischen Nichtangriffspaktes und des Angriffs Hitlerdeutschlands auf die Sowjetunion gleich. Als der Chefredakteur des *Aufbau*, Manfred George, eine abwartende Haltung zur Beurteilung des Paktes gezeigt hatte, war er von der *NVZ* als von Moskau bezahlter Nazi-Agent angegriffen worden;[43] und in der *New Yorker Herold Tribune* hatte man die Stellung der Zeitschrift zur Anti-Hitler-Koalition kommentiert: »Keine Nazi-Zeitung in Deutschland blickt auf die Siege der Russen mit größerer Sorge als dieses 'Anti-Nazi-Blatt' in New York.«[44] Hirsch hatte zwar noch den am 14.1.1937 in der *Neuen Weltbühne* erschienenen Volksfront-Aufruf unterzeichnet, in der Folgezeit fühlte er sich aber an den Ausschluß jeder Zusammenarbeit mit Kommunisten gebunden und beteiligte sich später nicht an der Bewegung Freies Deutschland, sondern wurde — wie Hermann Kesten oder Alfred Polgar — Mitglied der »sozialdemokratisch dominierten 'Association of Free Germans'«.[45]

Die Naturalisierung löste nur scheinbar die politischen und literarischen Probleme Hirschs auf dieselbe Weise, wie die Immigration für die jüdische Massenemigration die Identitätskrise beendete. Die Grenzen, in denen Hirsch als Angestellter der amerikanischen Regierung antifaschistisch wirken konnte, waren auch solche literarischer Betätigung. In der religiösen Verurteilung von Politik und Literatur trieb er die Assimilation noch weiter, um die Grenzen zu überwinden. Die

Assimilation hatte sich während der ersten Jahre in den USA für die Mehrheit der Einwanderer — wie für Hirsch — als eine nicht für Deutschland spezifische Verhaltensweise von Juden erwiesen. Hirsch vermied allerdings in der religiösen Form der Assimilation die Identifikation mit der amerikanischen Politik, die — vor allem seit dem Kriegseintritt der USA — zur Ausbildung eines »Antigermanismus«[46] führen konnte. In der religiösen Assimilation verweigerte Hirsch die nationale Integration, während die politische Assimilation durch Naturalisierung die innere Bindung an Deutschland zu verdrängen schien. Was sich für viele deutsch-jüdische Exilierte als Alternative stellte: Integrationsverweigerung oder Verdrängung der inneren Bindung,[47] wurde von Hirsch in der Verbindung von politischer und religiöser Assimilation gerade vereinigt. Die darin liegende Schwächung der Verbindung zum politischen Exil findet ihren Ausdruck in Hirschs Fehlen in dem repräsentativen »Abriß der deutschen Literatur im Exil 1933-1947« *Unter fremden Himmeln*, den F.C. Weiskopf 1947 in New York herausgab und der eine ganze Reihe deutsch-jüdischer Schriftsteller verzeichnete, denen es ebensowenig wie Karl Jakob Hirsch gelungen war, im amerikanischen Exil literarisch Fuß zu fassen.[48]

Wenige Jahre nach Erscheinen der *Heimkehr zu Gott*, die innerhalb dieser doppelten Assimilation die religiöse dominant gesetzt hatte, begann Hirsch mit der Niederschrift einer neuen Autobiographie. Der Titel des nie veröffentlichten Manuskriptes von 1949 zeigt, daß es nicht um die Weiterführung der *Heimkehr* geht, um den Anschluß der Erfahrungen der Besatzungszeit, sondern um eine andere *Quintessenz meines Lebens*. Hirschs autobiographisches Verfahren in diesem Lebensbericht, der noch einmal von der Geburt bis zur Gegenwart reicht, belegt, daß er nicht zu denjenigen Autobiographen gehört, die im Schreiben als Schreiben eine Lösung des Identitätsproblems finden, indem sie als Künstler ästhetisch die in Konflikt liegenden Identifikationsangebote der Gesellschaft in der Schwebe halten.[49] Hirschs *Quintessenz* ist ein neuer Rechtfertigungsversuch, der das schreibende Individuum auf gesellschaftliche Instanzen bezieht, um die Bedeutung seines Lebens zu fixieren.[50]

Den von der *Heimkehr* unterschiedenen »Gesichtspunkt«[51]: »Heute sehe ich mein Leben anders als vor vier Jahren«,[52] entwickelt Hirsch aus einer Verteidigung gegen in der USA erschienene Rezensionen. Er zitiert Manfred George, dessen Besprechung er zunächst für »eine Art von unfreiwilliger Reklame« gehalten habe, und Walter Mehring. Georges Kritik erinnert Hirsch als »nicht verwunderlich«,[53] und er bezeichnet sie als »nur natürlich«, denn »die Leser dieses Blatts der jüdischen

Emigration in USA verlangten es ja«; demgegenüber bescheinigt er Mehrings Attacke auf das »scheußliche Bild«, des »als amerikanischen Beamten Rückgekehrten«, ihn erheblich verletzt zu haben.[54] In der *Quintessenz* wird folgender Satz Mehrings über Hirsch zitiert: »Viele seiner Sätze scheinen den Deutschen aus der Parzifal-Streicher-Seele gesprochen zu sein.«[55] Nicht die religiöse Kritik am Juden Hirsch, sondern die politische Kritik am Deutschen Hirsch traf. Die Verteidigung gegen den Vorwurf der Nähe zum deutschen Faschismus bildet den Kern der erneuerten Motivation autobiographischen Schreibens.

Dem entspricht das von Hirsch gewählte Verfahren, sein Leben darzustellen. Obwohl er sich in *Heimkehr zu Gott* als religiösen Repräsentanten der Menschheit dargestellt hatte, hatten seine jüdischen Kritiker in ihm den sozialen Typus des kleinbürgerlichen deutsch-jüdischen Intellektuellen wahrgenommen. Um sich vom Vorwurf der Nähe zum Nationalsozialismus zu befreien, beschließt er, sein Leben unter diesem Gesichtspunkt nochmals darzustellen. Im Spannungsfeld von Religion und Nationalität, von Kunst und Politik erweist sich die — letztlich soziale — Problematik des Intellektuellen als das wichtigste Element. Heimatlosigkeit meint bei Hirsch vor allem die eines Linksintellektuellen.[56]

Hirsch vergleicht in der Einleitung die Intentionen von *Heimkehr* und *Quintessenz* und stellt gegenüber: einerseits die Erzählung vom »glückhaften und schweren Leben eines Menschen«, andererseits den Versuch, »diese Gestalt 'KJH' als einen Typus zu sehen, (den Typus) einer Schicht«.[57]

Die Veränderung der Perspektive auf das eigene Leben zeigt sich augenfällig in der Auswahl einer Episode aus der Zeit vor dem Ersten Weltkrieg, der eine Schlüsselrolle zugewiesen wird und die Hirsch weder 1931 in *Kaiserwetter* noch 1946 in *Heimkehr zu Gott* bisher erzählt hatte: »Eine Begebenheit, die mir heute ebenso bezeichnend wie tragikomisch erscheint. Sie war bezeichnend für das Bürgertum, selbst das gebildete, zu dem meine Eltern sich rechnen konnten, das es alles vermied, um mit den 'umstürzlerischen' Bestrebungen der Sozialdemokraten übereinzustimmen.«[58] Während *Kaiserwetter* und *Heimkehr* die historische Begegnung zwischen dem Arzt Dr. Salomon Hirsch und Wilhelm II. festhalten, bei der der Kaiser den mit dem Bürgermeister von Hannover befreundeten deutschen Juden fragt, ob er gedient habe, findet sich der »Versuch« von Hirschs Vater, »eine sozialdemokratische Versammlung zu besuchen«,[59] auf der August Bebel Hauptredner war, nur in der *Quintessenz meines Lebens*. Tragikomisch nennt Hirsch die Episode, weil ein Notruf dazu führte, daß Salomon Hirsch öffentlich aus der SPD-Versammlung zu einem Patienten gerufen werden mußte, noch bevor Bebel sprach, aber mit der Folge, daß die ganze Stadt von seinem Besuch der Parteiveranstaltung erfuhr. Die auch für Hirsch später entscheidende Stellung zwischen »Bürgertum und Arbeiterschaft«[60] findet in seinen knappen, aber widersprüchlichen Kommentaren ihren Ausdruck: »Ich werde es nie ergründen können, aus welchem Grunde mein Vater es tat.« Und: »Mein Vater war seit dieser Zeit ein erbitterter Gegner der Sozialdemokraten.«[61] Diese Widersprüchlichkeit steht aber auch für Hirschs Ambivalenz dem Vater gegenüber, die sein Leben zu einer Folge von Brüchen und Wiederanknüpfungsversuchen machte: sowohl in Hinsicht auf die Autorität als auch auf die Tradition.

Mit dieser programmatisch gesetzten Episode von der verhinderten Begegnung zwischen dem Vater und August Bebel nimmt Hirsch um 1950 literarisch die politischen Intentionen wieder auf, die seinen Roman *Kaiserwetter* geprägt hatten. Von der religiösen Scheinlösung der Identitätskonflikte kehrt Hirsch zurück zu Literatur und Politik, zum Bruch mit der Welt des Vaters, des assimilierten bürgerlichen deutschen Juden. Die Väterwelt des Kaiserreichs bildet den Darstellungsgegenstand des 1931 erschienenen Romans, und sie ist noch 1950 Bezugspunkt der Wahrnehmung der bundesrepublikanischen Gegenwart.[62]

Es erinnert an den Anfang von Wolfgang Staudtes gleichzeitig entstandener Verfilmung des Heinrich Mannschen *Untertan*, wenn Hirsch die Aktualität des Kaiserreiches beschwört: »Wie sie endete, diese aufgeblähte, Macht-erfüllte, eitle Zeit, dafür zeugen heute die Ruinen, die das Gesicht der deutschen Städte entstellen.«[63] Das sozialpsychologische Interesse am Zusammenhang zwischen familiärer Autorität und politischer Macht, Kunst und Nationalismus haben Hirschs und Staudtes Blick durch die Ruinen des zweiten Weltkrieges hindurch zurück auf das Kaiserreich gemeinsam. In der DDR wurde damals nicht nur Staudtes Film gedreht, sondern auch Hirschs Roman wiederaufgelegt, unter einem neuen Titel, der die Beziehung zwischen Vergangenheit und Gegenwart akzentuiert: *Damals in Deutschland*.[64] Während man aus Heinrich Manns Romanvorlage die satirische Karikatur des Assessor Jadassohn strich, hatte man keine Bedenken, den »Roman des jüdischen Bürgertums in Deutschland«,[65] wie Schalom Ben-Chorin *Kaiserwetter* nannte, wieder zu drucken. Auffälligerweise fand dieser Aspekt keinerlei Beachtung, als Anfang der siebziger Jahre Hirschs *Kaiserwetter* in der Bundesrepublik wiederaufgelegt wurde.[66] Weder das problematische Thema der deutsch-jüdischen Symbiose noch das des autoritären Charakters, den man im Gefolge der Studentenbewegung allgemeiner entdeckt hatte,[67] spielte eine Rolle in der Rezeption des Romans. Man stellte Hirschs *Kaiserwetter* nicht in die Nähe Heinrich Manns, dessen Beschreibung der »Untertanenmentalität«[68] in Dietrich Heßling damals selbst in historischen Standardwerken zur Kennzeichnung der »Matrix der autoritären Gesellschaft«[69] herangezogen wurde, sondern las Hirschs Roman als Provinzroman über Hannover. Hirschs deutsch-jüdischer Gesellschafts- und Familienroman wurde als Exempel der Neuen Sachlichkeit in eine Reihe mit Marieluise Fleißer, Oskar Maria Graf, Erik Reger oder Hans Fallada gerückt und allenfalls wegen seiner — etwa im Vergleich zu Fallada — avancierten Technik[70] hervorgehoben, die erfundene Figuren und dokumentierte sozialhistorische Bedingungen verknüpft.[71] Kritiker und in ihrem Gefolge Literaturhistoriker lobten zumeist die neusachliche Desillusionsstruktur des Provinzromans: den unbeteiligten Blick eines Beteiligten,[72] jene Mischung aus Nähe und »Distanz«,[73] die Kurt Tucholsky zu Falladas *Bauern, Bonzen, Bomben* feststellen ließ: »So ist die Stadt; so ist das Land, (...) und so ist die Politik.«[74] Der Blick des Desillusionierten enthüllte Tucholsky »die immense Schuld jener Republik, die wir einmal gehabt haben und die heute zerbrochen ist an der Schlappheit, an der maßlosen Feigheit, an der Instinktlosigkeit ihres mittleren Bürgertums (...). Der Lebenswille der andern war stärker; und wer stärker ist, hat das Anrecht auf einen Sieg. Beklagt euch nicht.«[75] Wenn Tucholsky von der »unheimlich echten« Darstellungsweise im neusachlichen Roman sprach, hatte er in einem anderen Sinne recht, als er meinte: Das in der Opposition durchschlagende Einverständnis mit einer als unveränderbar aufgefaßten deutschen Gesellschaft machte seine illusionslos gemeinten, aber letztlich resignativen Feststellungen »unheimlich«. Denn noch in der zur Schau gestellten Illusionslosigkeit steckte eine aufklärerische Illusion: Der neusachliche Provinzroman widerlege Antisemitismus und Antikommunismus. Er zeige, so Tucholsky, »daß weit und breit keine Juden da sind, die man für alles verantwortlich machen könnte; weit und breit keine Kommunisten, die etwas bewirken.«[77]

Genauso ist vierzig Jahre später *Kaiserwetter* wieder gelesen worden — als ob es in Hirschs Roman keine Juden gäbe. Von einem Kritiker wurde *Kaiserwetter* sogar für die literarisch in den Nazismus mündende Epochentendenz des apolitischen Rückzugs in Natur oder Kindheit in Anspruch genommen, die in der Neuen Sachlichkeit in Gestalt des Fluchtraums fürs Individuelle angelegt gewesen sei.

Hans Dieter Schäfer interpretiert den Schluß von *Kaiserwetter* — den »Blick der 'unschuldig Liebenden' auf die niederdeutsche Landschaft mit den Birkenalleen und Kanälen« — als Apotheose des »Apolitischen«, und er beschreibt die Romanstruktur so: »Die Ursache des Versagens der Gesellschaft vor 1914 sucht Hirsch nicht in einer ökonomischen Analyse, sondern er demonstriert am Beispiel von zwei Familien unterschiedlicher Klassenherkunft den moralischen Verfall.«[78] Damit verkennt Schäfer die Bedeutung sowohl des deutsch-jüdischen als auch des Väter-und-Söhne-Themas[79] für die Struktur des Romans. Hirschs *Kaiserwetter* hat nämlich vier Schlüsse, aus denen die Schäfersche Interpretation einen isoliert. An Joe de Vries' Blick aufs Land wird unmittelbar angeschlossen der Tod des ersten Soldaten im gerade begonnenen Weltkrieg. Dem Satz der Liebenden: »Es kann doch kein Krieg sein«,[80] steht die freiwillige Meldung Berhard Tölles gegenüber, der seinem Vater nichts anderes mehr sagen kann als: »'Deutschland ist gerüstet...' Das war der Lieblingsausdruck seines Hauptmanns (...).«[81]

Die beiden anderen Schlüsse beenden die vom Erzähler berichteten Geschichten der Väter von Joe und Bernhard: der Tod des Rechtsanwalts Samuel de Vries — im Anschluß an die Hinrichtung eines homosexuellen Massenmörders, dessen Verteidigung er gegen die ungeteilte öffentliche Meinung der Stadt übernommen hatte — und der Einsatz des freiwilligen Feuerwehrmannes und Briefträgers Emanuel Tölle in einem Fall von Brandstiftung — er findet in Tölles Hochzeitsnacht statt, und es erweist sich, daß sein Sohn der Liebhaber seiner neuen Stieftochter ist, derentwegen er überhaupt nur die zweite Ehe eingegangen ist. Private und öffentliche Katastrophen stehen sich also am Ende gegenüber; der Rückzug ins Individuelle ist keineswegs so ungebrochen, wie Schäfer meint. Seine Interpretation schreibt die Rezeptionsanleitung fort, die der S. Fischer Verlag der Erstausgabe auf dem Klappentext mitgegeben hatte, wo es über Hirschs Darstellung des »Vorkriegsalltags der ländlichen Großstadt Hannover« hieß: »In der Finsternis der grausamen Mißverständnisse und Heucheleien, des Geltungswahn und der Selbstzerstörungen hat er die Fackel eines versöhnenden Humors aufgesteckt und den schmalen Gang zu Reinheit, Frieden und echtem Gefühl gewiesen.« Diese Leseanleitung sollte sicherlich Vorbehalte gegen die — zum Teil von Heinrich Mann bezogenen — satirischen Motive des Romans abbauen. Auch sie verschwieg das deutsch-jüdische und das Väter-und-Söhne-Thema, das in der kontrastierenden Anordnung der vier Schlüsse schon erkennbar werden kann.

Trotz der zeitgenössischen Katastrophen und des Rückzuges in Natur, Liebe und Kunst sollte nicht übersehen werden, daß Hirsch ein traditionelles Handlungsmuster übernommen hat. Hans Mayer hat es — im Anschluß an George L. Mosse — die »Parallelität der deutsch-jüdischen Lebensläufe« genannt.[82] Dieses Muster prägte die Struktur von Romanen, die an der Ausbildung des antisemitischen Stereotyps vom Juden einflußreich mitwirkten. Der im 16. Jahrhundert bei Jörg Wickram vorgebildete, in der Aufklärung von Lichtenberg in seinen Hogarth-Kommentaren benutzte »Kontrapunkt der Biographien« stellte Linien des »Aufstiegs oder Abstiegs« gegeneinander.[83] Gustav Freytags *Soll und Haben* und Wilhelm Raabes *Hungerpastor* geben dem Muster die antisemitische Wendung: »Der jüdische Aufsteiger stürzt endlich ab; der bescheidene Deutsche erhält trotzdem den gerechten Lohn.«[84] Liberalismus war beiden zur Verinnerlichung geworden, die sich zur Denunziation des Juden verwenden ließ. Das moralisierende Schema war dem Gegensatz von Materialismus und Idealismus verpflichtet, von Zivilisation und Kultur. Die jüdischen, materialistischen Aufsteiger wurden als ideelle Absteiger konzipiert, ihr Mangel an Gefühl, Geist und Seele ließ sie für alles stehen, was die vom Kapitalismus und der Arbeiterbewegung scheinbar gleichermaßen bedrohten deutschen Mittelschichten fürchteten: »materialism, progress, the big city and the sober rationalistic mind that could have no sense of the beautiful«.[85] Freytag und Raabe erzählten von Vätern und Söhnen nicht zuletzt, um den »Dualismus vom schlechten und vom guten Juden«[86] in der Generationsfolge präsentieren zu können. Der Dualismus war schon in der Aufklärung angelegt, in der liberalen Auffassung von Emanzipation als Assimilation: »The good Jew is one who ceases to be a Jew. The bad Jew is the Jew per se, who refuses complete assimilation.«[87] George L. Mosse wie Hans Mayer haben betont, daß die miteinander verbundenen »Denk- und Bildschemata«[88] der Parallelität und des Dualismus von assimilierten deutschen Juden des Kaiserreichs und der Weimarer Republik »zu akzeptieren«[89] waren. Vielleicht kann aber Hirschs Roman *Kaiserwetter* als ein Beispiel für den von Mayer vermißten »Widerstand gegen jenes literarisch vorgeprägte Denkklischee«[90] verstanden werden.

Hirsch greift das Muster der parallelen Lebensläufe und der Generationsfolge auf, um die moralischen Gewichte anders zu verteilen. Satirisch gewertet wird das Verhalten des deutschen Kleinbürgers Tölle und seines Sohnes, mit Anteilnahme das der beiden de Vries. Von Aufstieg kann auf keiner Seite die Rede sein. Der Briefträger endet auf dem Lande in einer unter falschen Voraussetzungen geschlossenen Ehe, sein Sohn entgeht der Kriminalisierung durch das Einrücken in die Armee. Sozialer und moralischer Abstieg entsprechen einander, wie schon im ersten entlarvenden Erzählerkommentar zur Figur Tölles angedeutet wird: »Emanuel Tölle war ein schüchternes und etwas zurückgebliebenes Kind gewesen. Erst beim Miltiär ging eine dünne Kruste von ihm ab, darunter schimmerte der Mann Tölle, der Staatsbürger und Beamte, von dunklen Sehnsüchten und ausschweifenden Träumen verfolgt. Manchmal erschrak er vor sich selbst, an weichen Sommerabenden oder in dunklen Nächten, wenn er Frauen und Mädchen vor sich sah, wenn er finster vor Schnaps und Bier nach Hause ging und jede Straßenhure ihn verlockte.«[91] Die erzählerische Analyse der beiden Tölles konzentriert sich auf das Verhältnis zwischen der idealistisch-politischen Oberfläche — vor allem in der Gleichung von religiöser und militärischer Autorität — und der gewissermaßen materiellen Tiefe der unterdrückten Triebhaftigkeit: »Tölle läuft Sturm (...) gegen sich selber, gegen seine Wünsche. Aber er gleitet in sie hinein. Er ist weibertoll, aber in einer bösen und rachsüchtigen Art. Vor den Männern muß er ja ducken, aber wenn er ein Weib, so'n kleines Aas, kriegen kann, die muß büßen.«[92] Die Ähnlichkeit zwischen Vater und Sohn läßt die beiden sich immer wieder in verfänglichen Situationen zufällig begegnen, mehr noch: sie führt dazu, daß Emanuel Tölle »keine Macht mehr über seinen Sohn« hat, sondern »Angst«[93] vor ihm, der den Gegensatz zwischen obrigkeitsstaatlicher Fassade und chaotischem Innenleben durchschaut, weil er auch ihn selbst prägt.

Die Auflehnung Joe de Vries gegen den Vater Samuel, der seinen Vornamen nur in der Abkürzung »S« öffentlich benutzt, führt dagegen zu einer Annäherung, die auf gegenseitigem Verständnis beruht. Joe erfährt nicht nur den Widerspruch zwischen — einerseits des Vaters verzweifelten Anstrengungen, den deutschen Bürgern zu beweisen, »daß man eigentlich gar nicht anders sei«,[95] und — andererseits — dessen Festhalten an einer traditionellen Frömmigkeit, was trotz innerer Abtrünnigkeit nicht zuletzt aus Angst vor dem sozial überlegenen Schwiegervater geschieht. Die Schwäche des Vaters, der aus dem doppelten Druck in Träumerei, eine Liebschaft und schließlich ins Morphium flüchtet, lernt Joe verstehen, während er den Spott des aufgeklärten Vaters fürchtet. Ironisch zeichnet der Erzähler unter der Kapitelüberschrift »Abstieg« die der Öffentlichkeit verpflichtete Reaktion Samuel de Vries auf die Ohrfeigen, die er von dem aus der Haft entlassenen Ehemann seiner Geliebten erhielt: »Auch der Rechtsanwalt, der sich auf offener Straße ohrfeigen läßt, ohne ritterliche Genugtuung erhalten zu können, ein solcher Vertreter deutschen Rechts war gesellschaftlich unmöglich und wenn dieser Anwalt dazu ein Bekenner israelischen Glaubens war, so mußte er noch mehr alles vermeiden, was eine Verunglimpfung seines Standes hervorrufen konnte (...).«[96] S. de Vries' sozialer Abstieg wird nicht zum moralischen, weil er freiwillig die Verteidigung des Mörders übernimmt, dessen gesellschaftliche Beziehungen die verschiedenen Figurengruppen des Romans verbinden, die den beiden

Paaren aus Vater und Sohn zugeordnet sind. In der Sexualität und im Verbrechen verknüpft Hirschs *Kaiserwetter* so die oberen und die unteren Schichten des Kleinbürgertums, die Bürger und die Bauern des platten Landes in der Umgebung Hannovers. Der Homosexuelle als Mörder gewinnt erzähltechnisch die Funktion, die im naturalistischen Roman die Hure, etwa Zolas »Nana«, besaß. Hirsch vermeidet die mit dieser Personifikation gegebene Gefahr der Mythologisierung der Stadt, indem er den Rechtsanwalt de Vries und dessen Sohn Joe über den Mordfall zusammenfinden läßt. Joe hat sich den Anpassungszwängen des deutschnationalen Bürgertums wie der jüdischen Frömmigkeit immer mehr in die Musik entzogen. Er und sein Vater erleben in den Tagen des Prozesses das »Glück«: Es heißt »Verständnis«.[96] Wie Joe sich mit dem politischen Engagement des Vaters für den kriminellen Außenseiter identifiziert, so der Vater mit den musikalischen Experimenten des Sohnes, eines künstlerischen Außenseiters. Beide »durchkreuzen das Gestrüpp der Konvention«.[97] Der Prozeß gegen den sexuellen Außenseiter erweist beide de Vries, den assimilierten deutschnationalen jüdischen Bürger und den angehenden Künstler, dem die Musik, wie immer wieder betont wird,[98] die Religiosität seines Großvaters ersetzt hat, als Außenseiter.

Politik und Kunst werden in dem sozialen Abstieg der beiden de Vries freigesetzt, der sich damit als moralischer Aufstieg herausstellt. Gebunden werden die Außenseiter an Werte, die der Erzählerkommentar durchgängig positiv akzentuiert: Wahrheit, Natur, Individuum, Idealismus.

Das zentrale jüdische Figurenpaar wird so zum Träger der Werte der aufklärerischen Tradition, die Emanzipation als Assimilation begreifen ließ. Aber die in dieser Tradition gegebene Bindung der Werte an die bürgerliche Klasse wird ebenso aufgehoben wie die an die deutsche Nationalität. In der Veränderung des Musters der Parallelität, die den äußeren Abstieg auf die jüdische Seite bringt, und in der Aufhebung des Dualismus zwischen gutem und schlechtem Juden durch die Annäherung von Vater und Sohn erfaßt Hirschs Roman die Assimilation als eine soziale Problematik, ohne die Ideale der Assimilation aufzugeben. Der neusachliche Blick auf die Wirklichkeit des Kaiserreichs macht es mehr als zweifelhaft, daß das Bürgertum und Deutschland für Juden Orte der Emanzipation darstellen können.

Zwar beginnt die Freundschaft zwischen Joe de Vries und Bernhard Tölle, wie das von Hans Mayer untersuchte Klischee es will, auf dem Schulhof, aber der Roman macht die antisemitische Klischeehaftigkeit der parallelen Lebensläufe kritisch zu seinem Thema. Es bedürfte nicht der Szenen, in denen sich Antisemitismus gewaltsam enthüllt, beim Besuch des Kaisers und bei der Hinrichtung des Mörders,[99] um Hirschs Roman als Beleg gegen eine Behauptung Gershom Scholems anzuführen, »that only rarely is the analysis of the German Jewish authors (...) truly characteristic of the social psychology of the Jews. The actual situation is by no means reflected in their writings, be it in a positive or negative sense.«[100] Hirschs Roman *Kaiserwetter* bestimmt zwei Jahre vor dem Machtantritt Hitlers die Identität deutsch-jüdischer Bürger als Problem. Er lokalisiert sie sozial als Außenseiter in Politik und Kunst. Zu überlegen bleibt, ob die Figuren des Bankiers Moritz Thaler, dessen Aggressivität aus Angst vor der antisemitischen Umgebung folgt,[101] oder des Schauspielers, der Nathan darstellt und seine jüdische Herkunft verleugnet,[102] den Dualismus von guten und schlechten Juden wieder aufnehmen. Denn in der Vielsprachigkeit des »schlauen, reichen Juden Moritz Thaler« klingt das Motiv der Wurzellosigkeit an: »Damals, als er von Hoya nach Hannover in die Lehre ging und dann nach Hamburg zu Lewinsky, (...) da hätte er fast geheiratet. Hätte er's nur: Oder in London, oder in Paris.« Doch der Erzähler kommentiert nicht satirisch-karikierend, sondern ernsthaft-anteilnehmend: »Da ist noch ein Spiegel, gelb und fast blind, Moritz sieht sein Gesicht nur undeutlich darin, aber es genügt, um einen unglücklichen Menschen zum Selbstmord zu treiben.«[103]

Wenn in den positiven Mittelpunktfiguren humanistisch begriffene Politik und Kunst — beide in Gegensatz gebracht zur bürgerlichen Klasse und zum obrigkeitsstaatlichen Deutschland — zum Bezugspunkt der Identität des Außenseiters gemacht werden, dann entspricht dieser Kombination von Isolation und Repräsentanz auf der Ebene der Beziehungen zwischen den Figuren die Verbindung von Bruch mit der väterlichen Autorität einerseits und Verständnis für sie anderseits in der Fabel. Auflehnung gegen die Tradition und Festhalten an ihrem humanistisch gefaßten Inhalt kennzeichnet auch die Stellung des Romans zur Religion.

Am Anfang und am Ende von *Kaiserwetter* stehen jeweils Beerdigungen. Im 1. Kapitel des ersten Teils fällt Tölles Blick auf die Beerdigung eines anonymen Juden. Der Blick geht aus dem sicheren Haus auf die unsichere Straße mit dem Trauerzug: »Er schob sich zwischen klingelnden Straßenbahnen und fluchenden Kutschern hindurch, in Sonne und Staub, durch Lärm und Alltag. Kein Kranz, keine Blume lag auf dem Sarg. Judenbeerdigung, dachte Tölle und sah auf den Kupferstich an der Wand im goldenen Rahmen. 'Der Schutzengel' hieß das Bild. Weißbehemdeter Engel mit Gänseflügeln geleitete ein zartes Kind über den

Abgrund. (...) Unten auf der Straße war es noch sehr heiß. Die Sonne brannte, aber er war Schlimmeres gewohnt als Sergeant der Landwehr, zwölf Jahre bei den Vierundsiebzigern stramm gedient. Die Bult war seine zweite Heimat, die Manöver Lichtpunkte seines Daseins, die Kaisermanöver Erfüllung aller Sehnsüchte gewesen. Beinah von Majestät angesprochen, wenn nicht Hauptmann Wülfing mit einer Meldung dazwischengekommen wäre, dachte er immer wieder mit inniger Begeisterung an den Dienst unter der Fahne. Daß Majestät die Absicht hatte, mit ihm zu sprechen, konnte er durch Zeugen belegen. Emanuel war erfüllt von dem Bewußtsein, daß ein Gott lebt über den Sternen und auf ihn herabsah. Was ihn nicht hinderte, das irdische Leben zu genießen, es zu schmecken und davon zu naschen.«[104] Tölles Blick auf die Beerdigung am Beginn des Romans impliziert also Flucht vor Freiheit und Einsamkeit in die scheinbar Sicherheit bietende Unterordnung unter Autorität.

Ganz anders wird die Beerdigung Samuel de Vries am Ende von *Kaiserwetter* dargestellt. Der Vater hatte dem Sohn erklärt: »Es gibt keine Umkehr zu Gott.«[105] Joe erblickt den Vater unter den Leichen im Aufbahrungszentrum des jüdischen Friedhofs; die in ihm aufsteigende Melodie setzt metaphorisch den Eindruck um, den er gewann: »Alle in gleichen Gewändern, gleichen Särgen. Der Bettler und der Reiche, der Kluge und der Einfältige waren nicht mehr zu unterscheiden. (...) Nichts war mehr von dem stolzen und glänzenden Rechtsanwalt S. de Vries zu erkennen; nichts war übriggeblieben als die Kreatur Gottes (...).«[106]

Der Kontrast zu Tölles Angst vor der Masse auf der Straße und der Anonymität ist offensichtlich. Bejahung von Gleichheit und Achtung vor etwas Höherem scheinen sich dagegen in Joes Sehweise nicht auszuschließen. In der als Religionsersatz gedeuteten Musik kehrt die Ambivalenz wieder, die in Joes Beziehung zu seinem Vater zu beobachten ist. Sie ist charakteristisch für Karl Jakob Hirschs eigene Beziehung zu Tradition und Autorität. Brüche und Wiederanknüpfung, Verschiebungen von Religion auf Kunst und Politik sowie deren Rücknahme, Assimilationen, die gleichzeitig Verweigerung von Integration sind, kennzeichnen das Leben Karl Jakob Hirschs und seine Versuche, darüber zu erzählen, im Roman und in der Autobiographie. So läßt sich aus einem Werk keine Definition des Jüdischen gewinnen. Wenn Gershom Scholem der Mehrheit der bürgerlichen und kleinbürgerlichen deutschen Juden, die das Kaiserreich erlebten, vorgeworfen hat: »Das unendliche Verlangen, nach Hause zu kommen, verwandelte sich bald in die ekstatische Illusion, zu Hause zu sein«,[107] so gilt der Vorwurf nicht für

Hirsch. Das Verlangen dieses zwischen Bürgertum und Arbeiterbewegung schwebenden deutschen Intellektuellen jüdischer Herkunft, nach Hause zu kommen, kann allerdings sozial-historisch bestimmt werden: Er machte aus dem Jude-Sein kein positiv oder negativ gewertetes »Gleichnis« der »Entfremdung«,[108] sondern hielt in den verschiedenen Versuchen, sein Identitätsproblem zu lösen, am humanistischen Inhalt der Emanzipation fest. Seine Schwierigkeiten in einer Epoche der Weltkriege und Revolutionen waren die eines bürgerlich-humanistischen Intellektuellen.

Anmerkungen

1 Karl Jakob Hirsch 1892-1952. Ausstellung anläßlich der Eröffnung des K.J. Hirsch-Archivs bei der Akademie der Künste Berlin. Berlin 1967, 11.
2 Hochhäuser, Abraham, 1948: Unter dem gelben Stern. Koblenz.
3 Rozanski, Zenon, 1948: Mützen ab ... Hannover.
4 Martini, Emil de, 1948: 4 Millionen Tote klagen an! München.
5 Littner, Jakob, 1948: Aufzeichnungen aus einem Erdloch. München.
6 Behrend-Rosenfeld, Else, 1949: Ich stand nicht allein. Hamburg.
7 Krakauer, Max, 1947: Lichter im Dunkel. Stuttgart.
8 Döblin, Alfred, 1949: Schicksalsreise. Frankfurt.
9 Vgl. Kröll, Friedhelm, 1984: »... und die ich nicht in die Wolken geschrieben hatte.« Warum Alfred Döblin in der westdeutschen Nachkriegsliteratur nicht angekommen ist. In: Hermand, Jost/Peitsch, Helmut/Scherpe, Klaus R. (Hrsg.): Nachkriegsliteratur in Westdeutschland, Bd. 2: Autoren, Sprache, Tradition. Berlin, 65-72.
10 Scholem, Gershom, 1967: Deutsche und Juden. Frankfurt/M., 22/23.
11 Seele 23. Regensburg, 1947, Heft 2.
12 Wiesbadener Kurier, 13.9.1947.
13 Herbert Günthers Rezension in: Welt und Wort 2, 1947, Heft 3.
14 Neubau 2, 1947/48, 71.
15 Schwäbisches Tageblatt. Tübingen, 5.9.1947.
16 Unterwegs Nr. 6, 1947, 42. Verfaßt wurde die sehr ausführliche Besprechung für die Berliner Jugendzeitschrift von Anna Paulsen.
17 Passauer Neue Presse, 4.4.1947.
18 Der Tagesspiegel. Berlin, 19.6.1947.
19 Seele 23. Regensburg, 1947, Heft 2.
20 Welt und Wort 2, 1947, Heft 3.
21 Telegraf. Berlin, Mai 1947.
22 Wiesbadener Kurier, 13.9.1947.
23 Welt und Wort 2, 1947, Heft 3.
24 Mosse, George L. 1971: Germans and Jews. The Right, the Left and the Search for a »Third Force« in Pre-Nazi Germany. London, 50, 67-69; auch Jochmann, Werner, 1984: Struktur und Funktion des deutschen Antisemitismus. In: Strauss, Herbert A./Kampe, Norbert: Antisemitismus. Von der Judenfeindschaft zum Holocaust. Frankfurt/New York, 109/110, 134/135.

25 Passauer Neue Presse, 4.4.1947.
26 Aufbau, 14.3.1947.
27 J'd'j'oth, 21.11.1947.
28 Ebd.
29 Ebd.
30 Ebd.
31 Aufbau.
32 Ebd.
33 J'd'j'oth.
34 Aufbau.
35 J'd'j'oth.
36 Ebd.
37 Hirsch, Karl Jakob, 1946: Heimkehr zu Gott. Briefe an meinen Sohn. München, 138.
38 Ebd., 165.
39 Ebd., 167.
40 Ebd., 172.
41 Dessoir, Max, 1946: Buch der Erinnerung. Stuttgart.
42 Pfitzner, Hans, 1948: Eindrücke und Bilder meines Lebens. Hamburg.
43 Vgl. hierzu Walter, Hans-Albert, 1978: Deutsche Exilliteratur 1933-1950, Bd. 4: Exilpresse. Stuttgart, 585/586.
44 Zitiert nach Schebera, Jürgen, 1978: Hanns Eisler im USA-Exil. Berlin, 34.
45 Walter, Exilliteratur, 241.
46 Ebd., 611. Vgl. insgesamt zu diesem Problem 608-627.
47 Vgl. Walter, Exilliteratur, 577.
48 Zur literarischen Problematik von Hirschs Exilwerk vgl. die instruktive, schwer zugängliches Material aufarbeitende Studie von Steinhausen, Reinhard, 1985: Der bürgerlich-jüdische Künstler auf der Suche nach der eigenen Identität. Über Karl Jakob Hirsch (1892-1952). In: Die Horen, Heft 1, 93-110.
49 Zu diesem Typus vgl. Picard, Hans Rudolf, 1978: Autobiographie im zeitgenössischen Frankreich. Existentielle Reflexion und literarische Gestaltung. München.
50 Vgl. zu dieser Ausformung autobiographischen Schreibens Sloterdijk, Peter, 1978: Literatur und Lebenserfahrung. Autobiographien der Zwanziger Jahre. München.
51 Hirsch, Karl Jakob: Quintessenz meines Lebens. Unveröff. Manuskript im K.J.Hirsch-Archiv der Akademie der Künste Berlin, 1.
52 Ebd., 1c.
53 Ebd., 1.
54 Ebd., 1a.
55 Ebd.
56 Vgl. zur Rolle der Marginalität bei deutsch-jüdischen Schriftstellern im allgemeinen und damit der Bedeutung der »individuellen Identitätsproblematik« (8): Kwiet, Konrad/Grimm, Gunter E./Bayerdörfer, Hans-Peter, 1985: Einleitung. In: Grimm/Bayerdörfer (Hrsg.): Im Zeichen Hiobs. Jüdische Schriftsteller und deutsche Literatur im 20. Jahrhundert. Königstein, 28. Zur sozial bedingten Dominanz des kulturellen Musters vgl. Gay, Peter, 1978: Freud, Jews and Other

Germans. Masters and Victims in Modernist Culture. New York: »Jewish writers (...) stationed themselves across the social, political, and stylistic map.« Auch Laqeur, Walter, 1973: Weimar Culture. A Cultural History 1918-1933. London, 73, betont, daß die Attraktivität der Linken für jüdische Intellektuelle kein spezifisch deutsches Phänomen war.

57 Hirsch, Quintessenz, 18.

58 Ebd., 15.

59 Ebd., 15a/16.

60 Ebd., 14.

61 Ebd., 16/17.

62 Vgl. den bei Steinhausen, Künstler, 109, zitierten Brief, der begründet, weshalb *Kaiserwetter* »wegen seiner zu radikalen und anti-wilhelminischen Gesinnung hier unmöglich unterzubringen« sei.

63 Hirsch, Quintessenz, 17.

64 Hirsch, Karl Jakob, 1953: Damals in Deutschland. Berlin/Weimar.

65 J'd'j'oth, 21.11.1947.

66 Hirsch, Karl Jakob, 1971: Kaiserwetter. Frankfurt.

67 Vgl. als Ausnahme innerhalb der Literaturwissenschaft Schiffels, Walter, 1974: Formen historischen Erzählens in den zwanziger Jahren. In: Rothe, Walter (Hrsg.): Die deutsche Literatur in der Weimarer Republik. Stuttgart, 201, der auch die Nähe Hirschs zu Heinrich Mann betont.

68 Wehler, Hans-Ulrich, 1977[3]: Das deutsche Kaiserreich 1871-1918. Göttingen, 133.

69 Ebd., 122.

70 Vgl. Schiffels, Formen, 203. Das Zitat aus der Erstausgabe von *Kaiserwetter* (Berlin 1931), das für Hirschs lexigraphische Beschreibungsweise stehen soll, wird um folgenden Satz gekürzt: »Mehr als fünfundreißig Millionen evangelische, zwanzig Millionen katholische Christen und sechshunderttausend Juden beteten zu ihrem Gott.« (333).

71 Pfanner, Helmut F.: Die »Provinzialliteratur« der zwanziger Jahre. In: Rothe, Die deutsche Literatur in der Weimarer Republik, 245-247.

72 Vgl. hierzu Hermand, Jost/Trommler, Frank, 1978: Die Kultur der Weimarer Republik. München, 168.

73 Tucholsky, Kurt, 1983: Bauern, Bonzen, Bomben. In: Rietzschel, Thomas (Hrsg.): Kritik in der Zeit. Fortschrittliche deutsche Literaturkritik 1918-1933. Halle, 271.

74 Ebd., 275.

75 Ebd., 274.

76 Ebd.

77 Ebd., 277.

78 Schäfer, Hans Dieter: Naturdichtung und Neue Sachlichkeit. In: Rothe, Die deutsche Literatur in der Weimarer Republik, 363.

79 Zur politischen Bedeutung des Themas im allgemeinen für die Neue Sachlichkeit vgl. Gay, Peter, 1969: Weimar Culture. The Outsider as Insider. London, 139-143: »The Revenge of the Father«.

80 Hirsch, Kaiserwetter, 343.

81 Ebd., 336.

82 Mayer, Hans, 1975: Außenseiter. Frankfurt, 381. Vgl. Mosse, Germans, 61-76.

83 Mayer, Außenseiter, 381.
84 Ebd., 385.
85 Mosse, Germans, 37.
86 Mayer, Außenseiter, 389.
87 Mosse, Germans, 71. Vgl. auch Rürup, Reinhard: Emanzipation und Antisemitismus: Historische Verbindungslinien. In: Strauss/Kampe, Antisemitismus, 93: »Emanzipation und Intergration sollten Hand in Hand gehen; die Integration konnte man sich aber nur auf der Basis von Assimilation der Minderheit an die Mehrheit vorstellen.«
88 Mayer, Außenseiter, 389.
89 Ebd., 391.
90 Ebd.
91 Hirsch, Kaiserwetter, 16.
92 Ebd., 124.
93 Ebd., 122.
94 Ebd., 26.
95 Ebd., 239.
96 Ebd., 320.
97 Ebd.
98 Vgl. ebd., 153, 207.
99 Vgl. ebd., 86/87, 328.
100 Scholem, Gershom, 1979: On the Social Psychology of Jews in Germany 1900-1933. In: Bronsen, David (Hrsg.): Jews and Germans from 1860 to 1933. The Problematic Symbiosis. Heidelberg, 31.
101 Vgl. Hirsch, Kaiserwetter, 72/73, 141, 165, 168, 279/280.
102 Vgl. ebd., 104, 117.
103 Ebd., 77.
104 Ebd., 11/12.
105 Ebd., 322.
106 Ebd., 332.
107 Scholem, Deutsche und Juden, 34.
108 Ebd., 36.

Gert Mattenklott

Elias Canetti

Der Autor als Anwalt der Sprache

Die früheste Erinnerung, mit der Canetti den ersten Band seiner autobiographischen Trilogie eröffnet, ist die Geschichte der geretteten Zunge. Als Zweijähriger auf dem Arm eines Kindermädchens, begegnet er jeden Morgen einem jungen Mann, der ihm befiehlt, die Zunge herauszustrecken. »Jetzt schneiden wir ihm die Zunge ab«, sagt dann jedesmal der Mann und führt dabei ein Messer bis an die Zungenwurzel. Erst im letzten Augenblick zieht er die Klinge zurück: »Heute noch nicht, morgen.« Die Drohung wirkt so gründlich, daß der Geängstigte erst zehn Jahre später die Szene der Mutter erzählt. Das Kindermädchen hatte einen heimlichen Liebhaber, der sich mit dem martialischen Ritual halb scherzhaft der Verschwiegenheit des unwillkommenen Zeugen versichern wollte.

Canetti hat die traumatische Erinnerung in den Rang einer Schlüsselgeschichte gerückt. Sie gibt dem ersten Band der Autobiographie den Titel, und sie wirft einen Schatten, der über das gesamte oeuvre des Dichters reicht. Wer redet, bringt sich um Kopf und Kragen, heißt ihre Drohung. Über wichtigsten Schächten des eigenen Gedächtnisses liegt wie ein schwerer Deckel die Angst. Wer spricht, der verrät. Wer verrät, der gibt sich preis. Wer sich preisgibt, der wird bestraft. Wer schreiben will, muß also diesen Deckel heben.

An der Angst trägt aber dieser Autor immer gleich schwer, auch wenn er sich gegen sie durchsetzt. Ist sie doch damit nicht aus der Welt. Denn das Schreiben besiegt die Angst nicht, es stellt sie lediglich dar. Keine Angst geht verloren, schreibt Canetti gelegentlich, nur ihre Verstecke wechseln. Man kann die Ängste nicht wegreden. Allenfalls kann man bekannt machen, wo sie sich verborgen halten. Mit der großen Tradition der Aufklärung teilt Canetti das Verlangen, noch die geheimsten Verstecke des menschlichen Seelenlebens zu versprachlichen; nicht teilt er den aufklärerischen Optimismus, daß diese Versprachlichung ohne weiteres auch die Angst besiegen würde. Ihr tritt er gegenüber wie ein Herausforderer: neugierig, provozierend. »Ein Eigentliches des Menschen ist der Hang, sich der Angst immer auszuliefern«, hat er in der *Geretteten Zunge* geschrieben und die Lust am Aufspüren der Angst in ihren Verstecken als die Lust auf ein unendliches Leben bezeichnet.

Was ist aber die Lust auf die Unendlichkeit des Lebens anderes als eine Metapher der Poesie. Mit der Angst steht diese insofern in einem urspünglichen Verhältnis. Es ist ein Wettstreit; was wird sich durchsetzen: das Schweigen aus Angst vor dem Verlust der Zunge oder das risikoreiche Reden.

Die Angst aufsuchen heißt: sich ihr aussetzen. Sie ist ein Abenteuer, das bestanden werden will, ein Lebenselement wie anders die Hoffnung oder die Liebe. Angst vor der Angst ist Lebensangst. Wer das Leben nicht ungelebt vorüberlassen will, muß sich ihr stellen. Die Poesie ist kein Heilmittel der Angst, sondern ihr Ausdruck, keine Therapie, sondern ein Trost im besten Fall, daß auch andere sich ängsten.

Mit dieser Auffassung stellt sich Canetti außerhalb der Psychologie. Für einen Dichter, der seine entscheidende geistige Prägung in den ersten dreißig Jahren unseres Jahrhunderts erhielt, ist diese durchgehaltene Gleichgültigkeit gegenüber den analytischen Deutungen des Seelenlebens nur als eine ausdrückliche Entscheidung denkbar. Sie fällt für die Personen und gegen das Methodische. Denn Psychologie als Methode erfaßt ja an den Menschen gerade das, worin sie einander vergleichbar sind: gewissen kindlichen Liebeswünschen etwa oder der Art und Weise, sie zu verbergen, eine Angst und deren frühe, heimlich verborgene Gründe. Jede Offenbarung, die auf dem Wege der psychologischen Archäologie zutage kommt, ist ein Raubbau an der Person. Was einmalig an ihr ist, schmilzt dahin, während das Wissen über das Vergleichbare wächst. Nein, Canetti psychologisiert nicht. Aber das heißt nicht, daß er nicht Einsichten in das Seelenleben — das eigene wie das der geschilderten Personen überhaupt — eröffnen würde, wie sie auch die Psychologie nicht gründlicher vermitteln könnte. Aber diese Einsichten werden nicht von den Menschen abgelöst, an denen sie gewonnen werden. Aus ihnen setzt statt dessen der Dichter die zahllosen Portraits zusammen, die einen wesentlichen Reichtum seiner Romane und erst recht der autobiographischen Trilogie ausmachen. — So wenig wie im Dienst von Psychologie steht deren Logik im Gehorsam einer der anderen großen Ideologien der Zeit, der Soziologie nicht und auch keiner der philosophischen Doktrinen. Aber sie alle könnten in Canettis Portraitkunst ein reiches Anschauungsmaterial für ihre Theoriebildung beziehen, die sich der Dichter selbst versagt, weil er den Reichtum des Lebens gegen die ätzende Schärfe der Analyse in Schutz nehmen will.

Die Lust am unendlichen Leben feit Canetti auch gegen eine andere Versuchung, der minder weitherzige Biographen ihrer selbst so häufig erliegen: dem Solipsismus, für den die Welt endet, wo sie das eigene Ich nicht mehr spiegelt. Dazu ist Canetti viel zu neugierig, ist er auch viel zu leicht verführbar durch das Bunte, Bizarre, ja Groteske, das ihn an den Reisewegen seiner Lebensodyssee durch ganz Europa ablenkt und fesselt. Sein dichterischer Lebensbericht kommt immer von unterwegs. Die poetischen Leitsterne, nach denen sein Kompaß eingestellt ist, heißen *Die Märchen aus 1001 Nacht* und Grimms *Märchen*, *Robinson Crusoe* und *Gulliver's Travel*, Shakespeare, Don Quijote und Dante. Sie alle standen schon Pate für die Lesebiographie Canettis im Jugendalter. Später sei eigentlich nur noch die *Odyssee* dazugekommen, erinnert er sich. — *Die Märchen aus 1001 Nacht*, der Auftakt aller späteren Lektüre im Alter von sieben Jahren, liefert auch gleich das Grundmotiv für Canettis eigenes Erzählen: Solange erzählt wird, geschieht kein Unglück.

Das ist der Kontrapunkt, den Scheherazades den Tod verschiebendes Erzählen zur Verschwiegenheit der geretteten Zunge bildet. Zwischen dem »Ja-nichts-ausplaudern« und dem »Rede-was-du-kannst« — beidemal um sich zu retten — ist die autobiographische Prosa ausgebreitet. Sie erhält ihre innere Form, indem sie beiden Anweisungen zugleich zu folgen sucht. In eins ist sie also verschwiegen und mitteilsam. Dem Autor gelingt das, indem er über Menschen und Dinge so spricht, als würden sie selbst sich darstellen. Er selbst tritt so weit wie möglich zurück. Wie sparsam geht er mit Kommentaren, wie sehr zurückhaltend mit Urteil und Wertung um. Scheinbar absichtslos ist auch die Abfolge, in der die Personen ihren Auftritt erhalten oder Ereignisse berichtet werden, gerade daß die Chronologie den weiteren Rahmen steckt. Entwicklung, Zielrichtung und Konsequenz gelten diesem Erzähler des eigenen Lebens nicht viel. So kommt umso mehr zur Sprache, ohne daß wir den Sprechenden wahrnehmen.

Die eindrucksvollste Bewährungsprobe dieser Diskretion ist in der Trilogie des eigenen Lebens das Portrait der Mutter. Im ersten Band steht sie übermächtig im Zentrum, den zweiten beherrscht sie aus der Ferne, und der Schluß des dritten — zugleich Abschluß der Trilogie — fällt mit ihrem Tod zusammen. Es wird aber angedeutet, daß sie die Überlebenden damit nicht verläßt. — Plastischer, individueller, reicher an Details, wie übrigens auch an inneren Widersprüchen, ist vielleicht in der Prosa unseres Jahrhunderts keine Mutter portraitiert worden. Das war aber nur möglich durch die strikteste Enthaltsamkeit bei der Ausdeutung. Wie nahe hätte es für einen minder klugen Autor gelegen, die beherrschende Rolle, die ihr hier im Verhältnis von Vater, Mutter und Kind zufällt, im Sinne der ödipalen Ursituation auszudeuten oder im Rahmen der sozialpsychologischen Klischees über die heimliche Herrschaft frustrierter Bürger-Frauen, die die eigenen Ansprüche auf das

Leben der Kinder projizieren, auf Gedeih und Verderb. Wie viel nicht nur intimer Takt, wieviel auch schriftstellerische Selbstkontrolle ist nötig gewesen, um das Bild dieser Mutter von allen pedantischen Erörterungen über die gesellschaftlichen Ursachen ihrer haarsträubenden Eifersucht zu verschonen. In der Tat, wie wenig wäre mit alledem zu sagen gewesen, wie wenig Neues zumindest. Was Mütter für ihre Söhne bedeuten können, was eine von ihnen in diesem Fall bedeutet, geht umso reicher aus dem Portrait hervor, dessen Ausdeutung Canetti seinen Lesern überläßt.

Es ist nicht das Objektivitätsideal des poetischen Realismus, das sich hier durchsetzt, nicht eine poetische Strategie, abgelöst vom Leben. Oder vielmehr, diese Strategie steht in gespanntem Verhältnis zum Leben, das sie vergegenwärtigen will. Über die eigene Mutter kann der Sohn nicht anders berichten als mit Lust und Angst zugleich, fasziniert und abgestoßen, verliebt hingerissen und durch den Selbstbehauptungswillen distanziert. Jede deutende Abstraktion würde dieses Verhältnis verfälscht haben zu einem späten Triumph von Sohnes-Klugheit über das archaische Tier in der Mutter-Frau. Die Scheu, mit der statt dessen der Sohn erzählt, teilt das Leben nicht wie eine Sache mit, sondern wie *seine* Sache. Der poetische Gewinn ist die Mitteilung einer Befangenheit im Verhältnis von Müttern und Söhnen, die sonst verschluckt worden wäre. Sie verschwindet freilich nicht, indem sie zur Darstellung kommt. Vielleicht liegt in dieser Kühnheit Canettis, mit der er über Menschen, Dinge und Ereignisse spricht, auch ohne schon Herr über sie zu sein, seine originäre poetische Energie. Im deutschen Sprachbereich ist hierzu Thomas Mann das Gegenbeispiel.

Wie sehr Canetti darauf bedacht ist, die Irritation, Beunruhigung oder gar Angst, die Menschen aneinander auslösen können, zum Ausdruck gelangen zu lassen, statt sie poetisch zu disziplinieren, läßt seine Portraitkunst noch ein weiteres Mal erkennen. Wie ein neuer Odysseus auf Kreuzfahrt vor dem Sirenen-Felsen, will er die Lieder hören, die das Leben singt, doch ohne in ihnen unterzugehen. So bannt er sie poetisch in Masken, mit denen er sich das Beunruhigende zugleich vergegenwärtigt und vom Leibe hält. Canetti ist ein großer Physiognomiker. Wen er gezeichnet hat, geht einem so schnell nicht mehr aus dem Kopf: der deutsche Expressionist Franz Werfel etwa, der bei einer Lesung Canettis vor Entrüstung über dessen Prosa den Kopf so heftig schüttelt, daß die feisten Wangen schlabbern, und sich dabei mit dicker weißer Hand in das klagend verzogene Gesicht patscht; oder Bert Brecht, ein Pfandleiher in proletarischer Verkleidung, der sein Gegenüber mit taxierendem Blick abschätzt wie einen Wertgegenstand, der keiner ist;

Robert Musil schließlich, der unerwünschten Berührungen des eigenen Körpers ausweicht, als sähe er durch sie seine Intaktheit gefährdet, eine Schildkröte mit Sicherheitsabstand zu allen Zumutungen unkontrollierbarer Übergriffe auf die eigene Empfindlichkeit. Dergestalt erhalten die Personen optische, oft auch Sprech-Masken, selten von zärtlicher Hand. Aus dem eigenen Herzen macht Canetti keine Mördergrube. So gehen in die Physiognomien seiner Gesprächspartner immer wieder auch die Gefühle der Ablehnung, ja offener Aggressivität ein, die sie in ihm auslösen. Die Welt als ein Bestiarium bedenklichster Ungewißheiten. Die sonst erst nächtlich in Träumen aufsteigen: die zivilisatorisch höflich kontrollierten Affekte, modelliert er dem Gegenüber ins Gesicht, als würde er ihm die Angst, die er in ihm auslöst, sogleich zurückgeben und heimzahlen; eine Physiognomik, die manchmal an Arcimboldi erinnert oder an Goya, Fantasiestücke auch in der Manier Callots.

Dergestalt ist der Welt der vertrauten Schauplätze in Bulgarien, Manchester, Zürich, in Frankfurt, Wien und Berlin zwischen 1905 und 1937 eine zweite Welt eingelagert, in der das Wunderbare und Phantastische um sich greift. Die Orte, Namen und Ereignisse sind dokumentarisch zu beglaubigen; das Leben, das sich unter ihren Zeichen verbirgt, ist dagegen chimärisch: halb Mensch, halb Tier und so, als wollte der Mensch aus seiner Tierverschalung gerade erst herausfahren.

Damit die Welt ihr inneres Leben preisgibt, muß sie poetisch entstellt werden. Entsprechend zweideutig fallen die Szenen der Erinnerungsbilder aus, die mit dem Entziffern und Lesenlernen zu tun haben. Besonders nachdrücklich die Szene, in der der Knabe von der älteren Cousine, die bereits zur Schule geht, ins Lesen eingeführt zu werden begehrt. Sie begreift, daß dieses Begehren eine Leidenschaft ist, der Wunsch nach Einweihung, und so enthält sie dem Jüngeren das frisch erworbene Wissen vor wie einen Schatz, mit dessen Verfügung sie den anderen beherrscht. Ob es diese Verweigerung ist, die ihn rasend macht, ob der inständige Drang, das Geheimnis des Lebens durch die schwarze Kunst zu enthüllen — in dem gehänselten Knaben entsteht erstmals Mordlust. Nicht der erwachende Sexus bezeichnet hier den Eintritt in die nachparadiesische Welt (wie in einer vergleichbaren Szene in Prousts *Recherche*), sondern das Lesenlernen-Wollen als ein triebhaft energisches Verlangen danach, das Leben zu entheiligen. Daß er glaubt, die Lesefibel nur an sich bringen zu können, indem er mit geschwungenem Beil auf das ältere Mädchen einstürmt, prägt sich ihm unauslöschlich als ein Sündenfall ein, dessen gräßliche Konsequenz nur ein Zufall verhindert, das Eingreifen der Erwachsenen. In der Szene entsteht für den Knaben das Bewußtsein der ihm individuell eigenen Sündhaftigkeit und ineins damit der Begriff persönlicher Schuld. Feierlich folgt auf den Zwischenfall die Verkündung des »Du sollst nicht töten« durch den Großvater, den Hüter des Gesetzes. Lesenlernen-Wollen und Mordlust sind jäh sündig ineinander verschränkt und müssen erst durch moralische Disziplin wieder auseinandergebracht werden.

Es ist eine Szene von hoher symbolischer Eindringlichkeit. Das Buchstabieren ist danach keine Kunst wie andere Fertigkeiten, sondern ein Vermögen exklusiver Herrschaft. Für Canetti wird es seine Unschuld nie wieder zurückerhalten. Zumal im eigenen Schreiben gewinnt die schwarze Kunst eine enge Nähe zu Mord und Totschlag. Ein Gesicht als Maske nehmen, das physiognomische Sehen, das für seine poetische Wahrnehmung stilbildend wird, ist eine Metapher des Tötens, in der die Mordlust wiederkehrt und doch durch das moralische Gesetz gebannt bleibt. Ein Moralist ist dieser Dichter nicht, indem er moralisiert, sondern in der engen Bindung des Schreibens an das Gesetz »Du sollst nicht töten«. Die Bindung ist zweideutig. Denn die Striktheit des Gebots hält sich mit der Angstlust des Herrschen- und Tötenwollens annähernd die Waage. Canettis Prosa trägt dieses prekäre Gleichgewicht zwischen moralischem Respekt und Vernichtungsphantasie literarisch aus, eine Schreibweise, die nicht bloß streichelt, sondern die auch zur Metapher des Bösen werden kann.

Wovon hier die Rede ist, läßt sich auch an der Faszination erläutern, die Karl Kraus über lange Zeit auf Canetti ausgeübt hat. Sie ist in dessen Idee eines Sprachtribunals begründet, eines Gerichts, das in der Unerbittlichkeit und revisionslosen Endgültigkeit das jüngste am Ende aller Tage vorwegzunehmen scheint. Worin einer sündigt, ist danach an jedem lapsus ablesbar, den die Sprache sich leistet. Die Fallhöhe des sündigen Akts wollte Kraus am Verstoß gegen die Sprachgesetze ausmessen. Es ist nicht bloß ein vermessenes, es ist auch ein unbarmherziges Unternehmen, weil es keinen Unterschied zuläßt zwischen dem, was einer ist, und dem, was er sprachlich darstellt. Die Sprachmaske wird als einziges Gesicht zugelassen, aus dem einer identifizierbar ist. So rückt das Sprachgericht in den Rang einer erkennungsdienstlichen Behandlung. — Canettis poetischer Werdegang ist durch eben diesen wütenden Idealismus geprägt, die selbe Idee von Sprachgerechtigkeit. Selbstsucht, Gier, Leichtfertigkeit, Karl Kraus' dreiköpfiger Hydra, hat auch Canetti den Kampf angesagt, und so wie jener gerät auch er in Gefahr, darin zum Don Quijote zu werden. Denn die Gegner drohen zu Gespenstern zu werden, wenn ihre leibhaftige Wirklichkeit mit den Masken verwechselt wird, die der Dichter ihnen abnimmt.

Canetti hat diese Gefahr erkannt. Freilich kann er ihr nicht ausweichen, er muß sie bestehen. Sie ist ja doch tief in die Voraussetzungen seiner poetischen Weltauffassung eingelassen. Sein Idealismus ist kein Glauben, der durch Tatsachen zu erschüttern wäre, sondern eine Entscheidung. Als Leser seiner Autobiographie entziffern wir sie als einen pädagogischen Erfolg seiner Mutter, die ihn den Kopf hoch zu tragen lehrte, womöglich auch über den Tatsachen. Denn was gelten soll, ist der Geist, allen Zumutungen zum Trotz, an denen die soziale und politische Geschichte für einen spaniolischen Juden mit bulgarischem Geburtsort im deutschen Sprachbereich im ersten Jahrhundertdrittel so reich gewesen ist. Die Sprache ist ein Haus dieses Geistes. Das Deutsche hat Canetti durch die Mutter unter Angst und Schrecken buchstäblich eingedrillt bekommen, eine Disziplin, zu der der eigene Geist hart abgerichtet werden mußte. Was wirklich werden will, muß von da an durch diese Sprache Einzug halten, oder es bleibt draußen. Wir erfahren, daß dieser Rigorismus erst mit den Berliner Jahren abgemildert wird, eine Erweiterung des Horizontes der Wahrnehmung. Was auch danach geblieben ist, ist die *Poetik* der Maske, deren Doppelaspekt Canetti selbst in einer Kommentierung eines Photobandes mit Totenmasken im zweiten Band der Trilogie (*Die Fackel im Ohr*) mit aller Genauigkeit bezeichnet hat: »Man könnte in allen Masken nur das Schreckliche suchen, das Schreckliche des Todes. Es wären dann Mord-Masken. Aber das wäre eine Verfälschung: es ist noch etwas daran, das über den Todesmord hinausgeht. — Es ist das Anhalten des Atems, doch so, als bliebe er bewahrt. Der Atem ist das Kostbarste, das der Mensch besitzt, am kostbarsten zum Schluß, und dieser allerletzte Atem wird in der Maske bewahrt, als Bild.«

Geistige Verhältnisse sind es tatsächlich auch, die zur Sprache kommen sollen, selbst wenn der Text so dicht den Spuren folgt, die das materielle Leben hinterläßt, wie in der Autobiographie. Canetti erzählt, wie tiefen Eindruck der Seder-Abend des jüdischen Osterfestes auf ihn als Kind gemacht habe. Das Ritual der Schriftlesung an diesem Tag wird nämlich eingeführt durch die Frage des Jüngsten unter den Anwesenden, was die Kerzen, das Brot und die bitteren Kräuter, was denn all diese rätselhaften Zeichen des Lebensfestes zu bedeuten hätten. Auf diese Frage ist dann die Lesung vom Auszug der Juden aus Ägypten die Antwort. Sie wird aber so gegeben, als richte sie sich unmittelbar an den Jüngsten. So ist auch Canettis Autobiographie geschrieben: als solle sie die Frage eines Kindes nach dem Sinn der Lebenszeichen beantworten. Alles ist bedeutsam gehalten, doch ohne Prätention und ohne selbst zu deuten; kunstvoll darin, Bedeutungen herzustellen, ohne sie auszusprechen. Es ist ein Verfahren, das die Grenze zwischen der chronikalischen Aufzeichnung eines Lebens und Poesie verwischt. Es ist im übrigen auch eine Schreibweise, die im Leser den Wunsch weckt, das Mitgeteilte auszulegen.

Interpretationsbedürftig ist zu allererst der Zusammenhalt der Person des Erzählenden selbst. Sein Idealismus ist — paradox gesagt — einer ohne Ideale. Der Autor ist ungläubig in allen denkbaren Bedeutungen des Worts. Sein Umgang mit der großen Tradition von Überzeugungen ist skeptisch. So findet ihn auch der Vorwurf der Mutter wehrlos, als diese sein Verhältnis zum Leben als bloß artistisch, empfindsam und parasitär bezeichnet. Was er selbst sein will, das Bild der eigenen Identität, ist konventionell kaum zu umschreiben, geschweige in einfachen Begriffen zu fassen. Wie fragwürdig die alten Menschenbilder für ihn aber auch geworden sein mögen, am Inbegriff einer derartigen Wunschidentität hält er hartnäckig fest, ja er wirft den Anker seiner Selbstachtung und Menschenwürde, der ihn vor dem Abtreiben ins Bodenlose irgendwelcher beliebiger praktischer Lebensinhalte bewahren soll, in den festen Grund einer Selbstgewißheit, die er zwar nicht ausmalen kann, für die er aber ein Unterpfand immerhin zu haben glaubt: den eigenen Namen. — Als ein geschäftstüchtiger Onkel den Heranwachsenden ins Schlepptau nehmen will und ihm Handelsschule und Kaufmannsberuf als einzig lohnende Lebensziele vor Augen stellt, lehnt sich der Herausgeforderte in den eigenen Namen zurück wie in eine letzte Wehr, die einzige, die niemand ihm nehmen kann; in den Worten der *Geretteten Zunge*: »In diesem Augenblick zog ich mich auf den Namen zurück, wie immer, wenn ich in Gefahr war. Ich gebrauchte ihn selten und ließ mich nicht gern bei ihm nennen. Er war das Reservoir meiner Kraft, vielleicht wäre es jeder Name gewesen, der einem allein zugehörte, aber dieser war es noch mehr. Ich wiederholte den Satz der Empörung ('Ich ein Geschäftsmann!') immer wieder für mich. Doch schließlich blieb der Name allein übrig. Als ich draußen anlangte, hatte ich ihn Hunderte von Malen für mich hingesagt und mir so viel Kraft aus ihm geholt, daß mir niemand etwas anmerkte.«

Es gibt eine verwandte Stelle in Kafkas *Verschollenem.* Als Karl Roßmann im »Naturtheater von Oklahoma« Anstellung findet, zwar nicht als »Geschäftsmann«, aber unter vergleichbar problematischen Verheißungen wie sie bei Canetti der Onkel ausmalt, nennt er statt seines wirklichen Namens ein Pseudonym: »Negro«, in Oklahoma der Sklave schlechthin. In Kafkas Amerika wie in der Episode der Ablösung von der Familie bei Canetti ist der Eigenname dergestalt das Freiheitszeichen des letzten Vorbehalts, eine Nadelspitze des Rückzugs, eine Erinnerung an den Namen, bei dem der Schöpfer den ersten Menschen rief. Sollte ein Schöpfer sein und sollte er je diesen Namen rufen, so soll er den Gerufenen bereit finden.

Literaturverzeichnis

Die gerettete Zunge. Geschichte einer Jugend. München 1977.
Die Fackel im Ohr. Lebensgeschichte 1921-1931. München 1980.
Das Augenspiel. Lebensgeschichte 1931-1937. München/Wien 1985.

Jochen Vogt

»Ich tötete und ich wurde getötet«

Zugehörigkeitsprobleme bei Peter Weiss

> »Was ist denn ein Jude? Am ehesten läßt er sich vielleicht noch als ein Mensch definieren, der sich selbst für einen Juden hält, weil er sich dem jüdischen Volk auf Gedeih und Verderb zugehörig fühlt.«
>
> Leo Trepp, 1987: Die Juden. Volk, Geschichte, Religion. Reinbek, 9.

»Mein Vater war Kaufmann, Textilkaufmann. Er war Ungar, gehörte also bis zum Ende des Krieges Österreich-Ungarn an und optierte dann für die Tschechoslowakei, weil er in das Gebiet von Trencin kam, das an die Slowakei abgetreten wurde. Auf diese Art wurde er nach Kriegsende Tschechoslowake. Ich bin also gebürtiger Tschechoslowake, obgleich ich meine Kindheit in Deutschland verlebte — ich war nie Deutscher. Mein Vater lebte als tschechoslowakischer Bürger in Deutschland, hatte eine Textilfirma in Bremen und damit sehr viel internationale Kontakte. Meine Mutter war gebürtige Schweizerin, aus Basel; der eine Teil ihrer Eltern stammte aus Straßburg. Meine familiären Hintergründe also: Österreich-Ungarn-Slowakei auf der einen Seite, Schweiz-Basel-Straßburg/Elsaß-Lothringen auf der anderen Seite, das Alemannische der Mutter einerseits und das Jüdische meines Vaters andererseits; mein Vater stammt aus einer jüdischen Familie, war nicht religiös aktiv, nicht religionsmäßig im Judentum verhaftet — das war ein Hintergrund von ihm, von dem er sich eigentlich eher emanzipierte.« So skizziert Peter Weiss in einem Gespräch von 1979 seine familiäre Herkunft; und fast könnte damit die Frage nach der Bedeutung des Jüdischen für sein Selbstverständnis schon beantwortet sein, knapp und abschlägig. »Ich komme aus einer Familie, die eigentlich nirgendwo herkommt, es gibt keinen Hintergrund.«[1]

Daß nun aber gerade dieser — am Judentum schlechthin wie an seinem eigenen Status als Halbjude sichtlich desinteressierte — Autor es war, der den Völkermord an den europäischen Juden literarisch (und in deutscher Sprache) beschrieben und damit die radikalste Herausforderung der zeitgenössischen Kunst überhaupt angenommen hat, dies also könnte man als Widerspruch ansehen, der die weitere Nachfrage legitimiert. Und zwar auch dann, wenn eine spektakulär überraschende Antwort nicht zu erwarten ist. Peter Weiss hat *Die Ermittlung* gewiß nicht als Totenklage aus dem jüdischen Selbstverständnis heraus verfaßt. Sie wäre aber nicht denkbar — und manche Eigenart des Textes wäre schwerer verständlich ohne den Rückgriff auf ein Problembewußtsein und bestimmte Deutungsmuster des Autors, die auf vermittelte, ja verwickelte Weise mit seiner jüdischen Herkunft zusammenhängen. Ich will versuchen, sie anhand von mehr oder weniger autobiographisch geprägten Prosatexten zu verdeutlichen, die Weiss zwischen 1947 und 1964 verfaßt hat. Das ist insofern ein Behelf, als die expliziten Äußerungen und Zeugnisse zum Thema vergleichsweise spärlich sind. Es könnte aber dennoch aufschlußreich sein, weil jene Prosa, vor allem des klassischen Doppelwerkes *Abschied von den Eltern* und *Fluchtpunkt*, bei enger Orientierung an der Faktizität des Geschehens, die individuelle Problematik des Erzählers, die durchlebten Konflikte usw. generell zuspitzt und verschärft.

Zunächst freilich bestätigen auch die biographischen und familiengeschichtlichen Auskünfte, daß jüdische Religion oder Kultur, ein wie auch immer geartetes jüdisches Selbstbewußtsein, im Elternhaus von Peter Weiss keine Rolle gespielt haben. Das Judentum war kein Thema; man war nach Lebensstil und Verhaltensnormen »eine liberal-deutsche Familie«.[2] Als Vermittler jüdischer Tradition wäre ohnehin nur der Vater in Frage gekommen. Er aber — abgesehen von der relativ schwachen Position neben der »destruktiven Gewaltfigur« seiner Frau — scheint seine rassische Identität und die Religion seiner Väter als Peinlichkeit, mindestens aber als Hemmnis gutbürgerlichen Fortkommens empfunden zu haben. Sein offizieller Übertritt zur evangelischen Kirche, 1920 in Bremen, der dann auch die Kinder in den Genuß von Taufe und Konfirmationsunterricht kommen ließ, stand in engem Zusammenhang mit Möglichkeiten des beruflichen Avancements. Daß dem ältesten Sohn Peter, geboren 1916 in Nowawes bei Berlin, die »gesamte Familie seines Vaters gänzlich unbekannt« blieb, läßt sich aus den historisch-geographischen Umständen erklären; schwerer verständlich ist, warum Eugen Jenö Weiss eine Art von Informationssperre über »seine Vergangenheit« verhängte. Wenn er überhaupt erzählte, so erinnert sich sein Sohn, dann »vom Krieg (er war Offizier in der österreichischen Armee)«, und die Fotos, die er »gerne« vorwies, zeigten ihn »in österreichischer Uniform«.[3]

So demonstrativ der durch Anpassung erworbene Status zur Schau gestellt wird, so sorgsam werden die Male der Herkunft verdeckt. Und hier ist es die autobiographische Erzählung in ihrer Mehrdeutigkeit, die sie ent-deckt. »Mein Vater«, heißt es relativ spät in *Abschied von den Eltern*, »war ungreifbar, in sich verschlossen. Morgens, wenn ich mich neben ihm im Badezimmer wusch, betrachtete ich ihn mit einer forschenden Spannung. Dünnes, farbloses Haar breitete sich um seine großen, platten Brustwarzen und die Mitte seiner Brust aus. Seine Haut war von weißlicher Schwammigkeit. Unterhalb des Nabels war der Ansatz einer Narbe zu sehen. Seine Geschlecht blieb verborgen, nie hat er sich mir nackt gezeigt.« (87 f) Die dominierende Thematik des Buches wie auch der Kontext dieser Stelle legen es nahe, sie als Ausdruck eines repressiven Erziehungsklimas, einer ums Tabu der Sexualität zentrierten »Versperrtheit« (83) zu lesen. Aber das väterliche Glied, das verdeckt bleibt, ist beschnitten, das verborgene Geschlecht ist, wie es im *Fluchtpunkt* später heißt, Abrahams Geschlecht (vgl. 49). Abwehr des Sexuellen verdeckt nur die Verleugnung der rassisch-kulturellen Identität.

Es ist dennoch nur konsequent, daß der Erzähler selbst erst spät (gegen 1933) und von einem eher Außenstehenden, seinem »arischen« Stiefbruder, über seine Abstammung unterrichtet wird: »Als Gottfried dann erklärte, daß mein Vater Jude sei, so war mir dies wie eine Bestätigung für etwas, das ich seit langem geahnt hatte. Verleugnete Erfahrungen lebten in mir auf (...).« Hier scheint es einen Moment lang, als würde nun tatsächlich ein Bewußtsein eigener jüdischer Existenz geweckt, und sei es nur als Opfer von Antisemitismus: »Ich dachte an die Rudel der Verfolger, die mich auf den Straßen verhöhnt und gesteinigt hatten, in instinktiver Überlieferung der Verfolgung anders Gearteter, in vererbtem Abscheu gegen bestimmte Gesichtszüge und Eigenarten des Wesens.« (73) Aber diese allzu eindeutige Erklärung wird von der Erzähllogik des Textes insgesamt dementiert. Die aktualisierten Erfahrungen, von denen da die Rede ist, reichen ja sehr viel weiter zurück in die individuelle Vorzeit, sind Erfahrungen mit der inneren Gewaltförmigkeit bürgerlicher Gesellschaft und bürgerlicher Familie, zumal in ihrer deutschen Variante. In Bildfolgen von bedrückender Prägnanz entwickelt *Abschied von den Eltern* ja, wie das Erzähler-Ich sich von früh auf, verwurzelt in einer höchst ambivalenten Mutterbindung, stets wieder als passiven, zu deutsch: erleidenden Teil einer gewaltsamen Interaktion, eines Strafrituals, einer »Tortur« erfährt, in deren aktiver Rolle sich Mutter und Vater, Mitschüler und jugendliche Kameraden ablösen, bis schließlich der deutsche Faschismus als kollektiver Peiniger ihre Funktion zu übernehmen scheint.

Die Figuration von Schläger und Geschlagenem, von Täter und Opfer — anders gesagt: die sado-masochistische Verklammerung — ist eine Ur-Szene in der Lebensgeschichte, der Selbstdeutung, des Filmers und des Malers Peter Weiss. Die Positionen dieses zweiseitigen Gewaltverhältnisses können dabei ganz unterschiedlich und vielfältig ausgefüllt und besetzt werden — und mit einiger Übertreibung könnte man das Gesamtwerk als eine einzige Reihe solch variierender Ausfüllungen verstehen. Die jüdische bzw. halbjüdische Herkunft des Erzählers ist im Jahr 1933 gewiß eine naheliegende, eine von außen gewaltsam aufgedrängte Konkretisierung für die passiv-leidende Position; aber sie kann keine identitätsstiftende, das heißt die vielfältigen eigenen Erfahrungen integrierende Funktion gewinnen. Sie bleibt, wie der gelbe Stern, eine von andern aufgezwungene Be-zeichnung. Und wo der Erzähler Orientierung von ihr erhofft — »so war ich mit einem Mal ganz auf der Seite der Unterlegenen und Ausgestoßenen« (74) — da erweist sich auch dies Versprechen als trügerisch. Er ist keineswegs »ganz« auf dieser Seite, sondern muß eine ambivalente affektive Struktur an sich entdecken und diese Verunsicherung ertragen.

So wie er schon in den pubertären Gewaltspielen ausnahmsweise einmal »zu den Starken gehören durfte« (53) und diesen Genuß auskostete, so ist bezeichnenderweise auch die Stelle, an der er von seiner jüdischen Herkunft erfährt, eingebunden in eine Passage, die seine Anfälligkeit für die Massensuggestion, die »psychische Gewalt« der faschistischen Propaganda und Ästhetik offenlegt. »Wie schade, daß du nicht dabei sein darfst« (73), lautet denn auch der bedauernde Kommentar des Halb-Bruders. Jude oder Halbjude sein bedeutet in der Logik dieser Erzählung keine substantielle, positiv zu realisierende Identität, keine Teilhabe an — sei es auch aufs höchste bedrohter — Religion oder Tradition; Jude sein ist in der Selbsterfahrung des Erzählers nur eine Umschreibung für Vereinzelung, Isolation, Ausgeschlossenheit — oder, wie es an eben jener Stelle mit einem Zentralbegriff Weiss'scher Selbst- und Lebensdeutung heißt, für *Unzugehörigkeit.*

Im *Fluchtpunkt*, dem autobiographischen Roman über die Selbstfindung des jungen Künstlers im schwedischen Exil, werden die Strukturen dieses Selbstverständnisses, in *Abschied von den Eltern* genetisch entwickelt, nochmals resümiert und womöglich noch schärfer profiliert. Wieder ist die Rede vom Vater, dessen Eltern noch als »gläubige Juden« lebten, der selbst jedoch »in jungen Jahren (...) zum Christentum übergegangen« war (9). In einer biblisch eingefärbten Szene bricht der Selbsthaß dieses Überangepaßten durch als skandalöse Verfluchung des eigenen Sohnes, des jüngeren Bruders des Erzählers: »Sie liefen beide im Zimmer umher, der Vater keuchte und wollte ihn fassen, Gregor riß sich los, Stühle fielen um, und dann rief mein Vater die Worte, zweimal: Verfluchter Judenlümmel, verfluchter Judenlümmel. Draußen lag der Hof mit den grunzenden Schweinen, und drinnen im Haus verdammte Abraham sein Geschlecht.« (49) Erneut wird aber auch die eigene Position reflektiert, das eigene Judentum als willkürliche Zuschreibung einer Rolle aufgefaßt, vergleichbar einem bürokratischen oder militärischen Dienstgrad — und zugleich versucht der Erzähler dieses Geschehen zu rationalisieren bzw. zu bagatellisieren: »Die plötzliche Ernennung zum Ausländer und Halbjuden, das Verbot der Teilnahme am gemeinsamen Genuß (im Berliner Gymnasium, 1933) beeindruckte mich nicht, da mir die Fragen der Nationalität und rassischen Zugehörigkeit gleichgültig waren.« (10)

Die Selbststilisierung als »Weltbürger« (10) ist labil genug und wird unterlaufen von der drohenden Ahnung, durch jene »Ernennung« und möglicherweise nur durch sie vor der freiwilligen Einordnung in die faschistische Masse gerettet worden zu sein. Formuliert wird sie bezeichnenderweise im Gespräch mit dem sozialistischen Emigranten Max Bernsdorf: »Ich hätte auch auf der anderen Seite stehen können, sagte ich, hätte mich nicht der Großvater im Kaftan davor bewahrt, so wäre ich wohl drüben geblieben. Es gab Augenblicke, in denen ich es bedauert hatte, daß ich nicht mehr dabei sein durfte.« (12) Und wiederum ist es die Erinnerung an den pubertären Sadismus, die nun — an einem wesentlichen Punkte präzisiert — als lebensgeschichtliche Grundlage für die politische Desorientierung erscheint: »Ich hatte einmal an einem Pogrom teilgenommen. Ich sah den Freund, über den wir hergefallen waren, vor mir. Seinem Aussehen und Namen nach mußte er Jude gewesen sein. In den Kellergewölben eines verlassenen Baugeländes hatten wir, inspiriert vom Film Ben Hur, Galeerensklaven gespielt. Das Leiden meines Freundes begann, als er mich zum Aufseher ernannte und ich die Peitsche über ihm schwingen mußte. Als die Verfolger zu uns eindrangen, war ich schon bereit, auf ihre Seite überzugehen, und der Galeerensklave wurde unser Opfer. Aus Dankbarkeit, daß man mich verschonte (…), ergriff ich die Partei der Stärkeren und überbot sie an Grausamkeit.« Als bleibende Gewißheit bleibt — ein Jahrzehnt später und nun im politischen Kontext, »daß ich auf der Seite der Verfolger und Henker stehen konnte. Ich hatte das Zeug in mir, an einer Exekution teilzunehmen.« (12 f)

Die Positionen von Täter und Opfer erweisen sich als austauschbar: damit aber wird, zumindest aus der Erzählerperspektive im *Fluchtpunkt*, jede substantiell »jüdische« Identität ebenso obsolet wie eine sozialistisch-antifaschistische im Sinne des Freundes Max. Daß jüdische Herkunft per se nicht vor Antisemitismus oder gar der Gewaltsamkeit gegen andere Juden sichert, diese Erfahrung bleibt für Peter Weiss ein

Skandalon, das sein späteres Faschismus-Verständnis maßgeblich mitbestimmt.

Austauschbarkeit wird noch in einem zweiten Sinne zur desorientierenden, identitätsbedrohenden Erfahrung. Denn so willkürlich die Verstoßung aus dem nationalen Kollektiv, die »Ernennung zum Halbjuden« erlebt wurde, so zufällig empfindet der Erzähler nun seine Rettung im Exil, die Rettung vor dem kollektiv-jüdischen »Schicksal«. Das Doppelthema von unverschuldeter Verstoßung bestimmt die Selbsterfahrung des Erzählers grundlegend; diese doppelte Desorientierung, könnte man pointiert sagen, tritt im *Fluchtpunkt* anstelle einer ausgeprägt jüdischen oder auch antifaschistischen Identität. Durchgeführt wird dies erzählerisch anhand einer Art von Doppelgängerkonstellation. Peter Kien, der (bei seinem realen Namen genannte) Freund aus der Prager Akademie-Zeit, der dem Erzähler erstmals Kafkas Romane zu lesen gibt, ist von vornherein Opfer in einem Prozeß, der kein Entrinnen erlaubt. In *Abschied von den Eltern* wird dies schon vorbereitet — »Peter Kien wurde ermordet und verbrannt, ich entkam« (134) —, im *Fluchtpunkt* leitmotivisch ausgefaltet: »Ich war entkommen, und Peter Kien war zurückgeblieben in einem entstellten Dasein« (58).

Das handlungslähmende Schuldgefühl, das die Sozialpsychologie als *Überlebenssyndrom*[5] beschrieben hat, ist zunächst auf die Freunde konzentriert, die Opfer der Vernichtung geworden sind; ins »Frühjahr 1945« datiert der Erzähler dann, unter dem Eindruck eines Films über die Vernichtungslager, einen Erkenntnisschock, der es zugleich totalisiert und radikalisiert: »Auf der blendend hellen Bildfläche sah ich die Stätten, für die ich bestimmt gewesen war, die Gestalten, zu denen ich hätte gehören können.« Aber die doppelte Unzugehörigkeit erlaubt auch hier keine klare Identifikation: »Zu wem gehörte ich jetzt, als Lebender, als Überlebender, gehörte ich wirklich zu jenen, die mich anstarrten mit ihren übergroßen Augen, und die ich längst verraten hatte, gehörte ich nicht eher zu den Mördern und Henkern. Hatte ich diese Welt nicht geduldet, hatte ich mich nicht abgewandt von Peter Kien und Lucie Weisberger, und sie aufgegeben und vergessen.«

In der Problem- und Krisengeschichte des Erzählers markiert diese Erinnerung an die eigene jüdische Existenz und an das (sei es auch nur eingebildete) individuelle Versagen den absoluten Tiefpunkt: »Es schien nicht mehr möglich, weiterzuleben, mit diesen unauslöschlichen Bildern vor Augen.« Daß es ein Medienereignis ist, das diesen Schock auslöst, daß die potentielle Zugehörigkeit zu den Opfern nur über flüchtige Zeichen, nicht über reales Leiden »erfahren« wird, verstärkt das Gefühl der Ohnmacht, das in der ambivalenten Opfer-Täter-Disposition ohnehin schon angelegt ist. Diese »Bilder waren nie mehr wegzudenken«: sie zeigen das Leiden derer, zu denen man gehören könnte oder müßte, — aber als kinematographische Bilder zeigen sie das Leiden der anderen, zu denen der Betrachter nun eben nicht gehört. Der Rekurs des Erzählers auf eine andere Art von Zeichen macht dies deutlich genug: »Lange trug ich die Schuld, daß ich nicht zu denen gehörte, die die Nummer der Entwertung ins Fleisch eingebrannt bekommen hatten, daß ich entwichen und zum Zuschauer verurteilt worden war.« (135 ff)

Der explizite Selbstvorwurf leitet zu einem Totengespräch mit dem Sozialisten Hoderer (d.i. Max Hodann) über, der, wie eingangs schon Max Bernsdorf, den Erzähler wegen seiner ausbleibenden politischen Parteinahme anklagt. Tatsächlich bleibt dieser unfähig, seine existentielle Desorientierung und seinen Schuldkomplex im Sinne antifaschistischer Politik aufzulösen (was nicht nur mit dem Datum 1945 zu begründen ist). Die Fluchtwege des Erzählers in diesem Roman sind subjektiver Art: befreite Erotik und der Durchbruch zur künstlerischen Kreativität, in Form eines beglückenden »Schocks der Freiheit«, erfahren im »Frühjahr 1947, auf dem Seinedamm in Paris« (197). Insbesondere ist es der Anschluß an die Internationalität avantgardistischer Kunst, die dem Ich nun die lang vermißte »Zugehörigkeit«, einen »festen Ort« gerade in der geographischen, kulturellen und politischen Ungebundenheit zu versprechen scheint. Das Schuldsyndrom, das hier an die Stelle einer jüdischen Identität im herkömmlichen Sinne getreten ist, endet insofern, erzähltechnisch gesprochen, als stumpfes Motiv. Als großangelegte Versuche seiner Aufarbeitung, mit unterschiedlicher Stoßrichtung, könnte man sowohl *Die Ermittlung* von 1965 als auch das dreibändige Romanwerk *Die Ästhetik des Widerstands* (1975-81) ansehen.

Das kann hier im einzelnen nicht mehr geschehen. Hingewiesen sei aber auf zwei Texte, die (eher abseitig publiziert) die prägende Kraft dieser problematischen Strukturen des Selbstbewußtseins belegen — und zumindest andeuten, wie der Autor Weiss sie literarisch produktiv zu machen sucht. Im *Fluchtpunkt* wird eine »Reise ins Land meiner Herkunft« (163) nur beiläufig erwähnt, die Weiss tatsächlich im Sommer 1947 unternommen hatte. Für die Zeitung *Stockholm-Tidningen* schrieb er eine Artikelserie über das Leben im zerstörten und geteilten Berlin, die den heutigen Leser durch ihren scharfen Blick auf deutsche Nachkriegsrealität beeindruckt. Für unseren Zusammenhang — und für die Linie seiner späteren Produktion — ist zweierlei wichtig: Einmal der Hinweis auf den Komplex, den man später als »Unfähigkeit zu trauern« bezeichnen wird. »Es sind wenige, die es wagen, zurückzublicken. Ein beklemmendes Dunkel überdeckt die Vergangenheit. (...) Ein großer Leerraum klafft, wo der Dämon gewütet hat.« (147) Zum andern hebt Weiss beim ersten Blick auf die Nachkriegsliteratur vor allen anderen Titeln Eugen Kogons *Der SS-Staat* (1946) hervor als »das erste, wirklich klare Bild dieses überaus kompliziert organisierten Infernos, in dem Sadismus zur Wissenschaft gemacht wurde, in dem der Mensch seine niedrigste Daseinsform ausexperimentierte, wo alle Leiden im Konzentrat gezüchtet wurden. Hier werden die Henker zu den wahrsten Repräsentanten unserer Zeit. Diese Mißratenen, Unerhörten, die plötzlich in einer einzigen Nacht mit unbegrenzter Macht ausgerüstet wurden, durften all ihre Perversionen aus*leben*, alle Destruktion, alle Vorurteile, alle Eitelkeit und den ganzen Haß und die Raserei wider den Geist — all das, was bei den andern umschrieben, versteckt oder weggelogen wurde. Welche Gelegenheit! Wo auf dieser Erde würde der lauernde Henker im Menschen nicht nach einer solchen Chance greifen?« (149)

Es war Kogons erklärte Absicht, »das ganze System« der Konzentrationslager zu beschreiben, insbesondere auch die Macht, mit der es die Opfer in diesen »Dschungel der Verwilderung« hineinzog, sodaß viele »unter dem Terror und der Arroganz ihrer Mithäftlingsherren mehr gelitten haben als unter den Gemeinheiten der SS«.[6] Hier wird Weissens lebensgeschichtlichen Erfahrungen erstmals ein übergreifendes, sozusagen systemtheoretisches Deutungsmodell angeboten[7] — wie nachhaltig es seine Auffassungen und seine Auseinandersetzung mit dem Faschismus prägt, zeigt *Die Ermittlung*, die ihr Autor nicht zufällig mit den Begriffen charakterisiert, die er zwanzig Jahre zuvor für Kogons Buch benutzt hatte: Konzentrat des Inferno.[8]

Zunächst freilich versucht Weiss, die aktuell bedrängende Realität noch im direkten erzählerischen Zugriff zu fassen. Der Prosatext *Die Besiegten*, parallel zu den Reportagen konzipiert, macht die Ambivalenz der eigenen psychischen und affektiven Struktur zum Ausgangspunkt einer mehrfachen Einfühlungsfähigkeit, die dann auch die Erzählperspektive bestimmt: »Nun *verstand* ich: ich verstand den Gefangenen, an seiner Stelle könnte ich gewesen sein, aber ich verstand den Gefolterten, an seiner Stelle könnte ich gewesen sein, aber ich verstand auch den jungen, geblendeten Soldaten, auch an seiner Stelle könnte ich gewesen sein. (...) Ich war auf beiden Seiten. (...) Ich wurde getötet und ich tötete.« (35 f) Von hier aus fächert sich der Text über die Begegnung des Erzählers mit seiner zerstörten Heimatstadt in eine ganze Reihe von Erlebnismonologen auf, die unterschiedliche Aspekte dieser Kriegs- und Trümmerwelt aus verschiedenen Figuren- oder Rollenperspektiven (der Gefangenen und der Folterer, der *Besiegten* und der *Sieger*) zu fassen sucht. Doch ergibt sich daraus nur bedingt das Gesamtbild einer komplexen und widersprüchlichen Realität; entscheidend für die Textstruktur bleibt schließlich die halb reale, halb imaginäre Kreisbewegung, die das Erzähler-Ich beschreibt, und sein Rückzug in seinen »innersten Raum« (121) als bildhafter Ausdruck der Abwendung von der historisch-politischen Welt. Es zeigt sich an dieser Stelle, daß aus dem gebrochen-ambivalenten Zugehörigkeitsgefühl des Autors nicht ohne weiteres eine tragfähige erzählerische Einfühlungstechnik entwickelt werden kann, eine Schreibweise, die konkurrieren könnte mit dem Dokumentarismus avant le lettre, den der Reporter Peter Weiss parallel dazu praktiziert.

Als Probe aufs Exempel ist fast zwanzig Jahre später, kurz nach Erscheinen der autobiographischen Romane, der kurze Selbstverständigungstext *Meine Ortschaft* zu lesen, der nicht nur die Zugehörigkeitsproblematik erneut und zugespitzt reflektiert, sondern zugleich eine implizite Poetik des dokumentarischen »Konzentrats« *Die Ermittlung* bietet, an dem Weiss zur gleichen Zeit arbeitet. Nach einem Besuch in Auschwitz (im Rahmen des Frankfurter Prozesses gegen Mulka u.a.) hatte Weiss jenen »Reisebericht« 1964 zunächst für *Stockholm-Tidningen* verfaßt, ehe er in erweiterter deutscher Fassung dann in Klaus Wagenbachs *Atlas* bzw. *Lesebuch* (1965 bzw. 1968) und in Weiss' Essayband *Rapporte* (1968) weiteste Verbreitung fand.

Aus der Ortsbeschreibung entwickelt Weiss eine zugleich historische und existentielle »Ortsbestimmung« seiner selbst: All die realen Wohnorte erscheinen im Rückblick als bloße »Durchgangsstellen«, werden zu »blinden Stellen, und nur eine Ortschaft, in der ich nur einen Tag lang war, bleibt bestehen.« (114) Von dem in dieser »Todesfabrik«[9] Geschehenen, von der industriellen Vernichtung menschlichen Lebens bleibt auch derjenige stigmatisiert und beschädigt, der ihr zufällig entging. »Ich habe selbst nichts in dieser Ortschaft erfahren. Ich habe keine andere Beziehung zu ihr, als daß mein Name auf den Listen derer stand, die dorthin für immer übersiedelt werden sollten.« (114) Durch die gewaltsame Vernichtung ungezählter Individuen wird zugleich das Prinzip bürgerlicher Individualität selbst, die Unverwechselbarkeit des Einzelnen in seiner Prägung durch Herkunft, Biographie und konkrete Erfahrung, auf radikale Weise entwertet und negiert. Nur so ist ja die paradoxe Denkfigur nachvollziehbar, daß die realen »Aufenthaltsorte« für den Schreiber zu »Durchgangsstellen« verblassen, während Auschwitz, die kollektive Durchgangsstelle schlechthin, ihm zum »festen Punkt in der Topographie (seines) Lebens« wird. (114) Individuelle Erfahrung wird beliebig, während der historisch-gesellschaftliche Gewaltzusammenhang, die Erfahrung der anderen, das eigene Leben und Selbstverständnis unabwendbar determiniert. In fast absurder Zuspitzung also ist hier resümiert, was in den Romanen autobiographisch entwickelt wurde; nun aber schließt an die Selbstreflexion die Frage nach der historischen und ästhetischen Faßbarkeit des Geschehenen an.

In der Konfrontation mit dem musealen Auschwitz erfährt der Besucher definitiv die Unmöglichkeit einfühlender Vergegenwärtigung: »Ein Lebender ist gekommen, und vor diesem Lebenden verschließt sich, was hier geschah. Der Lebende, der hierherkommt, aus einer anderen Welt, besitzt nichts als seine Kenntnis von Ziffern, von niedergeschriebenen Berichten, von Zeugenaussagen, sie sind Teil seines Lebens, er trägt daran, doch fassen kann er nur, was ihm selbst widerfährt. Nur wenn er selbst von seinem Tisch gestoßen und gefesselt wird, wenn er getreten und gepeitscht wird, weiß er, was dies ist. Nur wenn es neben ihm geschieht, daß man sie zusammentreibt, niederschlägt, in Fuhren lädt, weiß er, wie dies ist.« Aus der minutiösen Deskription solcher Unmöglichkeit — die in sich wiederum ein thematisch-strukturelles »Konzentrat« der *Ermittlung* darstellt — ergibt sich dialektisch die politische Notwendigkeit eines alternativen, sei es auch unzureichenden Zugriffs. Vom Berichterstatter — bezeichnenderweise nun in der distanzierten Er-Form — heißt es: »Jetzt steht er nur in einer untergegangenen Welt. Hier kann er nichts mehr tun. Eine Weile herrscht die äußerste Stille. Dann weiß er, es ist noch nicht zuende.« (124)

Solches Wissen ist nun aber weniger sozialisationsgeschichtlich als gesellschaftstheoretisch bzw. politisch vermittelt. Weiss' Zuwendung zum Sozialismus, um 1964/65 mit einer Entschiedenheit vollzogen und artikuliert, die manche Kritiker abschätzig von einer Konversion oder Bekehrung sprechen ließ, erschließt ihm nun ein weiteres, wesentlich polit-ökonomisch fundiertes Erklärungsmodell für den Faschismus. Dessen Nach- und Weiterleben scheint Weiss in den aktuellen Formen kolonialistischer Ausbeutung (seine *Notizbücher* sprechen zu eben jener Zeit von einem »universalen KZ«[10]) ebenso evident wie in der spezifisch deutschen »Verdrängung«[11] der Vergangenheit. In der *Ermittlung* versucht er die orthodox-marxistische Auffassung vom Faschismus als einer notwendigen Hervorbringung des krisenhaft erschütterten Kapitalismus mit der sozialisationsgeschichtlich verbürgten, durch Kogons Buch verstärkten Deutung des totalen und in sich geschlossenen Gewaltsystems zu fusionieren; ein Versuch, dessen immanente Problematik Rolf Krause ausführlich diskutiert.[12]

Bei einer erneuten Lektüre dieses Textes dürften die ursprünglich besonders provokativen Hinweise auf die Abhängigkeit des Nazisystems und damit auch der Vernichtungslager von den Interessen der Großindustrie eher zurücktreten; es handelt sich tatsächlich nur um wenige prononcierte Passagen. Hingegen tritt der Aspekt der Verdrängung — der diskursiv in der stilbildenden Distanzierungs- und Entlastungsrhetorik der Angeklagten faßbar ist — ebenso deutlich hervor wie diejenige des »totalitären« Systems. Der ausbleibende Widerstand der Opfer, die Anpassung der privilegierten Funktionshäftlinge an ihre Peiniger und der Konkurrenzkampf ums Überleben — all das sind für Weiss (wie für Kogon) Indizien für die ungeheure Kraft des Systems, das einen jeden, unabhängig von Herkunft, Rasse und Gesinnung in seine Maschinerie zu ziehen weiß — und zwar potentiell in jede Rolle und Position. Austauschbarkeit, Nichtigkeit scheinbar fester Identität ist die Grunderfahrung in diesem Gewaltsystem — und Weiss kann sie in Worten artikulieren lassen, die deutlich genug an die entsprechenden Passagen seiner autobiographischen Erzählung erinnern:

> »Viele von denen die dazu bestimmt wurden
> Häftlinge darzustellen
> waren aufgewachsen unter den selben Begriffen
> wie diejenigen
> die in die Rolle der Bewacher gerieten
> Sie hatten sich eingesetzt für die gleiche Nation
> und für den gleichen Aufschwung und Gewinn
> und wären sie nicht zum Häftling ernannt worden
> hätten sie auch einen Bewacher abgeben können
> Wir müssen die erhabene Haltung fallen lassen
> daß uns diese Lagerwelt unverständlich ist
> Wir kannten alle die Gesellschaft
> aus der das Regime hervorgegangen war
> das solche Lager erzeugen konnte
> die Ordnung die hier galt
> war uns in ihrer Anlage vertraut
> deshalb konnten wir uns auch noch zurechtfinden
> in ihrer letzten Konsequenz
> in der der Ausbeutende in bisher unbekanntem Grad
> seine Herrschaft entwickeln durfte
> und der Ausgebeutete
> noch sein eigenes Knochenmehl
> liefern mußte« (336)

In dieser vielzitierten Passage werden die beiden verschiedenen Erklärungsmuster argumentativ verknüpft; man kann diskutieren, ob dies hinreicht. Deutlich aber dürfte sein, daß sowohl der politökonomische Ansatz in der Komintern-Tradition als auch eine auf die Austauschbarkeit von Tätern und Opfern fixierte Betrachtung keine Sonderstellung der jüdischen Opfer sieht oder sehen will. Dies bestätigt die Durchsicht des Textes: die Wörter »Juden« oder »jüdisch« werden — anders als in den *Notizbüchern* — nicht verwendet; die Herkunft der Opfer und die Gründe für ihre Einlieferung werden kaum genannt; Hitlers wahnhafte Rassenpolitik findet (anders als die Interessenkoalition von Nazis und Großindustrie) keine Erwähnung. Die einzige Häftlingsgruppe, die explizit benannt wird, sind »sowjetische Kriegsgefangene« (z.B. 364), sonst werden sehr pauschal die »politischen«, »kriminellen« und »rassischen« Häftlinge unterschieden (vgl. 360); die dem Unterscharführer Stark zugeschriebene Aufforderung »Los an die Wand Sarah« (363) dürfte fast schon der direkteste Hinweis des Textes auf die jüdische Identität eines Opfers bzw. der weitaus meisten Opfer sein. *Die Ermittlung* will ganz offensichtlich *nicht* als *Oratorium* über den Völkermord am Judentum verstanden werden. Indem Weiss die »Todesfabrik« Auschwitz an seine beiden konkurrierenden Faschismus-Deutungen anschließt, relativiert auch er in gewissem Sinn die »Einzigartigkeit« des Holocaust, um die deutsche Historiker vor kurzem erbittert stritten.[13] Hat Weiss also vor mehr als zwanzig Jahren schon von links betrieben, was die neokonservativen Geschichtswissenschaftler und Publizisten heute von rechts unternehmen: die »Historisierung« von Auschwitz? Natürlich ging es Weiss nicht um rückblickende Relativierung, gar tendenzielle Verharmlosung des deutschen Faschismus; seine »Historisierung« steht in der Tradition Brechts[14] — das heißt: sie hält die Wiederkehr des Faschismus, auch unter anderem Namen und in gewandelter Erscheinungsform, für möglich und bedrohlich und sie versucht, ein dramatisch-anschauliches Modell zu entwerfen, um vor dieser Gefahr zu warnen. Man wird seiner Perspektive und Intention deshalb am ehesten gerecht, wenn man *Die Ermittlung* als Auftakt einer Versuchsreihe, in engem Zusammenhang mit den nachfolgenden Stücken, dem *Lusitanischen Popanz* und dem *Vietnam-Diskurs* (und warum nicht auch mit *Trotzki im Exil*?) betrachtet. Im Juni 1965, vier Wochen nach Abschluß der *Ermittlung*, notiert ihr Autor in seine *Notizbücher*: »Vor kaum 25 Jahren vernichtete das faschistische Regime in Deutschland 6 Millionen Juden und 13 Millionen andere Zivilisten in den besetzten Ländern. Das faschistische Regime in Deutschland wurde besiegt. Doch das Prinzip der Verfolgung und Ausbeutung großer Bevölkerungsgruppen, bis zur Vernichtung, besteht weiter. Es ist ein Prinzip, das zur Struktur der kapitalistischen Staaten gehört.

Portugals Kolonialherrschaft, die Politik in zahlreichen lateinamerikanischen Staaten, der imperialistische Angriff auf das vietnamesische

Volk, die Stellung der Afro-Amerikaner in den Vereinigten Staaten, dies alles ist Ausdruck des gleichen Prinzips, das während des Faschismus in Deutschland zu seinem schrecklichsten Ausdruck kam.

Wir fragten uns damals: Warum konnten wir nicht genügend dagegen tun? Was tun wir angesichts der Verhältnisse in Südafrika?«[15]

Anmerkungen

Unter Angabe der Seitenzahl im Text zitiere ich aus Peter Weiss: Abschied von den Eltern, 1978; Fluchtpunkt, 1969; Die Besiegten, 1985; Rapporte, 1968; Stücke I, 1980. Sämtliche Ausgaben in der edition suhrkamp.

1 Peter Weiss im Gespräch mit Peter Roos, 1981: Der Kampf um die Existenz als Maler. In: Der Maler Peter Weiss. Ausstellungskatalog Museum Bochum. Berlin, 11.
2 Ebd., 15.
3 Ebd., 12.
4 Zum gesamten Zusammenhang vgl. vor allem die umfänglich-differenzierte Untersuchung Krause, Rolf D., 1982: Faschismus als Theorie und Erfahrung. »Die Ermittlung« und ihr Autor Peter Weiss. Frankfurt/M./Bern.
5 Vgl. ebd., 218.
6 Kogon, Eugen, 1965: Der SS-Staat. Das System der deutschen Konzentrationslager. Frankfurt/M., 12 f.
7 Vgl. Krause, Faschismus als Theorie und Erfahrung, 195 ff, 396.
8 Vgl. Weiss, Peter, 1980²: Stücke I. Frankfurt/M., 259 (Vorbemerkung zu »Die Ermittlung«); ders., 1982: Notizbücher 1960-1971, Bd. 1. Frankfurt/M., 228.
9 Vgl. Sinn und Form 17, 1965, Heft 5, 688.
10 Vgl. Weiss, Notizbücher 1960-1971, Bd. 1., 308.
11 Ebd., 229.
12 Vgl. Anmerk. 4.
13 Vgl. »Historikerstreit«. Die Dokumentation der Kontroverse um die Einzigartigkeit der nationalsozialistischen Judenvernichtung, München 1987.
14 Vgl. z.B. Arbeitsjournal, 2.8.1940.
15 Weiss, Notizbücher 1960-1971, Bd. 1, 314 f.

Hannes Krauss

Jurek Becker

Ein jüdischer Autor?

Jurek Beckers bekanntester Roman, *Jakob der Lügner*,[1] gilt vielen Kritikern[2] als Muster fürs Weiterleben jüdischer Erzähltraditionen. Der Autor selbst hat sich allerdings strikt dagegen verwahrt, daß »über meinen Kopf hinweg entschieden wurde, was und wie ich bin: unter anderm eben Jude. Es kommt mir wie eine Okkupation vor oder wie die Mahnung, eine Schuld zu begleichen, die ich nie auf mich genommen habe.«[3] Auf die Frage nach seiner Herkunft, so Becker, antworte er stets: »Meine Eltern waren Juden«,[4] und genau so meine er es auch. Judentum sei für ihn selbst keine »greifbare Größe« mehr oder gar »Zentrum des Lebens«.[5] Auf keinen Fall bedeute es »Zugehörigkeitsgefühl zu einer Religionsgemeinschaft«: »Mir, der ich ein Atheist bin, kommt die jüdische Religion nicht einsichtiger vor als jede andere (...). Allerdings scheint sie mir von einem Standpunkt, den man einen literarischen nennen könnte, gelungener und überzeugender zu sein als zum Beispiel die christliche.«[6] Becker beharrt auf seiner Distanz zum Judentum, obschon »der Umstand, daß ich in eine jüdische Familie hineingeboren wurde, für meinen bisherigen Lebenslauf nicht eben kleine Folgen gehabt« hat — z.B. die Reduktion der Familie, einer »ehedem fast unübersehbaren Personenschar«, »auf meinen Vater, auf eine Tante, an die ich mich nicht erinnern kann (...) und auf mich«.[7]

Es gäbe keinen Sinn, der im Titel formulierten Frage weiter nachzugehen, wenn nicht Spuren der jüdischen Herkunft wie ein roter Faden Beckers literarisches Werk durchzögen: Schilderungen des Ghetto-Alltags in *Jakob der Lügner* oder in der Erzählung *Die Mauer*;[8] die Geschichte vom ehemaligen KZ-Häftling Aron Blank, der an seiner Vergangenheit zugrunde geht;[9] Tagebuchnotizen von einer Reise an Orte, in denen auch jüdische Alltagstraditionen überlebt haben.[10]

Für Chaim Shoham[11] beweisen solche Texte, daß das Unterbewußte sich durchsetzt. Die Tatsache, daß Becker nicht bereit sei, »seine Identität nach seiner biologischen Herkunft und dem Glauben seiner Eltern zu definieren«, stelle »aus jüdischer Sicht (...) eine typisch assimilatorische Tendenz dar«,[12] doch die »literarische Wahrheit« widerlege »öffentliche Erklärungen« und das Werk richte sich letztlich gegen Bemühungen, »jüdische Identität« zu verleugnen und »durch den Schreibakt eine neue Identität zu finden«.[13]

Ohne Zweifel ist Identitätssuche stärkster Schreibanlaß für Jurek Becker und zentrales Thema seines Werkes. Das hat er mit vielen (bürgerlichen) Schriftstellern gemein. Um entscheiden zu können, welche Art von Identität er sucht, ist ein Blick auf die von ihm selbst resümierte Biographie hilfreich:[14]

»Im September 37 wurde ich in Lodz meinen jüdischen Eltern zur Freude geboren. Mein Vater war Kontorist, meine Mutter Hausfrau. (...) Man gab sich große Mühe mit mir. (...) Bald aber traten Umstände ein, welche die Sorge meiner Eltern, mich möglichst adrett zu kleiden, vergleichsweise klein erscheinen ließen. Denn nach der Besetzung Polens zogen wir ein paar Straßen weiter in das Ghetto von Lodz, das inzwischen auf den Namen Litzmannstadt getauft worden war. Das ging bis zum Jahr 43, dann überlebte ich die Konzentrationslager Ravensbrück und Sachsenhausen. Nach dem Krieg bleibt mein Vater mit mir in Berlin, aus welchen Gründen auch immer. Die ersten Jahre war ich neben dem Gesundwerden vor allem damit beschäftigt, die deutsche Sprache zu erlernen, was mir hoffentlich so gut gelang, wie es mir gelang, die polnische leider zu vergessen.«

Hinter bitterer Ironie verbergen sich sechs Jahre unvorstellbaren Leidens eines kleinen Kindes. Aber diese dürren Fakten sind nicht Erinnerung, sondern nachträgliche Rekonstruktion: »Im Grunde existieren für mich erst seit Kriegsende deutliche und abrufbare Erinnerungen. Immerhin war ich da schon sieben Jahre alt, fast acht«.[15] Der »eigenartige späte Beginn« der Erinnerung mag »Schutzmechanismus« sein oder Folge der Dumpfheit und »Ereignislosigkeit«[16] jener Jahre. Tatsache bleibt, daß dem erwachsenen, schreibenden Jurek Becker zentrale Aspekte seiner Individualgeschichte nicht präsent sind; gerade jene, die die Identität eines Menschen prägen (Muttersprache, Erinnerungen an Heimat, Familie, Traditionen), wurden von den Faschisten ausgelöscht. Die Nachkriegsgesellschaft stellte zwar einen Ersatz zur Verfügung — die Identität des ehemaligen Opfers —, aber den kann Becker nicht akzeptieren, weil die offerierte neue Identität negativ, vom Unterdrücker her definiert ist. Ihre Träger bleiben Objekte — einst für Übeltäter, jetzt für Wohltäter. Lebenslanger Opferstatus ist für Becker Ausdruck der »irreparablen Deformation«,[17] die dem Opfer zugefügt wurde, und die es mitunter sogar häßlich werden läßt. »Ich entdeckte am Staat Israel solche Häßlichkeiten, die sich nur aus dieser Entwicklung verstehen lassen.«[18]

Jurek Becker wehrt sich gegen die zugedachte Opfer-Identität. Begünstigt werden seine Bemühungen durch die »Umgebung, in der ich aufgewachsen bin«,[19] dort hat »es keine Angriffe auf die Gruppe der Juden gegeben«,[20] dort wurden aber auch »zu Recht NS-Greuel nicht zuvörderst als Greuel an Juden betrachtet«.[21] Voraussetzung für ein aktives Bewältigen der Vergangenheit ist eine präzise Erinnerung. »Ich vermute, daß man sich von Ereignissen, die aus dem Gedächtnis entfernt werden sollen, zunächst ein möglichst genaues Bild machen muß«,[22] sagt eine von Beckers Romanfiguren. Für ihn selbst ist dies schwierig, weil der einzig verfügbare Zeuge beharrlich die Aussage verweigert:[23]

»Mein Vater vermied es von Anfang an und sehr konsequent, das Gespräch mit mir auf die Vergangenheit zu bringen. Niemals habe ich erfahren, welche Absicht er mit dieser Verschwiegenheit verfolgte: ob er selbst Ruhe vor den vergangenen Jahren finden wollte (...) oder ob er diese Zeit von mir fernhalten wollte. Doch welches der beiden Ziele er sich auch gestellt haben mag — er hat es nicht erreicht.«

Wo die Unterstützung durch Zeugen ausblieb, mußte Erinnerung mit anderen Mitteln in Gang gesetzt werden. Becker greift auf eines zurück, das ihm zu Beginn seiner bewußten Kindheit — also mit acht Jahren — schon einmal geholfen hat, die Sprache:[24]

»In einer extrem intensiven Beschäftigung mit der Sprache sah ich das einzige Mittel, dem Spott und den Nachteilen zu entkommen, die sich daraus ergaben, daß ich als einziger Achtjähriger weit und breit nicht *richtig* sprechen konnte.«

Mit sprachlichen Mitteln, mit Hilfe von Literatur versucht er, die Ereignisse zu rekonstruieren, die sein Leben geprägt haben, die sich ihm aber nicht einprägen konnten. Er recherchiert, was jene nicht erinnerbare Kindheit ausgemacht haben könnte: Orte (vorzugsweise das Ghetto), Lebensgebräuche und Traditionen (meist jüdische, denn die Eltern hatten — als Ostjuden — gelernt, sich mit ihrem Judentum zu identifizieren). Die Literatur, die so entsteht, beweist nun aber nicht, daß ihr Autor sich unbewußt abgefunden hätte mit vererbten, biologisch determinierten Strukturen, sondern sie ist Voraussetzung für das Gegenteil: Sich mit der Zwangsidentität des Opfers nicht abzufinden. Beckers »Judenromane« sind nicht bekenntnishafte Autobiographie, sondern Modelle und Typisierungen — Rekonstruktionsversuche eben. *Jakob der Lügner* zeugt weniger von chassidischer Fabulierkunst als von akribischer Recherche, angereichert mit imaginierter Wunschkindheit. Im *Boxer* wird die Recherche explizit zum literarischen Stilmittel. Selbst ein scheinbar authentisches Familiengemälde wie *Die beliebteste Familiengeschichte*[25] hat nicht die Funktion, altes Brauchtum zu beleben und eine verlorene jüdische Idylle zu beschwören, sondern dient als Ausgangspunkt fürs Nachdenken über die eigene Geschichte. Wer seine Zukunft selbst bestimmen will, der muß die Vergangenheit fixieren, um sie hinter sich lassen zu können. Becker räumt ein, daß so nur einer argumentieren könne, »für den die Zugehörigkeit zu einer Gruppe von Menschen, die 'die Juden' heißen, eine freiwillige Angelegenheit bedeutet; eine Entscheidung, die man so oder so treffen kann, letztlich also einen intellektuellen Entschluß.«[26]

Intellektualität und Reflexion sind Jurek Beckers Grundprinzipien im Umgang mit seiner Vergangenheit. So kann er der Stigmatisierung entrinnen. Gerade die Privilegierung ehemaliger Opfer ist für ihn ein Ausdruck solcher Stigmatisierung. Sie gründet auf Mitgefühl, wo »Begreifen« angebracht wäre: »Ich möchte auf möglichst kühle Weise mich einer bestimmten Materie nähern — nicht jedenfalls in einer Art, bei der Mitgefühl und Befangenheit mich denkschwach machen.«[27] Ein Hinweis auf Theodor W. Adorno liegt nahe. Der hatte im dritten Teil der *Negativen Dialektik* von jener »Kälte« gesprochen, die — als »Grundprinzip der bürgerlichen Subjektivität« — Auschwitz möglich gemacht hätte, und die zugleich Voraussetzung fürs »Weiterleben« nach Auschwitz sei.[28] Was in Gesprächen mit Jurek Becker oft als Zynismus aufscheinen mag, ist — Adorno zufolge — unabwendbar, der Preis fürs Weiterleben des autonomen Subjekts. Ich will versuchen, diese allgemeinen Ausführungen an Beckers jüngstem Roman, *Bronsteins Kinder*, zu illustrieren.

Hans Bronstein, Sohn jüdischer Eltern, wird eines Tages im Jahre 1973 — ohne daß er es will — Mitwisser eines Geheimnisses: der Vater hält zusammen mit zwei jüdischen Freunden, gleich ihm ehemalige Lagerinsassen, einen früheren Aufseher des Konzentrationslagers Neuengamme gefangen, den einer der drei zufällig kennengelernt und unter einem Vorwand ins Wochenendhaus gelockt hatte. Sie haben ihn ans Bett gefesselt und versuchen, Geständnisse aus ihm herauszupressen. Der verstörte Sohn bemüht sich vergeblich, den Vater zu verstehen. Die Ereignisse im Waldhaus passen nicht zum Bild, das er sich bisher von ihm gemacht hatte. Offenbar haben die ehemals Verfolgten jahrzehntelang nur so getan, als ob sie ein alltägliches Leben führen könnten. Hans sucht Rat bei seiner älteren Schwester Elle, die in einer psychiatrischen Anstalt lebt. (Elle hatte den Krieg — getrennt von den Eltern — bei einer deutschen Familie überlebt und dort offensichtlich so Schreckliches mitgemacht, daß sie später — scheinbar grundlos — Menschen angriff und ihnen das Gesicht zerkratzte. Als sich dieser Zustand nicht besserte, gaben die Eltern sie in die Anstalt und entschieden sich für ein zweites Kind. Hans wurde 1955 geboren, die Mutter starb kurz danach und der Junge wuchs allein mit dem Vater auf.) Elle greift Partei für den Vater, da beschließt Hans, den Gefangenen auf eigene Faust zu befreien — nicht aus Mitleid, sondern um den Vater vor sich selbst zu schützen. Als Hans seinen Plan realisieren will, findet er den Vater im Waldhaus; die Aufregungen der letzten Wochen waren zu groß, er ist tot neben dem Bett des Gefangenen zusammengebrochen. — Der Leser erfährt all dies aus dem Munde von Hans, der rückblickend versucht, die Ereignisse um den Tod des Vaters zu rekapitulieren. »Vor einem Jahr kam mein Vater auf die denkbar schwerste Weise zu Schaden, er starb«[29] — so beginnt der Roman. Hans lebt mittlerweile in der Familie seiner Freundin Martha. Deren Eltern — Juden wie Hans' Vater — hatten ihn damals als zukünftigen Schwiegersohn aufgenommen. Inzwischen ist die Freundschaft der Kinder erloschen, Hans wird — aus Höflichkeit und Pietät — noch geduldet.

Schon die knappe Zusammenfassung zeigt, wie vielschichtig der Roman ist. Ich werde mich auf wenige Aspekte beschränken. Wie bei anderen Büchern Beckers, so darf man auch hier die autobiographische Dimension nicht auf der Faktenebene suchen. Grunderfahrungen des Autors werden in freier literarischer Fiktion gestaltet. Die Parallelen zum zehn Jahre zuvor erschienenen *Boxer* sind unverkennbar: Aron Blank hatte einst erfolglos versucht, durch Vertauschen zweier Buchstaben im Vornamen einen Schlußstrich zu ziehen. Der Vater im neuen Roman heißt kommentarlos Arno, in seinem Scheitern ist er jener früheren Figur eng verwandt; auch er kann sich letztlich nicht aus dem schwer erträglichen Zustand befreien, nur ein Opfer des Faschismus zu sein und sonst nichts. *Bronsteins Kinder* ist ein Buch über die lebenslangen Opfer und über die Schwierigkeiten ihrer Kinder, sich mit ihnen zu verständigen. Ein zentrales Thema ist die Sprachlosigkeit zwischen den Generationen. Hans partizipiert oft hinter verschlossenen Türen an Gesprächssituationen:[30]

»Zwischen meines Vaters und meinem Zimmer gab es eine nie benutzte Tür, die von seiner Seite mit einem Bücherregal und von meiner Seite mit einem Kleiderschrank verstellt war. Obwohl ich alles andere als lauschen wollte, hörte ich Stimmen. (...) Sie sprachen von ihrer Vergangenheit, von Krieg und Lager. Ein jeder erzählte Geschichten, reihum, unterbrochen durch Fragen der beiden anderen und durch gelegentliche Seufzer.«

Jurek Becker berichtet ähnliches von sich und seinem Vater:[31]

»Zwischen uns herrschte ein Zustand tiefer Sprachlosigkeit. Je erwachsener ich wurde, (...) desto bewußter wurde mir das. Dennoch brachte ich es nicht fertig, diesen Zustand zu ändern. Ich wurde nur fähig, einen Dialog zwischen uns zu erfinden, ein Verhältnis darzustellen, weil ich es mir gewünscht hätte. Das hat zwar nicht meinem Vater diesen Zustand erleichtert, doch mir.«

Hans ist noch mit anderen biographischen Merkmalen des Autors ausgestattet: Philosophiestudent, empfindlich gegen Bevorzugungen und Sonderbehandlungen aller Art, bemüht um kühle Distanz (»Gebt mir das steinerne Herz. Was die anderen mit ihren Gefühlen leisten, das möchte ich mit dem Verstand erledigen.«)[32] — aber aus Hans spricht nicht der Autor. Altersmäßig steht ihm Elle viel näher; psychisch und physisch beschädigt durch die Handlanger des Faschismus, kompromißunfähig geworden und von der Gesellschaft ausgegrenzt. Wenn Jurek Becker sich in den Briefen Elles poetische Ausbrüche von bislang ungeahnter Intensität erlaubt, so ist dies vielleicht auch ein Hinweis auf verborgene Wünsche des Autors, die diese Figur transportiert.

Deutlicher als frühere Texte trägt *Bronsteins Kinder* Merkmale einer Lebensbilanz. Im Todesjahr Arnos starb auch Jurek Beckers Vater. Der Roman ist nicht nur ein Buch *über* den Vater, sondern auch eins *für* ihn. Ein Erinnerungs- und Gedenkbuch, das nachholen möchte, was zu Lebzeiten nicht gelang: den Diskurs über unterschiedliche Haltungen zur Vergangenheit (und damit auch zur Zukunft). Lebensbilanz meint nicht: kaschierte Autobiographie. Arno ist nicht Beckers Vater, Hans und/oder Elle sind nicht Jurek Becker. Der ist auf andere Art präsent — als Drahtzieher, als strukturierende Instanz — und er hat diese Rolle listig im Text versteckt. Der Roman besteht aus nicht numerierten, aber deutlich voneinander abgegrenzten Kapiteln; 24 spielen noch zu Lebzeiten des Vaters, in 12 wird rückschauende Bilanz gezogen: die Summe aller Kapitel (36) entspricht dem Alter des Autors im Todesjahr seines Vaters.

Im Gegensatz zu früheren Romanen ist jüdische Tradition kein Thema mehr. »Meine einzige Brücke zu jener Zeit, die mir am treffendsten mit *damals* bezeichnet vorkommt, war mein Vater«,[33] bekannte einst zu Beginn einer einschlägigen Geschichte der Erzähler. In *Bronsteins Kinder* taugen Juden nur noch als Aversionsobjekte (Arnos Freunde) oder als Zielscheibe bissiger Karikatur (Marthas Eltern). Mit dem Tod des Vaters (im Roman und im Leben) scheint Jurek Becker das »Judentum« abgeschlossen zu haben.

Was kommt danach? Im Roman bleiben die Perspektiven merkwürdig vage. Die illusionslose Nüchternheit von Hans mündet in Lethargie, seine Kämpfe beschränken sich auf den ums andere Geschlecht. Elle muß sich damit begnügen, Sprache zu verändern (»verinnern«[34] = sich nicht richtig erinnern, »Wirrenhaus«[35]). Eine resignative Lebensbilanz also? Ursprünglich sollte der Roman *Wie ich ein Deutscher wurde* heißen. Ist Resignation der Preis, die Strafe fürs Deutschsein? Deckt sich Beckers Fazit gar mit dem vernichtenden Urteil seiner Romanfigur Arno über die Deutschen:[36]

> »Es sei zwar richtig, daß der Aufseher hart bestraft würde, wenn sie ihn einem Gericht übergäben, aber warum? Doch einzig deshalb, weil zufällig die eine Besatzungsmacht das Land erobert habe und nicht die andere. Wenn die Grenze nur ein wenig anders verliefe, dann wären dieselben Leute entgegengesetzter Überzeugung, hier wie dort. Wer stark genug sei, könne diesem Gesindel seine Überzeugungen diktieren, ob er nun Hitler oder sonstwie heiße«.

Vielleicht steckt in jenem Titel, für den Becker sich schließlich entschieden hat, ein Hinweis auf eine andere Geschichte: *Bronsteins* Kinder. Auffällig ist, daß dieser Name (bekanntlich der bürgerliche Name Leo Trotzkijs) nicht im Roman selbst vorkommt (die Hauptfiguren haben — im Gegensatz zu allen anderen — nur einen Vornamen). Der Titel könnte ein blindes Motiv sein;[37] man kann ihn aber auch als Metapher lesen, als Verweis auf andere Traditionen. Schließlich sind Juden heute nicht nur Kinder der Opfer Hitlers, sondern auch Nachkommen des intellektuellen (jüdischen) Abweichlers vom orthodoxen Kommunismus, des brillianten Literaturkenners und Verfechters einer permanenten Revolution. So gedeutet weckt der Titel Erinnerungen an Uneingelöstes, signalisiert einen Hauch von Hoffnung. Bronstein und seine Kinder werden allerdings im real existierenden Sozialismus nicht sonderlich geschätzt. Keine rosigen Aussichten für eine »zweite Zukunft«[38] in Deutschland — hier oder dort. Der unabhängige, heimatlose, zum Deutschen gewordene ehemalige polnische Jude Jurek Becker wird sich auch in Zukunft zur Wehr setzen müssen.

Anmerkungen

1 Becker, Jurek, 1982 (1969): Jakob der Lügner. Roman. Frankfurt.
2 Vgl. Lüdke-Haertel, Sigrid/Lüdke, Martin, 1978: Jurek Becker. In: KLG. München.
3 Becker, Jurek, 1986 (1978): Mein Judentum. In: Schulz, Hans Jürgen (Hrsg.): Mein Judentum. München, 14.
4 Ebd., 10.
5 Ebd., 15.
6 Ebd.
7 Ebd., 10.
8 Becker, Jurek, 1983 (1980): Die Mauer. In: ders.: Nach der ersten Zukunft. Erzählungen. Frankfurt/M., 62-102.
9 Becker, Jurek, 1979 (1976): Der Boxer. Roman. Frankfurt/M.
10 Becker, Jurek: New Yorker Woche. In: ders., Nach der ersten Zukunft, 145-157.
11 Shoham, Chaim, 1985: Jurek Becker ringt mit seinem Judentum. In: Kontroversen, alte und neue. Akten des 7. Internationalen Germanisten-Kongresses in Göttingen, Bd. 5. Tübingen, 225-236.
12 Ebd., 225.
13 Ebd., 226.
14 Zit. nach Jäger, Manfred: Jurek Becker: Bronsteins Kinder. Bücher im Gespräch. Sendung des Deutschlandfunks vom 19.10.1986.
15 Becker, Mein Judentum, 10.
16 Ebd., 11.
17 Jurek Becker im Gespräch. (2.10.1986 in Essen).

18 Jurek Becker im Gespräch. Zit. nach Hage, Volker: Wie ich ein Deutscher wurde. Eine Begegnung mit Jurek Becker in Berlin und Anmerkungen zu seinem Roman »Bronsteins Kinder«. In: Die Zeit, Nr. 41, 3.10.1986.
19 Becker, Mein Judentum, 17.
20 Ebd.
21 Jurek Becker im Gespräch. (2.10.1986 in Essen).
22 Becker, Jurek, 1986: Bronsteins Kinder. Roman. Frankfurt/M., 7.
23 Becker, Mein Judentum, 12.
24 Ebd.
25 Becker, Jurek: Die beliebteste Familiengeschichte. In: ders., Nach der ersten Zukunft, 40-61.
26 Becker, Mein Judentum, 13.
27 Jurek Becker im Gespräch mit Volker Hage.
28 Adorno, Theodor W., 1975 (1966): Negative Dialektik. Frankfurt/M., 355 f.
29 Becker, Bronsteins Kinder, 7.
30 Ebd., 218 ff.
31 Jurek Becker im Gespräch mit Volker Hage.
32 Becker, Bronsteins Kinder, 7 f.
33 Becker, Die beliebteste Familiengeschichte, 40.
34 Becker, Bronsteins Kinder, 193.
35 Ebd., 123.
36 Ebd., 80.
37 Vgl. Jäger, Bücher im Gespräch.
38 »Nach der ersten Zukunft« nannte Becker einen Band mit Erzählungen, in denen er u.a. Bilanz über sein Leben in der DDR zog.

Gert Mattenklott

Jüdische Intellektuelle in der Bundesrepublik

Drei Interviews

Die hier vorgestellt werden, sind keine Opfer, ich bin kein Täter. Es ist dennoch kein normales Verhältnis zwischen uns. Gelegentlich entsteht zwar der Anschein, wenn wir über irgend etwas Alltägliches sprechen, eine gemeinsame Mahlzeit haben oder uns als Kollegen verabreden. Aber sobald zur Sprache kommt, was einen Bezug auf Jüdisches oder zur Geschichte hat, verfliegt dieser Anschein. Normal ist die Befangenheit. Denn in der Sprache ist diese Geschichte ja allgegenwärtig. Da bedarf es gar nicht des ausdrücklichen Gesprächs über Judenverfolgung, Nationalsozialismus oder den Nahen Osten. Unter Intellektuellen wird zum Beispiel in jeder etwas ausführlicheren Unterhaltung über Juden und Deutsche früher oder später psychologisiert. Erinnerungen kommen zur Sprache, Kindheit, die Eltern, Familiengeschichte. Schlagartig ist die Szene bereitet, auf der wir — freiwillig oder nicht — als Stellvertreter stehen: er für seine Tradition, ich für meine. Wo beide sich überlagern, erstreckt sich ein Drama, dessen Epilog wir soeben sprechen. Es zeigt sich am zögernden oder forciert beiläufigen Reden, daß wir beide das Bewußtsein haben, nicht mehr nur für uns selbst und zueinander zu sprechen. Wir haben zu verantworten. Wir verlautbaren, wägen ab, formulieren diplomatisch. Unausgesprochen mitdenkend: er, was er den Seinen schuldig ist; ich, womit ich ihn verletzten würde. Die innere Abwehr dagegen, sich derart in Bann schlagen zu lassen, kann diese Befangenheit nicht mindern, im Gegenteil. Sie gehört dazu, denn wir wären keine Intellektuellen, wenn wir nicht zugleich die gesamte Partitur dieser Szene und ihre psychologische Theorie im Kopf hätten: Schuldgefühl auf beiden Seiten — er, indem er Deutsch spricht mit mir im Land derer, die seine Familie auf dem Gewissen haben; ich aus der Familie und dem Volk der Täter —, also zwar aus unterschiedlichen Gründen, aber beiderseits bedrückt; Abwehr dieses Gefühls, seine Anerkennung und Differenzierung.

Aber Schuldgefühle und ihre innere Bearbeitung sind nicht das Einzige, was Normalität verhindert, oder vielmehr, es kommen neue dazu, die sich auf den historischen Mordfall nur noch mittelbar beziehen. Ich meine das Gefühl, sich wechselseitig als Personen zu verfehlen durch die innere Fixierung auf den Fall und seine Vor- und Nachgeschichte.

Nicht bloß, daß Befangenheit aus Schuldgefühlen entsteht, sondern diese Befangenheit ihrerseits wird bereits wieder als neue Schuld erlebt, manchmal beiderseits.

Ich glaube nicht, daß das vermeidbar ist. Es sind Gefühle, die einen wirklichen Gegenstand haben, auf den sie sich beziehen. Im Gegenteil, die beschriebene Konstellation wird sich verdichten, je mehr wir über die Geschichte wissen und je öfter Juden und Deutsche oder deutsche Juden und nicht-jüdische Deutsche wieder zusammentreffen.

Julius H. Schoeps

G.M.: Herr Schoeps, wieviele Juden leben zur Zeit in der Bundesrepublik?

J.Sch.: In der Bundesrepublik und West-Berlin leben 30000 in den Gemeinden offiziell gemeldete Juden. Ich schätze, daß es darüberhinaus noch eine Dunkelziffer von etwa 15 000 gibt, die in den Gemeinden nicht gemeldet sind. Warum das so ist, hängt vermutlich damit zusammen, daß es Personen gibt, die keine Kultus-Steuern entrichten wollen, vielleicht aber auch mit der historischen Erfahrung zusammen: wer gemeldet ist, der ist erkennbar, somit auch greifbar.

G.M.: Wissen Sie, wie hoch unter diesen schätzungsweise 45 000 der Anteil von in Deutschland Geborenen oder deren Nachkommen ist?

J.Sch.: Darüber haben wir keine genauen Zahlen. Aber wir können davon ausgehen, daß die Mehrzahl der in der Bundesrepublik lebenden Juden osteuropäischen Ursprungs sind, Überlebende der Vernichtungslager, bzw. deren Kinder; dann auch Zuwanderer aus Osteuropa, und ein nicht zu unterschätzender Anteil von Israelis, die hier leben, sei es aus geschäftlichen Gründen, sei es als Studenten. Der geringste Anteil wird heute von den in Deutschland geborenen Rückwanderern und deren Nachkommen gestellt. Das hat dazu geführt, daß sich die Struktur der Gemeinden vollständig geändert hat. Es gibt keinerlei Kontinuität zu den Gemeinden vor 1933. Die Gemeinden sind heute in ihrer Struktur osteuropäische Gemeinden. Das läßt sich z.B. daran zeigen, daß der Ritus der meisten Gemeinden geändert worden ist. Es ist nicht mehr der Reformritus des deutschen Judentums, sondern der osteuropäische Ritus.

G.M.: Wie befinden sich in dieser Situation die zum kleinen Kreis der deutschen Juden gehörenden Mitglieder der Gemeinden? Ich stelle mir vor, daß sie die heutige Situation als Vertiefung des Bruchs erfahren könnten, der sie von ihrer Vergangenheit trennt.

J.Sch.: Es ist mit Sicherheit für sie nicht unproblematisch. Die wenigen Juden, die sich zum deutschen Judentum rechnen, sind in den Gemeinden an den Rand gedrängt worden, gehen zum Teil nicht einmal mehr in die Gemeinden, weil sie sich dort fremd fühlen, und werden auch von der Mehrzahl der aus Osteuropa stammenden Gemeindemitglieder majorisiert und in gewissem Sinne auch scheel angesehen. Dabei spielt eine Rolle, daß sich hier die Gelegenheit bietet, sich für die ablehnende Haltung der deutschen Juden vor 1933 zu revanchieren, die damals häufig verächtlich auf die Ostjuden heruntergeblickt haben.

G.M.: Gibt es eine vitalere Publizistik der jüdischen Gemeinschaft in Deutschland?

J.Sch.: Nein. Neben einigen kleineren Gemeindeblättern gibt es nur die »Allgemeine Jüdische Wochenzeitung«. Sie ist, wie es im Impressum heißt, das Organ des Zentralrates der Juden in Deutschland. Zwei christliche Mitarbeiter redigieren dieses Blatt. Kritische Stimmen werden dort nicht gern gedruckt. Eine Reihe von Autoren — wie ich selbst — sind dort von dem inzwischen verstorbenen und in kriminelle Delikte verwickelten Werner Nachmann mit einem persönlich verfügten Schreibverbot belegt worden.

G.M.: Sie selbst, Herr Schoeps, sind mit Ihrem Vater in die Bundesrepublik zurückgekehrt ...

J.Sch.: Mein Vater war am Weihnachtsabend 1938 aus Deutschland nach Schweden geflüchtet. Dort lernte er meine Mutter kennen, die 1936 schon ins Exil gegangen war. Ich selbst bin 1942 in Djursholm geboren. Die Ehe wurde später geschieden. Mein Vater ging 1946 nach Deutschland zurück, habilitierte sich in Marburg und bekam dann einen Lehrstuhl in Erlangen, wo er bis zu seinem Tode 1980 gelehrt hat. Vielleicht sollte ich hier erwähnen — es ist eine aparte Anmerkung zu dieser Lebensgeschichte —, daß der Lehrstuhl meines Vaters, der als eine Art Wiedergutmachungslehrstuhl mit der Definition »Religions- und Geistesgeschichte« eigens für ihn eingerichtet worden war, 1978 in einen Konkordatslehrstuhl vom Bayerischen Staat umgewidmet worden ist. Das hieß im Klartext, daß der Nachfolger meines Vaters auf dem Lehrstuhl Katholik sein und der Bischof von Bamberg seine Einwilligung geben mußte. Damals, also zwei Jahre vor seinem Tod, hat mein Vater an den Bayerischen Kultusminister Hans Maier einen Brief geschrieben, in dem er schrieb, daß er bedauere, nach Deutschland zurückgekehrt zu sein. Eine Antwort darauf hat er nicht bekommen. Es hat ihn sehr getroffen, daß er nach 30 Jahren Arbeit mit einem Fußtritt verabschiedet worden ist.

G.M.: Alfred Döblin hat einen vergleichbaren Brief an Theodor Heuss geschrieben, ehe er Deutschland — in der Restaurationsperiode der Adenauerzeit — tatsächlich ein zweites Mal verlassen hat.

J.Sch.: Ja, es sind charakteristische Fälle. Den meines Vaters muß man wohl auch im Zusammenhang damit sehen, daß es nach 1945 keinerlei Versuche gegeben hat, die einst vertriebenen, hinausgeworfenen Juden wieder auf ihre Professuren zurückzuholen. Es gab keine offizielle Aufforderung eines deutschen Bundespräsidenten, geschweige denn eines Bundeskanzlers, an die ehemaligen deutschen Bürger, wieder zurückzukommen. Keine deutsche Universität hat ihre ehemaligen Professoren zur Rückkehr aufgefordert. Das hing wohl damit zusammen, daß auf diesen Lehrstühlen inzwischen andere saßen. Meiner Ansicht nach gehört das zu den anhaltend dunklen Schattenseiten dieser Republik. Es wären viele zurückgekommen, wenn man sie aufgefordert hätte, nicht bloß im akademischen Bereich.

Eine Tante von mir, die heute in Paris lebt, besitzt seit über vierzig Jahren einen Nansen-Paß, einen Paß für Staatenlose. Immer wenn sie in die Bundesrepublik fahren will, muß sie ein Visum beantragen. Sie ist 1940 ausgebürgert worden. Um wieder deutsche Staatsbürgerin zu werden, müßte sie einen Antrag stellen. Sie sagt aber, sie hätte auch keinen Antrag auf Ausbürgerung gestellt, also würde sie auch keinen stellen, um wieder eingebürgert zu werden. Man sieht an solchen Fällen, daß es kein wirkliches Unrechtsbewußtsein gibt, und daß der Wille nie ernsthaft gewesen ist, die Vertriebenen wieder zurückzuholen. — Übrigens kenne ich auch Fälle, in denen die selben Beamten, die das Ausbürgerungsverfahren bearbeitet haben, wiederum mit dem Verfahren der Einbürgerung befaßt gewesen sind.

G.M.: Als Sie aus Schweden hierherkamen, war das ja nicht ihre Wahl gewesen. Haben Sie nachträglich bewußt und willentlich für Deutschland optiert?

J.Sch.: Meine frühesten Erinnerungen reichen zurück an die Eisenbahnfahrt, die mich von Schweden in das Nachkriegsdeutschland brachte. Ich erinnere mich daran, daß ich bei dieser Fahrt pausenlos geheult habe. Es war das Jahr 1948. Ich reiste aus der heilen Welt Schwedens in eine Trümmerlandschaft. Damals war ich sechs Jahre alt und sprach kein Wort Deutsch. Ganz sicherlich habe ich mich nicht aus freien Stücken für Deutschland entschieden. Als Sechsjähriger wäre ich da wohl etwas überfordert gewesen.

G.M.: Sie hatten als Kind nur Schwedisch gelernt — sprechen Sie es heute auch noch?

J.Sch.: Ja. Deutsch habe ich erst in der Schule in Erlangen gelernt. Das ging relativ schnell.

G.M.: Sind Sie jüdisch erzogen worden?

J.Sch.: Ich bin in einer nicht-jüdischen Welt aufgewachsen. Wir haben zwar den Schabbath und den Seder-Abend gefeiert. Aber es gab keine gleichaltrigen jüdischen Kinder, mit denen mein jüngerer Bruder und ich hätten Umgang haben können. Die nächste Jüdische Gemeinde war in Nürnberg. Dort fuhren wir immer hin. Für mich als kleinen Jungen waren das uralte Menschen, alle über fünfzig, sechzig, siebzig Jahre alt. Sehr gut erinnere ich mich noch an einen Uhrmachermeister namens Auerbach. Er hatte in Nürnberg wie durch einen Zufall in einem Versteck überlebt. Besonders gut habe ich noch seine zerarbeiteten Finger vor Augen, die sehr rissig waren. Es waren die Hände eines Menschen, der sein Leben lang körperlich gearbeitet hatte. Dieser Mann hat sich einmal die Woche freiwillig hingesetzt, um meinem Bruder und mir Hebräisch und jüdisches Wissen beizubringen. Er hat das, nach all dem was er durchgemacht hatte, als seine Aufgabe empfunden. Ich habe das damals nicht verstanden und auch nicht begriffen, warum ich mit meinem Bruder jede Woche einmal nach Nürnberg zum Unterricht fahren mußte. Damals habe ich nicht eingesehen, warum ich einen jüdischen Religionsunterricht besuchen sollte. Ich lebte ja in einer nicht-jüdischen Welt. Wozu also Hebräisch lernen? — Dann war Bar Mizwa 1955, die erste nach 1945 in der Bundesrepublik. Von da an spielte das Judentum für mich nur noch eine untergeordnete Rolle. Ich kam ins Internat — in Bayern. In den fünfziger und sechziger Jahren sprach man nicht über die Vergangenheit und nicht über das deutsch-jüdische Verhältnis. Man sprach über den Wiederaufbau und verdrängte alles, was mit der jüngsten Geschichte zu tun hatte. Zu meinem Judentum fand ich erst in den späten sechziger Jahren, übrigens hier in Berlin. Am 6. Juni 1967, als der Ausbruch des Sechstagekrieges die Öffentlichkeit beschäftigte, fand in der HfBK eine große Solidaritäts-Versammlung statt, bei der Günter Grass sprach und ich einer der Zuhörer im vollbesetzten Auditorium war. Für mich war das ein einschneidendes Ereignis. Mein Judentum kam mir wieder jäh ins Bewußtsein.

G.M.: Fühlen Sie sich in einer Familientradition stehend?

J.Sch.: Ganz sicher. Ich stamme aus einer typisch assimilierten deutschen Familie. Mein Großvater väterlicherseits war preußischer Stabsarzt gewesen. Die Familie kam aus Westpreußen. Mütterlicherseits stamme ich von Moses Mendelssohn ab als auch von David Friedlaender, dem ersten jüdischen Stadtrat von Berlin (1808), so daß ich das deutsche Judentum in seinen Assimilationssehnsüchten geradezu familiengeschichtlich verkörpere. Deutsch-jüdische Geschichte ist in gewisser Weise meine eigene Geschichte, und dieses Bewußtsein bestimmt meine Identität bis heute.

G.M.: Ihr Vater war einer der Wortführer der konservativen Juden in Deutschland, der im Grunde nicht glauben konnte, was er sah ...

J.Sch.: Er war konservativ, aber er war auch ein überzeugter Jude. Er sagte immer, was mich sehr fasziniert: »Ich bin ein Jude, der geprägt ist vom protestantischen Denken«. Das hat sich bei mir fortgesetzt. Je älter ich werde, desto mehr verstehe ich, was mein Vater damit ausgedrückt hat. Auch ich würde heute von mir sagen, daß ich ein Jude bin, aber eben ein Jude mit einer protestantischen Denkstruktur.

G.M.: Anders als Ihr Vater zählen Sie selbst ja nun nicht gerade zu den Konservativen. In welchem Verhältnis stehen für Sie bewußtes Judentum und politische Haltung?

J.Sch.: Ein Linker bin ich im Grunde nie gewesen. Ich habe immer gewisse Vorbehalte gegenüber der 68er Studentenbewegung gehabt. Instinktiv habe ich gefühlt, daß da etwas verhandelt wurde, was nicht meine Sache war. Heute sehe ich deutlicher, worum es dabei ging. Es war ein Aufstand der deutschen Jugend gegen die Nazivergangenheit ihrer Väter — im Grunde also nicht meine Angelegenheit. Nicht daß ich das damals wirklich gewußt hätte, aber empfunden habe ich es schon. Es hatte die Konsequenz, daß ich zwar überall hinging, auf allen Versammlungen war, aber doch Schwierigkeiten hatte, mich, wie es von mir eigentlich erwartet wurde, zu »solidarisieren«. Der Konflikt zwischen Linken und Juden brach auch erst später auf, beim Sechstagekrieg. Bis dahin stand die jüngere Generation emotional ja fast geschlossen auf Seiten der Juden. Erst unter dem Eindruck der israelischen Siege 1967 vollzog sich der Schwenk zu den Palästinensern. Viele jüngere Juden, die bis dahin mit der Linken sympathisiert hatten, trennten sich von diesem Zeitpunkt an von der Linken und begannen sich auf eine eigene, eine jüdisch linke Position zu besinnen.

Für kritische Juden war es eigentlich immer selbstverständlich, zwischen Antizionismus und Antisemitismus zu unterscheiden. Man sehe nur den Artikel »Antizionismus« im Jüdischen Lexikon von 1924, wo in dieser Frage sehr genau differenziert wird. Bei den deutschen Kritikern Israels verschwamm und verschwimmt diese Unterscheidung sehr oft. In den Antizionismus mischen sich häufig antisemitische Motive.

G.M.: Bei Juden, scheint mir, und wohlmeinenden Nicht-Juden hat es in gewissen Abständen immer wieder Visionen der Aufhebung der

Antagonismen zwischen den ethnischen und religiösen Gemeinschaften in einem höheren gesellschaftlichen Bewußtsein gegeben. Ich erinnere nur an Otto Heller, einen Kommunisten, der 1931 ein Buch mit dem Titel veröffentlichte: »Der Untergang des Judentums«. Der Untertitel hieß: »Die Judenfrage / Ihre Kritik / Ihre Lösung durch den Sozialismus«. Diese Vision hatte durch die Gründung der Judenrepublik Birobidschan in der Sowjetunion Nahrung erhalten. — Was halten Sie von derartigen Visionen?

J.Sch.: Im Grunde bin ich ein Gegner jeder Art von Nationalismus. Ich fühle und definiere mich als Kosmopolit, und zwar aus meiner Lebenserfahrung. Mein Traum ist die Überwindung des Nationalismus, der nach meiner Überzeugung bisher nur Unheil hervorgerufen hat. Als Historiker weiß ich natürlich auch, daß der Nationalismus Ausdruck kollektiven Bewußtseins ist und daß er den Verlauf der modernen Geschichte mehr bestimmt hat als das Prinzip des Klassenkampfes. — Moses Heß hat das schon ähnlich formuliert, wenn er in »Rom und Jerusalem« sagte: »Erst kommt der Rassenkampf und dann der Klassenkampf«. Rassenkampf hat Heß im Sinn von Nationalitätenkampf verstanden.

G.M.: Wie reagiert Ihr innerer Kosmopolitismus auf den neuen Regionalismus in seinen diversen Spielarten?

J.Sch.: Er macht mir Bauchschmerzen. Denn so etwas pflegt über kurz oder lang immer zur Ausgrenzung einzelner Gruppen zu führen. Man muß dann irgendwann bestimmen, wer dazugehört und wer nicht. So zucke ich zusammen, wenn ich Politiker oder neuerdings ja immer häufiger auch Intellektuelle aller möglichen couleur und Profession sagen höre: »Wir Deutschen ...«. Damit ist meist mehr gemeint als die Vorstellung, die ich für mich in Anspruch nehme, nämlich Bürger der Bundesrepublik Deutschland zu sein.

G.M.: Trotz Ihres Kosmopolitismus haben Sie selbst sich in Ihrer wissenschaftlichen Arbeit als Historiker aber auch auf eine bestimmte Gruppe von Juden konzentriert: die des deutschen Sprachbereiches — aus wissenschaftlichen Gründen?

J.Sch.: Mich interessiert, ob es das gab, was Gershom Scholem verneint hat, die deutsch-jüdische Symbiose. Um es vorwegzunehmen: Ich glaube, es hat sie gegeben und zwar sehr ausgeprägt. Es gab sie vor allem kulturell, in der Sprache, in der Literatur. Mich interessiert, wann das deutsch-jüdische Verhältnis zerbrochen ist, welches die Bedingungen und Gründe für das Scheitern waren. Ich möchte aber auch mit meiner Arbeit darauf hinweisen, daß es Phasen der Normalität gegeben hat.

Dazu muß ich allerdings sagen, daß ich mich mit diesem Forschungsgegenstand lange Jahre sehr allein gefunden habe. Um mich selbst etwas zu trösten, habe ich dann häufig erklärt, ich bin eben so etwas wie ein »Nachlaßverwalter« des deutschen Judentums.

G.M.: Ihre eigene Professur in Duisburg ist eine normale Historiker-Stelle?

J.Sch.: Es ist eine Professur für Politische Wissenschaft unter besonderer Berücksichtigung der Neueren Geschichte.

G.M.: Die Spezialisierung auf die Geschichte des Judentums ist Ihre eigene Auslegung dieser Stelle?

J.Sch.: So ist es, und das ist sicher nicht ganz üblich.

G.M.: An wen adressieren Sie ideell und wirklich Ihre Forschungsarbeit — an die internationale Judaistik, die deutsche Geschichtswissenschaft ...?

J.Sch.: Mich interessiert nicht das Publikum in den USA oder in Israel, sondern die jungen Deutschen. Würde ich gehen, was ich mir natürlich aus vielen Anlässen oft schon überlegt habe, würde ich nach den USA auswandern. Aber dann sage ich mir, machst du das, würde am Ende Hitler und der Antisemitismus recht behalten. Das geht nicht. Ich bleibe also und arbeite weiter und versuche meinen Beitrag zu leisten, daß dieses Kapitel der deutschen Geschichte (deutsch-jüdische Geschichte verstehe ich als integralen Bestandteil der deutschen Geschichte) nicht vergessen wird.

G.M.: Für die Antisemitismusforschung ist das Bild wohl inzwischen nicht mehr ganz so düster, wie Sie es andeuten.

J.Sch.: Richtig, aber bedenken Sie, fünfundreißig Jahre hat sich so gut wie nichts getan. — Die Judaistik etwa versteht sich als eine Disziplin zur Erforschung des Judentums, meist betrieben von einstigen Theologen und Nicht-Juden. Es wäre sehr viel besser, wenn sich die Judaistik gerade in der Bundesrepublik stärker mit dem christlich-jüdischen Verhältnis beschäftigen würde. Das hätte Sinn und Zweck, nicht die allgemeine Reflexion über Probleme des Judentums, die man vielleicht doch besser den Juden überlassen sollte.

G.M.: Sie deuteten Situationen an, in denen Sie den Fortgang aus der Bundesrepublik erwogen haben — Wiederholungssituationen oder bestimmte Anlässe?

J.Sch.: Es ist für einen Juden nicht immer einfach in Deutschland zu leben. Ich bekomme mitunter Drohbriefe, bin auch schon attackiert worden. Aber das ist alles nicht so schlimm. Schlimmer sind Äußerungen von Politikern, von Kollegen, die mir Angst machen. Ich meine das jähe Durchblitzen uralter antisemitischer Stereotypen meist christlichen Ursprungs, die immer noch vorhanden sind wie eh und je.

G.M.: Welche Erfahrungen machen Sie als Hochschullehrer, als der Sie es mit jungen Leuten zu tun haben, mit den jüngeren Generationen?

J.Sch.: Das Interesse an deutsch-jüdischer Geschichte ist ungeheuer groß, ohne daß die deutschen Universitäten sehr viel dafür tun würden. Die Möglichkeiten für Studenten, sich über Fragen des Judentums in Deutschland zu informieren, sind sehr eingeschränkt. Hier gäbe es ein weites Feld von Aktivitäten, vor allem für die Geistes-, Kultur- und Sozialwissenschaften.

Es gibt wohl keinen nennenswerten Antisemitismus offener Art in der jüngeren Generation, aber er ist latent vorhanden in der Bereitschaft zum Gebrauch gewisser Stereotypen, sobald sich ein Anlaß zeigt. Erschreckend für mich ist, wenn plötzlich Schüler antisemitische Symbole und nazistische Parolen an die Tafel schmieren. Das mag im Einzelfall der Protest gegen einen Lehrer sein, der sich als links versteht und dem man auf diese Weise gezielt eins auswischen zu können glaubt. Es zeigt aber auch das subkutane Fortleben von Vorurteilen.

G.M.: Es wird — auch von jüdischer Seite — aus solchen und ähnlichen Anlässen öfter davor gewarnt, Juden und Jüdisches in der deutschen Geschichte selbst auch nur in der Geschichtswissenschaft und -theorie als einen eigenen Gegenstand auszugrenzen und ihn damit einmal mehr einer »Sonderbehandlung« auszusetzen. Wer heute vom »Juden Kafka« spreche, würde wieder zum Judenstern greifen. Was halten Sie von diesem Argument?

J.Sch.: Es ist nicht gänzlich von der Hand zu weisen und auch wohl gar nicht prinzipiell zu entkräften. Aber wie soll ich angemessen von Maximilian Harden oder Walter Rathenau sprechen, ohne auf deren Judesein einzugehen. Zweifellos hat für ihr Verhalten, ja selbst auch ihre Schreibweise es eine erhebliche Bedeutung gehabt, daß sie Juden waren. Wie soll ich mir dieses Wissen, das doch auch in diesem Fall so viel erklärt, als Historiker aus dem Kopf schlagen? Mag in vielen Fällen auch das Judentum nicht thematisiert werden, so wirkt es sich doch aus, und ich kann darüber nicht hinwegsehen.

G.M.: In meinem Bekanntenkreis beobachte ich eine schwärmerische Bereitschaft zur Verklärung scheinbar ursprungsnäherer Lebensformen. Sie kam — auf dem Rücken der Ethnologie — zeitweise den Indianern Südamerikas zugute; hier und da bemerke ich einen fliegenden

Wechsel zu den Juden, sofern sie noch den Osten ahnen lassen. Machen Sie Erfahrungen mit Philosemitismus, und wie stellen Sie sich dazu?

J.Sch.: Philosemitismus ist die Kehrseite des Antisemitismus. Er ist mir immer sehr unangenehm gewesen. Juden sind nicht besser als andere Menschen. Ich werde immer sehr mißtrauisch, wenn ich auf schwärmerische Begeisterung und Idealisierung von Juden und Judentum treffe. Korrekt würde ich es finden, wenn Juden genauso gesehen werden wie Nicht-Juden. Ich befürchte, dies wird aber noch lange auf sich warten lassen.

Doron Kiesel

G.M.: Wie und warum bist Du, ein Jude, nach Deutschland gekommen?

D.K.: Früh schon, als sich meine Eltern 1959 entschieden, nach Deutschland zurückzukehren. Meine Eltern sind deutsche Juden, die in den dreißiger Jahren Deutschland verlassen hatten, Deutschland verlassen mußten. Mein Vater ist Mediziner, der hier wieder als Arzt arbeiten wollte. Sie nahmen mich mit.

G.M.: Ihr hattet bis dahin in Israel gelebt?

D.k.: Ja, in Ramatgan, das ist eine Stadt in der Nähe von Tel Aviv. Hier in Deutschland wurde ich dann eingeschult ...

G.M.: Du bist in Israel geboren?

D.K.: Ich bin dort geboren.

G.M.: Konntest Du Deutsch, als Du hierher kamst?

D.K.: Ja, meine Brüder und ich sind zweisprachig aufgewachsen, Deutsch und Hebräisch, und wir beherrschen beide Sprachen, weil die Eltern beides mit uns gesprochen haben.

G.M.: Hatte Deine Familie bei ihrer Rückkehr nach Deutschland alle Zelte in Israel abgebrochen?

D.K.: Eigentlich sollte es hier nur ein kurzer Aufenthalt werden, vielleicht ein Jahr. Daraus wurden dann zwei, drei, vier und weitere Jahre. Ich war hier aber in einer zionistischen Jugendbewegung, hier in Frankfurt. Da bildete sich bei mir dann in den sechziger Jahren immer stärker der Wunsch heraus, sofort nach dem hiesigen Abitur zurückzukehren. Das habe ich dann auch in die Realität umgesetzt. Es war für mich sehr wichtig, diesem ersten großen selbständig formulierten Wunsch, diesem Verlangen auch zu entsprechen. Im Rückblick unterscheide ich dabei zwei Motive: die eher idealistischen aus der zionistischen Jugendbewegung und dann die eigenen Kindheitserinnerungen, die unter den fremden Bedingungen hier in Deutschland sehr mächtig wirkten.

G.M.: Waren Deine Eltern wieder an ihren alten deutschen Heimatort zurückgekehrt?

D.K.: Nein. Sie waren auch nicht gemeinsam emigriert, sondern hatten sich in dem früheren Mandatsgebiet Palästina in den vierziger Jahren erst kennengelernt. Meine Mutter kommt ursprünglich aus Paderborn, mein Vater aus Offenbach. Als sie nach Deutschland zurückkamen, hatten auch sie hier massive Schwierigkeiten. Natürlich waren sie Deutschland gegenüber, wie alle deutschen Juden, die fliehen mußten, sehr gespalten. Eigentlich hatten sie dieses Land ja nicht verlassen wollen. Dann waren sie in dem neuen Land und mußten sich dort irgendwie durchkämpfen: unter Bedingungen, die für sie sehr schwer waren. Als sie dann wieder in Deutschland waren, haben sie hier nichts wiedergefunden, was sie an ihre ursprüngliche Heimat erinnerte, freilich die Sprache ... Das war aber eigentlich kein Zurück, denn diese Sprache hatten sie ja fast noch unversehrter bei sich selbst. Deutschland als gesellschaftliches und politisches Gebilde war für sie großenteils doch mit dem Nationalsozialismus identisch. Ein großer Teil der Verwandtschaft meiner Mutter ist aber in Auschwitz umgekommen.

G.M.: Wie haben sich Deine Eltern zu Deiner Israel-Sehnsucht verhalten?

D.K.: Weil sie selbst nach ihrer Rückkehr nach Deutschland so gespaltene Empfindungen hatten, war es ihnen sehr recht gewesen, daß ich in der Zionistischen Jugendbewegung war — mit allen Konsequenzen. So haben sie sich auch meinem Israel-Plan nicht entgegengestellt, höchstens sich mit mir über den richtigen Zeitpunkt beraten. — Ich bin dann also Ende der sechziger Jahre nach Israel zurückgekehrt, lebte dort zunächst in einem Kibbuz, wurde dann aber zur Armee eingezogen, da ich ja Doppelstaatsbürger bin, als Israeli also auch der Wehrpflicht dort unterstehe. Nach drei Jahren Wehrdienst bin ich dann an der Hebräischen Universität immatrikuliert worden, wo ich das Pädagogikstudium begonnen habe. Relativ rasch habe ich dann aber gemerkt, daß die neun Jahre, in denen ich hier das Gymnasium absolviert hatte, so prägend waren, daß sie meinem Studium eine gewisse Fliehkraft gaben. Es waren die für Deutschland so wichtigen späteren Sechziger. Schon in meiner Sprache führten sie regelrecht ein Eigenleben. Die Auseinandersetzungen in der Studentenbewegung waren doch auch in die Schule durchgeschlagen. Ich war durch sie geprägt, politisch, weltanschaulich. Nun kam ich in ein Land, das sich im Grunde im Kriegszustand befand

— sich ja auch noch befindet — und konnte mit dem hier Gedachten dort kaum etwas anfangen. So eckte ich dort eher an. Natürlich gab und gibt es auch in Israel Leute mit kritischem Geist und wenig Neigung, zu allem Ja und Amen zu sagen. Auch zu denen war aber ein Abstand da. Die Studentenbewegung war für mich nicht nur kognitiv — in einer gewissen Kritikbereitschaft —, sondern auch emotional prägend gewesen. Diese Emotionen fanden dort keine Resonanz. — Zusammengenommen waren es am Ende sprachliche, kulturelle und politische Gründe, die mich motivierten, den Anschluß hier wieder finden zu wollen. Dazu kam noch, daß die Uni in Israel vergleichsweise stark verschult war. All die Formen, die hier infolge der Studentenbewegung durchgeführt worden sind, haben in Israel keinerlei Entsprechung. Ich wollte diese neue Art zu studieren, von der mir Freunde, die in Deutschland lebten, in ihren Briefen vorschwärmten, kennenlernen. So entstand der Entschluß der Rückkehr in die Bundesrepublik.

G.M.: Du bist kein Einzelfall?

D.K.: Mit einem Freund habe ich neulich gerade mal gezählt. Wir kamen auf etwa achtzig Prozent der von hier nach Israel Gegangenen, die inzwischen wieder hier sind; hier d.h. im Frankfurter Raum. Absolut gesehen, überblicke ich die Zahl nicht. So hoch ist die Zahl aber sicherlich nur in unserer Generation.

G.M.: Laß uns noch einen Augenblick bei Deinen Erfahrungen in Israel bleiben. — Du warst darauf nicht vorbereitet gewesen?

D.K.: Nicht wirklich. Daher war ich auch zu allererst einmal enttäuscht. Die Kibbuzzeit dauerte nur wenige Monate, danach kam die Wehrdienstzeit, bei der ich das Land von einer Seite kennenlernte, die den Träumen, die ich aus Deutschland mitbrachte, wenig entsprach. Zumal ich meinen Wehrdienst in einer Zeit absolvierte, die nach dem Sechstagekrieg lag. Ich hatte zwar Glück und brauchte an keinem der Kriege teilzunehmen. Aber die Militarisierung des Denkens bekam ich auch so mit. — Es war für mich eine ungeheuer schmerzhafte Erfahrung. Das Israelbild, das ich mir aus Erzählungen meiner Eltern und in der Zionistischen Jugendbewegung gemacht hatte: von einem kleinen, eher sozialistischen, zumindest emanzipatorisch orientierten Land, das anderen als Vorbild dienen konnte, dieses Israel aus meinen vagen Erinnerungen und Träumen zwischen 1948 und 1967, das zerfiel vor der Wirklichkeit. So entstand in mir der Eindruck, daß wir in der Jugendbewegung getäuscht worden waren. Man hatte uns ein Israelbild entworfen, dem keine Realität entsprach — Leute, die es besser hätten wissen müssen. Zu der ersten Enttäuschung kam also regelrecht Wut.

Mit den Jahren ist mein Verhältnis sowohl zur eigenen Geschichte als auch Israel gegenüber gelassener, wohl auch gerechter geworden. Daß es damals von so starken negativen Affekten geprägt wurde, hing auch damit zusammen, daß mein Entschluß nach dem Abitur für Israel eigentlich definitiv und endgültig gemeint gewesen war. Ich hatte damals mit keinem Gedanken die Möglichkeit erwogen, je wieder hierher zurückzukehren. So war für mich also der gesamte Lebensentwurf auf den Kopf gestellt.

G.M.: Als Du Mitte der siebziger Jahre nach Deutschland zurückgekehrt bist, war die Zeit nicht stehengeblieben. Die Studentenbewegung hatte sich verlaufen oder war in vielerlei Formen kanalisiert.

D.K.: Ja, das hat auch dazu beigetragen, mein Verhältnis zur Bundesrepublik realistischer zu bestimmen und meine Emotionen Israel gegenüber zu entspannen; übrigens auch der hiesigen Jüdischen Gemeinde gegenüber, deren Mitglied ich bin, was ja nicht selbstverständlich ist.

G.M.: Könntest Du Dir vorstellen, auch woanders zu leben, und gibt es zur Zeit für Dich Gründe, daran zu denken?

D.K.: Nein, es gibt keine Gründe. Im übrigen ist ja bei meinem deutsch-israelischen Wanderleben mein Horizont auf diese beiden Länder beschränkt geblieben. Anderes kann ich mir nicht vorstellen. Was hätte ich in Amerika zu suchen? Rein spekulativ hielte ich eine Rückkehr nach Israel natürlich für möglich.

G.M.: Als Du nach Deutschland kamst, hattest Du weder Examen noch irgendeine Berufsausbildung?

D.K.: Nein. Ich habe mein Diplom in Soziologie erst 1978 hier gemacht, zwei Jahre später dann das in Pädagogik und mir dann rasch eine Arbeit gesucht: zunächst als Pädagogischer Mitarbeiter an der Volkshochschule am Fachbereich »Ausländer«. Das lag nahe, weil sich meine beiden Examensarbeiten um Emigrationsbewegungen und Emigrationstheorie drehten. Nach zwei Jahren wechselte ich dann an die Evangelische Akademie Arnoldshain, die einen Soziologen suchte. Du weißt, dort arbeite ich noch heute.

G.M.: Es konnte für Deinen evangelischen Arbeitgeber nicht selbstverständlich sein, ein Mitglied der Jüdischen Gemeinde als leitenden Mitarbeiter einzustellen, aber auch für Dich bereits nicht, Dich darum überhaupt zu bewerben.

D.K.: Die Brüche lagen vor allem in mir selber. Natürlich habe ich mir den Laden erst mal angeschaut und stellte dabei fest, daß diese Akademie sich geradezu programmatisch dem christlich-jüdischen Dialog widmete. Außerdem — das war für mich nicht weniger wichtig — ging und geht es darum, den Anteil zu klären, den evangelische Theologie und die evangelische Kirche am Nationalsozialismus gehabt haben. Das interessierte mich. Dazu kam, daß von Programm und Mitarbeitern eine liberale und offene Atmosphäre ausging, die mich beeindruckte. Der Eindruck hat sich in der praktischen Arbeit dann noch verstärkt. So mußte ich mich also als jüdischer Mitarbeiter dieser christlichen Institution nicht kompromittiert fühlen. Zudem wurde mir auch versichert, daß ich nicht gegen meinen Wunsch und Willen in irgendeinem religiösen Kontext würde arbeiten müssen, in dem ich mich bedrängt fühle. — Ich hatte zu diesem Zeitpunkt auch bereits positive Erfahrungen ähnlicher Art bei der Evangelischen Studienstiftung Villigst gemacht, deren Stipendiat ich war, und in deren Rahmen ich mich mit christlichen deutschen Freunden bereits öfter über politische Theologie und kirchenpolitische Fragen auseinandergesetzt hatte. Im Rahmen der Akademiearbeit bin ich selbst übrigens nicht speziell für Veranstaltungen des deutsch-jüdischen Dialogs zuständig. Ich hatte das als Bedingung gestellt, um mein eigenes Identitätsproblem nicht institutionell in den Mittelpunkt meiner beruflichen Arbeit rücken zu müssen. Die Mitwirkung an entsprechenden Programmen muß das natürlich nicht ausschließen. — Mein eigenes Arbeitsgebiet sind Ausländer- und Jugendprobleme.

G.M.: Das Angebot der Evangelischen Akademie Arnoldshain von Veranstaltungen, die sich auf den Nationalsozialismus und das Schicksal der Juden beziehen, ist hoch. Nimmt das öffentliche Interesse daran eher zu oder ab, und wie stark ist zur Zeit die Resonanz bei der jüngeren Generation?

D.K.: Das Interesse an der Geschichte scheint mit der zeitlichen Entfernung vom Schauplatz des Geschehens eher zuzunehmen, wie wir ja zur Zeit auch anderswo beobachten können. Der Anteil jüngerer Tagungsteilnehmer mit einem sehr dezidiert formulierten, ausgesprochen starken Interesse an der jüdisch-christlichen und nationalsozialistischen Thematik ist stark, und er nimmt zu. Zunehmend ist im übrigen auch das Interesse der Jüngeren an allen Fragen, die die eigene nationale Identität betreffen, wobei zwangsläufig die Reichweite der Identifikation mit deutscher Geschichte zum Thema wird. Was aber bei den Älteren nur unter einem unendlichen Druck moralischer Schuld angeschnitten wird, nehmen die Jüngeren viel weniger belastet und eher mit einer Art von Neugier in Angriff. Für die Älteren stand immer das Wort Versöhnung vor dem Wort Verstehen. Das hat viel blockiert. Die Kehrseite der forschen Neugier heute ist freilich auch oft bestürzend. Ich meine die Ignoranz, die sich hier oft zeigt. Diese Generation hat offenbar mit der älteren nicht reden können. Sie ist nicht informiert. So stoßen wir auf obskurstes Scheinwissen und die abenteuerlichsten Vorstellungen über die Juden und ihre Geschichte.

G.M.: Aus welchen Schichten kommt dieses Publikum?

D.K.: Die Leute, die wir ansprechen, kommen aus einem säkularisierten, protestantischen, kritischen, liberalen bis linken Milieu. Natürlich gibt es gewisse Verschiebungen, je nach Thematik, z.B. bei naturwissenschaftlichen Veranstaltungen.

G.M.: Du beobachtest ein erstarkendes Interesse auch des jungen Publikums an nationaler Identität — mit welchen Gefühlen?

D.K.: Ich beobachte das als Jude in Deutschland und vor dem Hintergrund einer Geschichte, als zwar nicht religiöser, aber doch als sehr bewußter Jude und als Israeli. Mein eigenes Judentum drückt sich dabei in einer bestimmten ethnischen Bindung und Haftung aus, zum anderen aber auch in einer politisch-ethischen Radikalität im Verhältnis zur deutschen Vergangenheit. Als Jude in Deutschland bin ich darauf angewiesen, mich kompromißlos derjenigen deutschen Tradition anzuschließen, die uns das Überleben und die Emanzipation erlaubt hätte: als gleichberechtigte Mitglieder einer bürgerlichen Gesellschaft zu gelten. Ich sehe in jedem Wiedererwachen nationaler Aspirationen, vor allem in der Bundesrepublik, aber durchaus auch in anderen europäischen Ländern, eine unmittelbare Gefährdung der in dem jeweiligen Land lebenden jüdischen Minderheit. Die Lebenschance für mich als Jude liegt im Kampf für eine demokratische, pluralistische, emanzipatorische Gesellschaft. Es muß eine Gesellschaft von einem gewissen Universalismus sein. Uns allen liegt die Erfahrung im Nacken, daß historisch gesehen die Regionalisierung und Nationalisierung der Politik immer auf Kosten der Juden gegangen ist. Nationale Identität wird zwangsläufig durch Ausgrenzung bestimmt. Da bieten sich die Juden an.

G.M.: Das ist sehr allgemein gesprochen. Was bedeutet es für Deine politische Orientierung in der Bundesrepublik?

D.K.: Ich sympathisiere mit der linken und grünen Bewegung hier, merke aber, daß es dort seit einigen Jahren eine Entwicklung gibt, die mich zum Bruch zwingt. Dort kommt ein neuer Patriotismus auf, ein linker, darum vermeintlich harmloser, »guter« Patriotismus. Eine »Liebe zu Deutschland«, die plötzlich überall in den sozialen Bewegungen zu hören ist, etwa in der Friedensbewegung, verbunden mit nationalem Egoismus in Abrüstungsfragen; oder in der feministischen Theologie, wo sich ein eigentümlicher Antijudaismus breitmacht, möglicherweise ohne daß die Akteurinnen wissen, was sie sagen; schließlich aber auch allgemein in der Theologie. Die Luft zum Atmen verdünnt sich in der Bundesrepublik; nicht etwa, weil die Rechte sich verändern würde — die bleibt stabil; sondern weil die Linke auf ihrer Suche nach Identität und einer breiten Basis von der Idee einer heilen Region, eines integren guten Deutschland zu schwärmen begonnen hat. Insofern bin ich besorgt, gelinde gesagt. Perspektivwechsel in den Anschauungen deutscher Freunde bestätigen mich in dieser Besorgnis. Plötzlich wird ihnen ihre nationale Identität zum Problem. Mein Problem ist das nicht, und ich bin auch nicht bereit, mich dem zu stellen, schlechterdings nicht.

G.M.: Führt diese zunehmende Distanz zur Linken in der Bundesrepublik Dich zu neuen politischen Optionen, beispielsweise zur Linken in Israel?

D.K.: Jedenfalls nicht in die Resignation. Das jedenfalls nicht. Was ich beschrieben habe, ist eine politische Kampflinie, übrigens keine einer privaten Auseinandersetzung. Ich weiß mich einig mit einer ganzen Reihe von Freunden, die das wie ich sehen, und ähnlich offensive Konsequenzen daraus ziehen möchten. Schließlich haben wir genug Erfahrungen mit dem Nationalismus, sei es im Nahen Osten, sei es in Europa. Wir sind ja auch in der Bundesrepublik nicht isoliert. Es gibt Widerstand gegen den neuen Patriotismus, im Lager der Grünen und auch in der Sozialdemokratie; insofern sind wir ja nicht in der Lage, die Position der Aufklärung — das bedeutet hier das Eintreten für universelle Werte — räumen zu müssen. Freilich verändert sich für mich die Bezugsgruppe. Was soll ich schon anfangen mit der »Vision für ein Volk ohne Vision«, wie Dorothee Sölle sie vor Augen hat?

G.M.: Der wiedererwachende deutsche Nationalismus ist die eine Seite. Entspricht ihr — wie so oft in der Geschichte — eine Forcierung des Antisemitismus?

D.K.: Der These eines wieder zunehmenden Antisemitismus, die ja häufiger vertreten wird, kann ich aus meiner Erfahrung nicht beipflichten. Ich möchte sie eigentlich verneinen. Natürlich war mir schon bei der Rückkehr in dieses Land klar, daß das Zusammenleben von Juden und Deutschen hier keinerlei Normalität haben kann. Deutschland ist geschichtlich von Antisemitismus geprägt, und mir ist nicht eingefallen zu glauben, daß der 8. Mai 1945 daran etwas gravierend verändert haben könnte. Aber allein aufgrund der Abwesenheit von Juden ist seitdem der

Antisemitismus nicht sonderlich präsent; er ist unter Kontrolle. Gewiß, es gibt ab und an judenfeindliche Äußerungen von Politikern, es gibt Friedhofsschändungen. Aber gesamtgesellschaftlich ist er doch nicht besonders wirksam.

G.M.: Gibt es Verschiebungen? Siehst Du ihn bei anderer Gelegenheit zum Vorschein kommen?

D.K.: Ein Luftablassen von Vorbehalten: etwa bei dem sehr aggressiven, bei dem brutalen Vorgehen Israels im Libanon-Krieg, als deutsche Freunde meiner eigenen Generation das militärische Vorgehen der Israelis dem der Nazis den Juden gegenüber verglichen haben. Das wurde mit einer solchen inneren Erregung vorgebracht, daß mir daran deutlich wurde, unter welchem unendlichen inneren Entlastungs-, auch Entschuldigungsdruck selbst Jüngere stehen, nicht noch immer, sondern wohl gerade aufgrund der zunehmenden Informationsfülle über den Nationalsozialismus und seine Judenpolitik; womöglich auch über eine mögliche Mittäterschaft der eigenen Eltern. Da bietet es sich an, dem Druck auszuweichen, indem man über jüdische Makel spricht, die der Verfolgung ein gewisses Recht geben.

An anderer Stelle kam das bei dem Konflikt um die Frankfurter Fassbinder-Aufführung zum Vorschein, bei dieser Gelegenheit als ein Einklagen von Normalität. Nur Ignoranz, Borniertheit, Dummheit oder Blindheit können aber heute von einer Normalisierung im Verhältnis von Deutschen und Juden sprechen wollen. Es kann diese Normalität in absehbarer Zeit nun einmal nicht geben. Wir leben in einer nicht-normalen Gesellschaft. In der Kontroverse um das Fassbinder-Stück oder vielmehr um dessen Aufführbarkeit gab es die Tendenz, diesen Mangel an Normalität dem schäbigen Verhalten der Juden anzulasten. Es hat nun aber einmal keinen Sinn, ein derartiges Stück unter dem Vorwand von Kunstfreiheit auf die Bühne zwingen zu wollen, wenn die Verletzungen so tief reichen wie in Deutschland und wie in Frankfurt. Es war die wirkliche Geschichte, die da plötzlich unter der postmodernen Kulissenhistorie aufbrach. Ich habe die Bühne nicht mitbesetzt, aber doch als jüdisches Gemeindemitglied zu denen gehört, die entschlossen waren, die Aufführung auf jeden Fall zu verhindern, weil andere, ältere Gemeindemitglieder verletzt wurden, die im Lager waren, die Auschwitz gerade noch überlebt haben, was immer das dann auch heißen mag. Deren Angstbilder sollten der deutschen Umwelt mindestens genauso wichtig sein wie die Freiheit der Kunst. Es war ein Zeichen der Jüdischen Gemeinde an die deutsche Umwelt, daß wir der Rekonstruktion der Geschichte durch die Normalisierung des Schreckens unseren

Widerstand entgegensetzen werden. Auch bei dieser Gelegenheit zeigte sich der Antisemitismus weniger als akute Bedrohung, als vielmehr in einer Ignoranz.

Ein Parallelbeispiel war Bitburg, wo wir gegen die Israel-Reise einer Delegation der Grünen opponierten, die bereits vor Antritt ihrer Reise den Bericht über ihre Erfahrungen dort verfassen ließen; hier war unser Einspruch erfolglos. Wir konnten uns mit unserer Aufforderung zu einer differenzierteren Einschätzung der Situation in Israel nicht durchsetzen. Das Negativbild über die Juden ruht so tief, daß es selbst bei der Linken von politischer Vernunft kaum noch erreicht wird. Ich mißtraue dem psychomentalen Unterfutter meiner grünlinken Freunde so sehr, daß ich Kritik an der Politik Israels öffentlich nicht mehr zu üben wage, aus Furcht vor ihrer unkalkulierbaren Wirkung. Ich möchte über den Nahost-Konflikt nicht mit Leuten reden, die über den Nationalsozialismus zu wenig wissen.

Micha Brumlik

G.M.: Unter welchen Umständen sind Sie in die Bundesrepublik gekommen?

M.B.: Ich bin 1947 in der Schweiz geboren, wohin meine Eltern während des Nationalsozialismus emigriert waren. Meine Mutter kam aus Frankfurt, mein Vater aus Gießen, und sie hatten sich erst in der Emigration kennengelernt. Meine Mutter verließ Frankfurt als Kind ostjüdischer Eltern bereits im Jahre 1933, während mein Vater noch bis 1938 zionistische Jugendarbeit in Deutschland betrieb. Während des Krieges und in der Nachkriegszeit arbeitete mein Vater in der Jüdischen Wohlfahrtspflege in der Schweiz. Er war dort vor allem mit der Flüchtlingspflege befaßt. Makabererweise wurde das für ihn der Grund zur Arbeitslosigkeit beim Abebben der Kriegsfolgen, was ihn dazu brachte, 1952 nach Deutschland zurückzukehren, in die Bundesrepublik; sehr gegen den Widerstand meiner Mutter, deren Familie zum großen Teil nach Polen deportiert und dort ermordet worden war. Es gab seitdem diesen ständigen Konflikt zwischen meinen Eltern, ob man nach Deutschland hätte zurückkehren sollen oder nicht. Noch in ihren letzten Jahren sagte mir meine Mutter, daß die Rückkehr nach Deutschland für sie so ähnlich sei, wie an ein offenes Grab zu treten.

In meiner Erziehung ergab sich daraus eine gewisse Schizophrenie, übrigens für viele wieder in Deutschland lebende Juden meiner Generation. Auf der einen Seite sahen wir unsere Eltern in Deutschland leben, auf der anderen Seite mußten wir wahrnehmen, daß sie diese Existenz in Deutschland weitestgehend ablehnten. Der Kompromiß, der darüber in meiner Familie geschlossen wurde, bedeutete, daß meine Eltern mich schon sehr früh, ich war elf Jahre, in die Zionistische Jugendorganisation schickten, bei der ich dann auch acht Jahre lang ein begeistertes, engagiertes Mitglied gewesen bin. Daraus ergab sich konsequent, daß ich nach dem Abitur nach Israel gehen wollte.

G.M.: Besuchs- und studienhalber oder für immer?

M.B.: Für immer, ganz entschieden für immer. Ich bin dann auch tatsächlich gegangen, lebte dort — nach meinem deutschen Abitur — ein Jahr im Kibbuz, habe dort gearbeitet, Hebräisch gelernt und dann ein weiteres Jahr an der Hebräischen Universität Jerusalem Philosophie studiert. Aus mehreren Gründen hat mir dann aber der Aufenthalt in Israel mißfallen. Hauptsächlich weil die Universität nicht hielt, was ich mir davon versprochen hatte. Nach dreizehn Schuljahren wollte ich Studienfreiheit, während in Jerusalem zumindest das B.A.-Studium sehr nach amerikanischem Vorbild aufgebaut ist: mit unglaublich vielen Hausaufgaben, Zwischenprüfungen und Reglementierungen. Heute soll das wohl etwas anders sein. — Dazu kam, daß ich während der gesamten Zeit in Israel — ich war 1968 dorthin gegangen — die bundesdeutsche Presse verfolgt habe und mich natürlich sehr für die Studentenbewegung interessierte, von der ich selbst schon ein wenig in der Schülerbewegung 1967 mitbekommen hatte. Etwas Vergleichbares gab es in Israel nicht, und dieses Generationserlebnis wollte ich nicht missen. Rationalisiert habe ich das dann für mich, indem ich meine Hinneigung zur deutschen Studentenbewegung als Abneigung eines Linken gegen die zionistische Palästinapolitik formuliert habe. Tatsächlich habe ich ja auch in Israel Dinge über die zionistische Kolonisation erfahren, die ich vorher nie für möglich und nicht für wahr gehalten hätte, und die mich außerordentlich empört haben. Geschichten über die gewaltsame Aneignung von Ländereien etwa. In meinem Bewußtsein überwog also für meinen Entschluß, nach Deutschland zurückzukehren, das politische Motiv. Bei etwas größerer Nüchternheit heute und im Rückblick sehe ich das aber nur als eines unter anderen. Neben der Attraktivität der Studentenbewegung spielte auch eine Rolle, daß ich mit der israelischen Wirklichkeit doch sehr wenig in Berührung gekommen war. Ich hatte in Studentenwohnheimen vor allem unter amerikanischen Studenten gelebt, viel mehr nicht. Dazu kam außerdem, daß meine soziale Lage dort sehr viel weniger abgesichert war als hier in Deutschland bei meinen Eltern; auch ganz unmittelbar finanziell.

G.M.: Haben Sie Ihre politischen Überzeugungen mit Ihren Eltern geteilt? War Politik überhaupt ein familiäres Thema?

M.B.: Doch durchaus. Meine Eltern waren Sozialdemokraten, mein Vater sehr bewußt, meine Mutter eher gefühlsmäßig. Mit meinem Vater habe ich mich während meiner Pubertät und Adoleszenz öfter über politische Fragen auseinandergesetzt. Zwischen meinem vierzehnten und neunzehnten Lebensjahr stand ich weit rechts von ihm, zunächst eher liberal, dann orthodox religiös.

G.M.: Die zionistische Politik gegenüber den Palästinensern hatte zu dieser Zeit also kein Hinderungsgrund der Auswanderung nach Israel für Sie sein können?

M.B.: Im Gegenteil.

G.M.: Sie kamen dann als Linker nach Frankfurt zurück — mit welchem Verhältnis zur hiesigen Jüdischen Gemeinde?

M.B.: Ich hatte mir eine gewisse Karenzzeit auferlegt. So hatte ich zwischen den Jahren 1969 und 1973 relativ wenig mit jüdischen Dingen zu tun. Ich war zu dieser Zeit auch noch ziemlich stark vom antizionistischen Diskurs der israelischen Linken beeinflußt. Natürlich hatte ich immer Kontakt zu linkszionistischen Freunden, aber vor der Jüdischen Gemeinde hatte ich doch eine große Zurückhaltung. Sehr bewußt war ich allerdings trotzdem darauf bedacht, nun nicht auf einen assimilatorischen Kurs zu geraten. Ich glaubte aus der Geschichte gelernt zu haben, daß es vor allem immer die assimilierten Juden gewesen sind, die unter gewissen Umständen dann doch wieder sehr unreflektiert zionistische Positionen eingenommen haben. So hatte ich also ein durchaus positives jüdisches Bewußtsein, wenn auch ohne Beziehung zur Gemeinde, die allerdings auch in diesen Jahren außerordentlich rigide gewesen ist.

G.M.: Sie sprechen von all dem wie aus weiter Distanz. Ist Assimilation für Sie heute ein Thema, und wie beschreiben Sie Ihr gegenwärtiges Verhältnis zu Juden und Deutschen?

M.B.: Ich glaube, daß sich diese Frage der Assimilation für Juden im Nachkriegsdeutschland nicht mehr stellt. Ich denke, daß die Assimilation ein ganz legitimes Programm Ende des 19., Anfang des 20. Jahrhunderts gewesen ist. Es hat sich dann ja sehr bald gezeigt, daß es in Deutschland nicht möglich war. Heute sind die hier lebenden Juden so stark von ihrer Geschichte geprägt, daß Erwägungen dieses Themas keinen Gegenstand mehr haben. Anders: wenn es so etwas wie Assimilation gäbe, wäre sie etwas anderes als etwa 1906. Assimilation eines deutschen Staatsbürgers jüdischer Nation, dieses Programm älterer Generationen ist von der Geschichte des Nationalsozialismus endgültig überholt worden. Assimilation könnte heute allenfalls — , nein, sie könnte gar nichts mehr bedeuten.

G.M.: Ohne jede Hoffnung auf Assimilation muß für Sie die Zugehörigkeit zu ähnlich Betroffenen stärkeres Gewicht erhalten, konkret zur Jüdischen Gemeinde. In der Frankfurter, aber nicht nur hier, sind Juden mit deutscher Tradition wie Sie eine kleine Gruppe. Hat das auf Ihr Verhältnis zu dieser Gemeinde Einfluß?

M.B.: Nein, eigentlich nicht. Die Angehörigen meiner Altersgruppe sind zum größten Teil Kinder polnischer Juden. Mit denen bin ich groß geworden: in der Religionsschule, in der Zionistischen Jugend. Da gibt es in meiner Generation so gut wie überhaupt keine Fremdheit. — Zudem bin ich auch der Meinung, daß das eigenständige, widerborstige jüdische Element, wenn es das heute in der Bundesrepublik wieder geben sollte, das ostjüdische ist. Ich sage das nicht aus programmatischen Gründen, sondern als eine schlichte Tatsache. Die jüdischen Gemeinden in der Bundesrepublik sind durch die D.P.'s und ihre Nachkommen geprägt, also jener »displaced persons«, die nach dem Krieg aus den Konzentrationslagern entlassen wurden, in die sie aus ihren überwiegend östlichen Heimatgebieten verschleppt worden waren. Wenn sich also in der Bundesrepublik mit ihren etwa 30000 Juden wieder so etwas wie eine neue Judenheit hergestellt hat, so hat sie mit dem deutschen Vorkriegsjudentum keine besondere Kontinuität mehr. Ich will auch darauf hinweisen, daß es unter den 1933 etwa 500000 in Deutschland lebenden Juden immerhin etwa 100 000 Ostjuden gegeben hat. Wenigstens mütterlicherseits stamme ich selbst ja von diesem Teil ab. Man hat das als Galizianer Jeckes bezeichnet.

G.M.: In welchem Sinne sprechen Sie heute noch von der »Widerborstigkeit« der Ostjuden. Ist das nicht nur noch ein historischer Index, oder hat er auch einen gegenwärtigen Sinn?

M.B.: Einen kulturellen nicht, für mich nicht. Jedenfalls glaube ich die Scham nicht zu kennen, die viele deutsche Juden über die nicht immer richtig Deutsch sprechenden polnischen Juden empfunden haben. — Wichtiger ist heute, daß das Ostjüdische ein Hinweis darauf ist, daß die jüdische Gemeinschaft die Narben der Vergangenheit trägt. Es ist ja eigentlich nicht ungewöhnlich, daß Leute mit einer ganz anderen Sprache und vielleicht auch mit einer anderen Kultur mittlerweile hier leben. Und doch ist dies ein deutlicher Verweis auf die Geschichte des europäischen Judentums.

G.M.: Spielt Ihr Judesein in Ihrem Frankfurter Bekanntenkreis eine Rolle, selektiv oder wie auch immer?

M.B.: Die Hälfte meiner Freunde sind Juden. Im Beruf, in der Wissenschaft, oder wo ich mich politisch engagiere spielt das natürlich keine große Rolle, privat aber doch ziemlich.

G.M.: Sie sind Erziehungswissenschaftler. Wird für Sie da das Judesein nicht zumindest in der Geschichte der Pädagogik zum Thema?

M.B.: Ja schon. Ich publiziere auch darüber, über Antisemitismus, Antijudaismus, über jüdische Identität; ich publiziere auch über jüdische Philosophie, aber das tue ich gewissermaßen nebenbei. In dem Fachgebiet, das ich im engeren Sinn vertrete: Erziehungswissenschaft und Sozialpädagogik, hat das keine Bedeutung. Höchstens, daß ich als Thema mal anbiete, »Antinazistische oder antirassistische Jugendarbeit« oder »Zur Geschichte der Sozialpädagogik im Dritten Reich« oder »Zur Spätgeschichte der Jugendbewegung in der HJ«. Derzeit setze ich mich mit Fragen jüdischer Religionspädagogik auseinander.

G.M.: Wie sehen Sie denn in Ihrem Fachgebiet, der Erziehungswissenschaft, die Forschungssituation zur Geschichte des deutschen Judentums?

M.B.: Als unbefriedigend. Es gibt immer mal wieder Konjunktur für einzelne Personen — wie etwa Martin Buber — oder Themen — wie die Kibbuzerziehung; was aber meines Erachtens überhaupt fehlt, ist neuere Forschung über das jüdische Erziehungswesen in Deutschland. Da gibt es gar nichts; allenfalls etwas Emigrationsforschung oder den einen oder anderen kleinen Aufsatz über die Zeit bis '38. Ich vermute allerdings, daß das in den nächsten Jahren zunehmen wird. Ich muß allerdings auch sagen, daß ich es auch nicht als meine ganz persönliche Aufgabe ansehe, das zu betreiben.

G.M.: Glauben Sie, daß derartige Forschungen regelrecht behindert werden, etwa durch einen mehr oder weniger latenten Antisemitismus? Haben Sie selbst entprechende Erfahrungen in der Universität gemacht?

M.B.: Nein, überhaupt nicht. Mir ist so etwas in keiner Situation begegnet. Ob Erforschung von jüdischen Themen behindert wird, vermag ich nicht zu sagen. Ich kann allerdings berichten, daß ich vor einigen Jahren mit Freunden ein Forschungsprojekt bei der DFG eingereicht hatte, bei dem es darum ging, die Identität von jüdischen Überlebenden des Holocaust in zweiter Generation zu erforschen. Dieses Projekt ist abgelehnt worden. Aber wer will nun wirklich wissen, ob dabei antisemitische Rancune oder sachliche Gründe den Ausschlag gegeben haben. Soweit mir bekannt geworden ist, waren die Gutachter, die dabei tätig geworden sind, über jeden Verdacht des Antisemitismus erhaben. Meines Erachtens hätte man das Projekt — selbst bei sachlichen Bedenken — trotzdem fördern sollen.

G.M.: Ich hatte Sie über die Bedeutung des Jüdischen in Ihrem Freundeskreis befragt; zum Judentum im Alltag noch eine andere Frage: wählen Sie Ihre Lektüre z.B. danach aus — ich meine jetzt nicht die wissenschaftliche?

M.B.: Im allgemeinen nicht. Es gibt allerdings so Phasen, da lese ich dann sehr viel von Singer, von Bellow, aber nicht mit besonders großer Vorliebe oder signifikanter Häufigkeit.

G.M.: Gibt es in Deutschland überhaupt — für Sie wahrnehmbar — eine spezifisch jüdische Publizistik oder Ansätze dazu?

M.B.: Das ist eine sehr schwierige Frage. Spontan fallen mir Lea Fleischmann und Henrik Broder ein, die es geschafft haben, mit ihren Publikationen sehr bekannt zu werden. Ansonsten — und wahrscheinlich von viel höherer allgemeiner Bedeutung — registriere ich den fatalen Erfolg von Ephraim Kishon hierzulande, der eine besonders merkwürdige Karriere hinter sich hat. Als Teil einer jüdischen Publizistik scheinen mir auch einige Lyrikerinnen und Lyriker aufgenommen zu werden: Paul Celan, Rose Ausländer, Nelly Sachs; die letzte Assoziation in dieser Richtung geht zu Barbara Honigmann aus der DDR.

G.M.: Können Sie sich eine Zukunft für diesen Typus jüdischer Literatur in Deutschland vorstellen?

M.B.: Für diese Art, sei's polemischer, sei's anders selbstreflexiver Literatur glaube ich das nicht. Ich halte das für transitorische Phänomene, und ich warte eigentlich immer noch auf die jüdischen Schriftsteller, die in der Lage wären, die Erfahrungen meiner eigenen Generation lyrisch, episch oder wie auch immer zu verarbeiten. Wenn ich bei unseren jüdischen Gremien mehr zu sagen hätte — sei es bei der Jüdischen Gemeinde in Frankfurt, sei es beim Zentralrat der Juden in Deutschland —, da würde ich anregen, mal einen Literaturpreis für so etwas auszuloben: die literarische Gestaltung jüdischer Existenz in Deutschland nach dem Krieg. Bisher scheint es mir dafür überhaupt keine Ansätze zu geben. — Natürlich ist ein Grund dafür, daß das jüdische Leben in Deutschland personell ja nur völlig rudimentär ist nach dem Holocaust. In der Berufswahl jüdischer Jugendlicher sind die klassischen Professionen immer noch viel interessanter als irgendein musischer Beruf.

G.M.: Lassen Sie mich noch auf einen anderen Teil Ihres Alltags kommen. Sie haben vorhin zwar gerade gesagt, daß Sie die politischen Motive für Ihre Rückkehr nach Deutschland im nachhinein relativieren möchten. Sie sind aber doch ein sehr politisch denkender Mensch, und die gemeinsame politische Arbeit ist doch tatsächlich ein wichtiger Teil Ihres Lebens?

M.B.: Durchaus.

G.M.: Privat und öffentlich machen Sie kein Hehl daraus, daß Sie sich politisch der Linken zugehörig fühlen. Traditionell ist auf dieser Seite des politischen Spektrums die Neigung stets groß gewesen, Probleme von Minderheiten wie der Juden nicht bloß theoretisch-systematisch, sondern auch politisch-praktisch als Nebenwidersprüche zu behandeln, im Endeffekt sie zu beschweigen. Wie fühlen Sie sich als Jude bei den Linken?

M.B.: Was Sie andeuten, betrifft mehr die klassisch-kommunistische Haltung. Für die Linke nach '68 schien das ganz anders zu sein. Die Entwicklung war für linke jüdische Jugendliche verheißungsvoll. Wir konnten glauben, daß innerhalb dieser Revolte die internationalistischen und kosmopolitischen Impulse politisch den Ausschlag geben und damit auch die Differenz zwischen Juden und Deutschen am Ende aufheben würden. Das ist eine Täuschung gewesen, aus zweierlei Gründen. Erstens hat sich die klassische Linke nach wie vor für das Problem nicht sonderlich interessiert oder sich auf solche fatalen Schriften wie die von Marx zur Judenfrage oder deren Nachfolger bezogen. Zum anderen gibt es nun ja spätestens seit der Friedensbewegung nicht einmal mehr diese klassische Linke. Mit einer Reihe von jüdischen Freunden bin ich der Ansicht, daß sich die Linke in Deutschland in den letzten Jahren regermanisiert hat.

An die Stelle des internationalistischen und kosmopolitischen Programms sind andere Vorstellungen getreten: sei es über einen besonderen bundesrepublikanischen, sei es einen deutsch-patriotischen Weg. Wir, die wir uns nicht als Angehörige des deutschen Volkes in ethnischer Hinsicht fühlen, können uns darauf nicht mehr beziehen. Für mich heißt das, daß von der gemeinsamen Grundlage politischen Handelns heute nur die der Teilhabe an der politischen Verantwortung für die Bundesrepublik Deutschland geblieben ist. Die Hoffnung, ethnische Unterschiede überdecken zu können oder sich auf der Linken an einem Ort jenseits dieser Unterschiede zu befinden, hat sich als eine Illusion erwiesen.

G.M.: Fühlen Sie sich heute noch irgendeiner linken Gruppierung in der Bundesrepublik zugehörig?

M.B.: Ja. Als Folge der Entwicklung, die ich angedeutet habe, haben wir in Frankfurt und in anderen Städten der Bundesrepublik unabhängige Gruppen der jüdischen Linken gegründet, die sich — wie naheliegend — bisher besonders mit israelischer Politik auseinandergesetzt haben, dann aber auch mit gewissen Defiziten der deutschen Linken; etwa dem Unvermögen, sich mit dem Problem der Juden angemessen zu befassen. Mittlerweile sind diese Gruppen und ihre Tendenzen recht vielfältig, übrigens durchaus auch diffus, weil ihnen der eindeutige Biß gegen die Gemeinden oder eine Verurteilung Israels als gemeinsame Basis abgeht. Hier fühle ich mich aber zugehörig und arbeite auch mit.

G.M.: Ein weiteres Ihrer Arbeitsfelder ist der christlich-jüdische Dialog. Was bedeutet er für Sie?

M.B.: Außerordentlich viel. Indem ich als Jude in Deutschland lebe, kann ich nicht so tun, als hätte es die Schoa und den Antisemitismus nicht gegeben. Das bedeutet für mich auch eine Art Verpflichtung zur Aufklärung. Der Antisemitismus hat ja auch stark religiöse Wurzeln, die im Christentum liegen. Schon in dieser aufklärerischen Hinsicht ist darum der christlich-jüdische Dialog sehr bedeutsam. — Ich muß dazu im übrigen sagen, daß es mir als einem Juden leichter fällt, das Gespräch mit einem Christen zu führen, der die Schriften ernstnimmt und zum Studium der antijudaischen Quellen des Antisemitismus bereit ist, als mit Leuten, die irgendwie und ohne eigene Orientierung außer einer vagen politischen Aufgeschlossenheit auf das Thema kommen. Es kann auch sein, daß man beim gemeinsamen Studium der biblischen Schriften von Juden und Christen leichter Gemeinsamkeiten findet als unter der Perspektive Deutschtum und Juden. Schließlich finde ich bei Christen mit der beschriebenen Haltung oft auch ein tieferes Verständnis des Judentums als bei Repräsentanten irgendwelcher politischer Ideologien.

G.M.: Haben Sie dabei eher Bildungschristen im Auge, oder sind das gläubige Menschen?

M.B.: Gläubige, Bildungschristen gerade nicht. Es ist sicher kein Zufall, daß meine Gesprächspartner sogar meist Theologen sind.

G.M.: Würden Sie sich selbst als gläubigen Juden bezeichnen?

M.B.: Ja, aber ich müßte lügen, wenn ich das auch auf meine Lebensweise beziehen würde. Ich lebe nicht nach orthodoxem Ritus. Ich schließe Kompromisse zwischen halachischer Lebensführung und modernem Alltag.

G.M.: Eine Frage zum Schluß: Gibt es Situationen in Ihrem Lebensalltag, gleich auf welchem Feld, die Ihnen als Juden Angst machen?

M.B.: Ja, es gibt zwei. Augenblicke im politischen Leben, in denen ich mich an gewisse Stationen der Weimarer Republik erinnert fühle. Dazu gehören Äußerungen des Linkspopulismus im Rückgang auf die politische Romantik, dazu gehört die irritierende Bereitschaft in meinem politischen Bekanntenkreis, über »dritte Wege« nachzudenken. Ich glaube, daß die westliche Orientierung der Bundesrepublik zu den tragenden Voraussetzungen unserer demokratischen Gesellschaft gehört, für mich also zu den Bedingungen, um hier leben zu können. Deshalb beunruhigen mich die neopatriotischen, neopopulistischen, neutralistischen, oftmals stark antiwestlichen Strömungen sehr; vom Nationalismus der Rechten ganz zu schweigen.

Ich verstehe daran manches. Daß Menschen in einem Prozeß dramatischen sozialen Wandels, den wir heute durchlaufen, wieder an romantisches Gedankengut anknüpfen; schließlich war das romantische Denken nicht bloß Ausdruck von radikalisiertem Individualismus, sondern auch von Verlusterfahrungen durch den Industrialisierungsprozeß geprägt. Nur glaube ich, daß diese Romantik ihren letzten Rest politischer Unschuld in unserem Jahrhundert verloren hat. Anders als die Adepten Ernst Blochs, mit denen ich öfters diskutiere, glaube ich darum auch nicht daran, Denkbilder der Romantik, die in unserem Jahrhundert von der politischen Rechten mit Beschlag belegt worden sind, mit fortschrittlichen Inhalten füllen zu können.

Wer eine Ecke ergreift, wird über kurz oder lang wieder das gesamte Syndrom am Hals haben. Wer heute Nation und Volk sagt, ist morgen ein Partikularist und verabschiedet den Universalismus, der für uns Juden die Lebensvoraussetzung ist. — Freilich habe ich auch Grund, eine Skepsis in diesem Punkt verhalten zu formulieren. Die Renationalisierung, Regermanisierung ist ja mittlerweile fast abgeschlossen, und man kann den Eindruck haben, daß sie vergleichsweise kultiviert verläuft, obwohl mich die jüngst wieder in Gang gekommene Wiedervereinigungsdiskussion doch stark beunruhigt.

Über die Autoren/Autorinnen

Berghahn, Klaus L., Professor of German an der University of Wisconsin in Madison. Publikationen zu Schillers dramatischen Dialogen, 1970; zur Theorie und Praxis der Dramen Schillers, 1974; zu Goethes »Wilhelm Meister« (mit Beate Pinkerneil), 1980; sowie Schiller. Ansichten eines Idealisten, 1986.

Brumlik, Micha, Professor für Erziehungswissenschaft an der Universität Heidelberg. Publikationen: Sozialpädagogik. In: Wörterbuch der Weiterbildung, 1980; Antisemitismus und deutsche Geschichte. Dokumentation einer Arbeitstagung in der Evangelischen Akademie Arnoldshain, 1985; Mitherausgeber (mit Kiesel und Schoeps) von Jüdisches Leben in Deutschland seit '45, 1986. Außerdem Beiträge zu Umbau des Sozialstaates, 1984, und Die Verachtung des Normalen. Autoren stellen sich ihrer Geschichte, 1986.

Hermand, Jost, Professor of German an der University of Wisconsin in Madison. Gastprofessuren in Austin/Texas, Harvard, West-Berlin, Bremen, Gießen, Marburg, Essen und Kassel. Publikationen aus dem Umkreis dieses Bandes: Heinrich Heine, Düsseldorfer Ausgabe, Bd. 6, 1973; Der frühe Heine, 1975; Heine. Ein Forschungsbericht, 1976; Karl Emil Franzos: Der Pojaz. Neuausgabe, 1978; Juden in der Kultur der Weimarer Republik. In: Juden in der Weimarer Republik. Hrsg. v. Walter Grab und Julius H. Schoeps, 1985; Geschichten aus dem Ghetto, 1987; Der alte Traum vom neuen Reich. Völkische Utopien und Nationalsozialismus, 1988.

Kaiser, Nancy, Professor of German and Women Studies an der University of Wisconsin. Publikationen: Social Integration and Narrative Structure: Patterns of Realism in Auerbach, Freytag, Fontane and Raabe, 1986; sowie Aufsätze zur deutschen Literatur des späten 18. und 19. Jahrhunderts.

Kiesel, Doron, Leitender Mitarbeiter der Evangelischen Akademie Arnoldshain bei Frankfurt. Publikationen: Mitherausgeber der Bände Islamunterricht an deutschen Schulen?, 1986; Geduld sage ich, eine Abkürzung gibt es nicht. Gespräch während einer Israel-Reise, 1987; Alternativökonomie und Gemeinwirtschaft, 1987.

Krauss, Hannes, Akademischer Rat im Fachbereich Literatur- und Sprachwissenschaften der Universität Essen. Publikationen zur Literaturdidaktik und Literatur der DDR. Auch literaturkritische und journalistische Arbeiten.

Mattenklott, Gert, Professor für Neuere deutsche Literatur an der Philipps-Universität Marburg und der University of Massachusetts in Amherst. Publikationen: Melancholie in der Dramatik des Sturm und Drang, 1968, Bilderdienst. Ästhetische Opposition bei Beardsley und George, 1970; Der übersinnliche Leib, 1982; Blindgänger, 1985; Berlin Transit (mit Gundel Mattenklott), 1987.

Peitsch, Helmut, Lecturer am University College of Swansea in England. Publikationen: Georg Forsters »Ansichten vom Niederrhein«, 1978; »Deutschlands Gedächtnis an seine dunkelste Zeit«. Zur Funktion der Autobiographik in den Westzonen Deutschlands und den Westsektoren von Berlin, 1983. Außerdem Mitherausgeber der Bände Nachkriegsliteratur in Westdeutschland, 1982/84.

Schoeps, Julius H., Professor für Politische Wissenschaft an der Universität Duisburg. Publikationen: Bismarck und sein Attentäter, 1984; Über Juden und Deutsche. Historisch-politische Betrachtungen, 1986; Herausgeber oder Mitherausgeber von Konservatismus, Liberalismus, Sozialismus, 1981; Weiterbildung durch Medien, 1983; Von Kommenden Zeiten, 1984; Die zwiespältige Generation, 1985; Max Brod: Im Streit um Kafka und das Judentum; 1985; Juden in der Weimarer Republik, 1986.

Seifert, Heribert, Studienrat in Recklinghausen. Journalistische Arbeiten, u.a. für die Neue Züricher Zeitung.

Vogt, Jochen, Professor im Fachbereich Literatur- und Sprachwissenschaften der Universität Essen. Gastprofessuren in Dublin und Madison. Bücher über Hans Henny Jahnn, Thomas Mann, Heinrich Böll, Peter Weiss, Kriminalliteratur und Literaturdidaktik. Aufsätze zu Heinrich Mann, Ernst Bloch, Bertolt Brecht, Alexander Kluge u.a.